धातु शिल्पी

डॉ. जयदेव बघेल

एक शिखर यात्रा

धातु शिल्पी

डॉ. जयदेव बघेल एक शिखर यात्रा

हरिहर वैष्णव

राधाकृष्ण
नयी दिल्ली पटना इलाहाबाद कोलकाता

संस्कृति विभाग, छत्तीसगढ़ सरकार के सहयोग से प्रकाशित

ISBN : 978-81-8361-682-9

पहला संस्करण : 2014

मूल्य : ₹ 500

प्रकाशक

राधाकृष्ण प्रकाशन प्राइवेट लिमिटेड
7/31, अंसारी रोड, दरियागंज, नई दिल्ली-110 002

शाखाएँ : अशोक राजपथ, साइंस कॉलेज के सामने, पटना-800 006
पहली मंजिल, दरबारी बिल्डिंग, महात्मा गांधी मार्ग, इलाहाबाद-211 001
36 ए, शेक्सपियर सरणी, कोलकाता–700 017

वेबसाइट : www.radhakrishnaprakashan.com
ई-मेल : info@radhakrishnaprakashan.com

मुद्रक

बी.के. ऑफसेट
नवीन शाहदरा, दिल्ली-110 032

DHATU SHILPI DR. JAIDEV BAGHEL
EK SHIKHAR YATRA
by Harihar Vaishnav

आभार

श्री रमन सिंह

मुख्यमंत्री, छत्तीसगढ़

और

श्री अजय चंद्राकर

मंत्री, संस्कृति, पर्यटन, पंचायत, ग्रामीण विकास एवं

संसदीय कार्य, छत्तीसगढ़

के प्रति, जिनकी विशेष रुचि एवं मार्गदर्शन के बिना

यह प्रकाशन संभव नहीं होता।

जीवन-संगिनी माया को

भूमिका

बहुत दिनों से, बल्कि वर्षों से एक साध थी कि सुप्रसिद्ध धातु शिल्पी और मेरे बहुत ही घनिष्ठ मित्र भाई जयदेव बघेल का जीवन-वृत्त लिखूँ। किन्तु केवल सोचता रह जाता था। कारण था, उनकी और मेरी; दोनों की व्यस्तता। कभी मैं समय निकाल लेता तो वे शहर से बाहर या तो किसी महानगर में होते या फिर देश के बाहर किसी अन्य देश में। कभी उनका स्वास्थ्य गड़बड़ होता तो कभी मेरा। फिर एक ऐसा मौका आया जिसने मुझे उन पर काम करने की ओर प्रवृत्त कर ही दिया। वह मौका था, दक्षिण-मध्य क्षेत्र सांस्कृतिक केन्द्र, नागपुर में उप संचालक भाई श्री रवीन्द्र दुरुगकर जी का एक आग्रह। उन्होंने बताया कि भारत सरकार के संस्कृति मंत्रालय के अधीन दक्षिण-मध्य क्षेत्र सांस्कृतिक केन्द्र, नागपुर भाई जयदेव बघेल की आत्म-कथा तैयार करवाना चाहता है और उस आत्म-कथा को लिखने का दायित्व वे मुझे सौंपना चाहते हैं। वस्तुतः मैं उनका जीवन-वृत्त लिखना चाहता था किन्तु दुरुगकर जी के आग्रह पर मैंने आत्मकथा-लेखक का दायित्व निभाना स्वीकार कर लिया था। उन्होंने बताया था कि इस सम्बन्ध में उनकी बात भाई जयदेव जी से हो चुकी है और उन्होंने भी मेरा ही नाम सुझाया है। फिर बात हुई कि केन्द्र से हम दोनों को इस सम्बन्ध में पत्र लिखे जाएँगे और इस तरह यह काम होगा। इस चर्चा को हुए लगभग 2 वर्ष से ऊपर हो गए किन्तु न तो केन्द्र से कोई पत्र मुझे मिला और न भाई जयदेव जी को ही। फिर मुझे लगा कि केन्द्र के पत्र की प्रतीक्षा किए बिना क्या काम नहीं किया जा सकता? क्यों किसी शासकीय-अशासकीय आग्रह की प्रतीक्षा की जाए? और हमने तय किया कि हम बैठेंगे। बातचीत करेंगे और काम शुरू कर दिया जाएगा किन्तु मैंने यह स्पष्ट कर दिया कि अब यह उनकी 'आत्मकथा' नहीं होगी बल्कि उनका 'जीवन-वृत्त' होगा। यह तय हो जाने के बाद भाई जयदेव जी के साथ कई किश्तों में बातचीत हुई और न केवल वही बातचीत अपितु उनके साथ पिछले 37 वर्षों के दौरान बिताए गए कई-कई घंटे, कई-कई दिन, कई-कई पल और उन सभी पलों के मेरे संस्मरणों और उनसे समय-समय पर की गई बातचीत (कुछ बातचीत ध्वन्यांकित और कुछ बातचीत केवल जेहन में पैवस्त तथा मेरे

द्वारा उन पर समय-समय पर लिखे एवं प्रकाशित आलेखों) ने मिलकर इस पुस्तक का आकार लिया है। मैं यहाँ यह बताना उपयुक्त समझता हूँ कि भाई जयदेव बघेल कभी भी अपने ऊपर कोई पुस्तक लिखे जाने को लेकर न तो लालायित थे और न उत्साहित ही। यह तो मैं, उनके पुत्र चिरंजीव भूपेन्द्र और उनके वाहन-चालक श्री द्वारका प्रसाद सिन्हा ही थे जो उन्हें लगातार कोंचते रहे और तब कहीं जाकर वे राजी हो सके।

किश्तों में हुई बातचीत को हम दोनों ने टेप-रिकार्ड कर लेना उचित समझा और ऐसा ही किया भी गया। कुछ अंशों की विडियो रिकार्डिंग भी की गई, जिसमें भाई खीरेन्द्र यादव ने अपना भरपूर सहयोग दिया। इसके पहले भी अमूमन ऐसा ही होता रहा। बातचीत मैं टेप-रिकार्ड कर लिया करता था ताकि उसे लिखने में सहूलियत हो। किन्तु इस तरह व्यवस्थित रूप से बातचीत एवं ध्वन्यांकन का काम 26 जनवरी, 2013 से आरम्भ हुआ जो कई किश्तों में चलता रहा। बातचीत के बाद दौर शुरू हुआ पत्र-पत्रिकाओं में प्रकाशित समीक्षाओं/लेखों/समाचारों की कतरनों एवं विभिन्न अवसरों के फोटो खोजने और सहेजने का। भाई जयदेव जी के एक पाँव में परेशानी के कारण प्रायः चलने में असुविधा महसूस करते। इसीलिए एक साथ फोटो व कतरनों की खोज का काम उनके लिए सहज नहीं था। सो यह काम भी किश्तों में ही होता रहा। इस तरह सामग्री कई किश्तों में मिली।

उधर जयदेव भाई कतरनें और फोटो आदि खोजने में लगे रहे और इधर मैंने अपना काम शुरू कर दिया। सबसे पहले मैंने ध्वन्यांकित सामग्री को लिपिबद्ध करने का काम हाथ में लिया। लिपिबद्ध करते हुए कुछेक प्रश्न उमड़ते रहे, जिनके उत्तर मैंने बीच-बीच में जयदेव भाई से प्राप्त किए। फिर अपनी फाइलें टटोलीं और प्रकाशित सामग्री निकाली। और इसके बाद लेखन का काम चल पड़ा। मैं चाहता था कि जून अन्त तक पाण्डुलिपि पूरी हो जाए। लेकिन सौभाग्य से काम की गति इतनी तीव्र थी कि यह पाण्डुलिपि 25 मई, 2014 को ही पूरी हो गई। यानी तय समय-सीमा से एक महीना पहले। फिर मैंने बड़े अक्षरों में इसका प्रिन्ट जयदेव भाई को पढ़ने के लिए दिया ताकि वे पढ़कर अपनी सहमति/असहमति व्यक्त कर सकें। उन्होंने पाण्डुलिपि पढ़ी और अपनी सहमति दे दी।

मुझे यहाँ यह स्वीकार करने में किंचित् भी संकोच नहीं कि मेरी जानकारी कला के सम्बन्ध में कुछ ऐसी नहीं है कि मैं जयदेव भाई की कला के विषय में कुछ भी कह सकूँ। मूल्यांकन करना तो बहुत दूर की बात है। कारण, कला-प्रेमी होना एक अलग बात है और कला की बारीकियों की समझ होना एक अलग बात। मैं कला-प्रेमी हूँ, इसमें दो राय नहीं किन्तु जहाँ तक कला की समझ की बात है, उसमें मैं शून्य हूँ। यही कारण है कि मैंने उनकी कला के विषय में इस पूरी पुस्तक में कहीं भी कुछ भी नहीं कहा है किन्तु विभिन्न कला-संवाददाताओं एवं कला-समीक्षकों द्वारा समय-समय पर विभिन्न पत्र-पत्रिकाओं में जो विचार व्यक्त किए गए हैं, उन्हें इस पुस्तक के एक अध्याय (समीक्षकों की दृष्टि में) के रूप में अवश्य ही सम्मिलित किया है। उनमें से बहुत कुछ सामग्री अंग्रेजी में है। मैं चाहता तो

उस सामग्री को अपने टूटे-फूटे अंग्रेजी ज्ञान के साथ हिन्दी में प्रस्तुत कर सकता था किन्तु मुझे लगा कि ऐसा करने पर अर्थ का अनर्थ होने का पूरा-पूरा अंदेशा है। इसीलिए मैंने उन्हें मूल भाषा में ही प्रस्तुत कर दिया है। इसी तरह पी. दास गुप्ता, नवजोत अल्ताफ और क्रिस ग्रेगोरी के विचारों का भी हिन्दी अनुवाद करने की बजाय उन्हें उसी रूप में और उसी भाषा में प्रस्तुत किया है। इस सम्बन्ध में हमारे आस्ट्रेलियन मित्र क्रिस ग्रेगोरी ने और राष्ट्रीय पुस्तक न्यास, भारत में सहायक सम्पादक (हिन्दी) श्री पंकज चतुर्वेदी जी ने भी यही सलाह दी कि अंग्रेजी के अंशों को जस-का-तस अंग्रेजी में ही रहने दिया जाए। कारण, अनुवाद से मूल भावना को क्षति पहुँचने की बहुत सम्भावना है। अतः यदि कुछ पाठकों को इससे असुविधा महसूस हो तो इसके लिए मैं अग्रिम रूप से क्षमाप्रार्थी हूँ।

इस प्रस्तुति के लिए मैं सबसे पहले आभार व्यक्त करता हूँ अपने मित्र भाई जयदेव बघेल जी का जिन्होंने मुझे इस काम को करने की न केवल अनुमति दी अपितु अपनी अस्वस्थता के बावजूद पूरा सहयोग भी किया। 26 जनवरी, 2013 से लेकर इस पुस्तक के पूरा होने तक यानी 25 मई, 2014 तक वे मेरे साथ कई-कई घंटे बैठकर अपने और अपनी कला-यात्रा के विषय में विस्तार से बड़े ही धैर्यपूर्वक बातें करते रहे। अस्वस्थता के बावजूद मेरे लिए अखबारों की कटिंग और छायाचित्र आदि खोजते रहे। यदि उनका यह सहयोग न मिलता तो इस पुस्तक का पूरा होना तो दूर इसकी शुरुआत करना भी मेरे लिए सम्भव नहीं हो पाता। आभार अपने बड़े भाई तुल्य डॉ. क्रिस ग्रेगोरी का जिन्होंने मुझे इस काम के सिलसिले में न केवल मेरा मार्गदर्शन किया अपितु मेरे चाहे जाने पर उनके विषय में अपने विचार भी मुझे लिख भेजे। आभार जयदेव भाई की जीवन-संगिनी श्रीमती लता बघेल जी और उनके पुत्र-पुत्रियों चिरंजीव भूपेन्द्र बघेल, धनंजय बघेल, संजय बघेल, पूनम बघेल और पूर्णिमा बघेल का भी जिन्होंने मुझे यथोचित सहयोग दिया और आभार जयदेव भाई के वाहन चालक भाई श्री द्वारिका प्रसाद सिन्हा जी का भी जिन्होंने जयदेव भाई से किए जाने वाले मेरे आग्रह में मेरा साथ दिया। कलकत्ता निवासी और भाई श्री जयदेव बघेल जी के अनन्य मित्र प्रसेनजित दास गुप्ता जी का विशेष आभार जिन्होंने मेरे निवेदन पर जयदेव भाई के विषय में न केवल अपना मंतव्य मुझे लिख भेजा अपितु कृपापूर्वक कुछ दुर्लभ छायाचित्र भी उपलब्ध कराए। आभार नवजोत अल्ताफ जी का भी जिन्होंने मेरे आग्रह पर जयदेव भाई के विषय में अपने विचार विस्तारपूर्वक लिख भेजे। आभार आलोचना के अमृत-पुरुष आदरणीय प्रो. (डॉ.) धनंजय वर्मा जी का, राष्ट्रीय पुस्तक न्यास, भारत के आदरणीय श्री पंकज चतुर्वेदी जी का, आदरणीय संजीव बख्शी जी का और आदरणीय यशवंत गौतम जी का भी, जिन्होंने मेरा मार्गदर्शन किया। आभार अपनी जीवन-संगिनी श्रीमती मायावती वैष्णव जी का जिन्होंने सदा की तरह मेरा आत्मबल बढ़ाया है और हर तरह से मेरी सहायता करती आ रही हैं। मैं आभारी हूँ उन सभी पुस्तकों के लेखकों-सम्पादकों का, समाचार-पत्रों का और उनके कला-संवाददाता तथा कला-समीक्षकों का भी

जिनकी सामग्री का उपयोग मैंने इस प्रस्तुति में यत्र-तत्र किया है। ऐसे सभी स्रोतों का उल्लेख मैंने इस प्रस्तुति के अन्त में 'स्रोत-सन्दर्भ' शीर्षक से किया है। विभिन्न तरीकों से किए गए सहयोग के लिए भाई खीरेन्द्र यादव, पुत्र नवनीत वैष्णव, अनुज खेम वैष्णव, भाई लक्ष्मीनारायण 'पयोधि' तथा सुश्री फलेन्द्री बघेल का आभार। अन्त में शब्दातीत आभार इस पुस्तक के प्रकाशक, देश के शीर्षस्थ प्रकाशन-संस्थान राजकमल प्रकाशन का, विशेष तौर पर इस संस्थान के युवा और उत्साही प्रबंध निदेशक श्री अशोक महेश्वरी जी का, जिनके सहयोग के बिना यह पाठकों तक आने में सफल नहीं हो पाती।

यदि यह प्रस्तुति सफल होती है तो इसका सारा श्रेय जयदेव भाई को, श्री अशोक महेश्वरी जी को तथा इस प्रस्तुति में सम्मिलित सभी जाने-अनजाने साथियों को जाता है जिनका सहयोग मैंने उनसे प्रत्यक्ष अथवा अप्रत्यक्ष रूप में प्राप्त किया है। किन्तु यदि यह प्रयास सफल नहीं होता तो इसके लिए सम्पूर्ण उत्तरदायित्व मेरा। यह तो सुधि पाठक ही तय करेंगे कि यह प्रयास सफल हुआ है या असफल।

— हरिहर वैष्णव

सरगीपाल पारा,
कोंडागाँव 494226
बस्तर-छत्तीसगढ़
मोबाईल : 7697174308
ईमेलः hariharvaishnav@gmail.com

अनुक्रम

धातु शिल्पी
डॉ. जयदेव बघेल
एक शिखर यात्रा

जयदेव बघेल : जैसा-जितना जाना मैंने

मुझे अच्छी तरह याद है, भाई जयदेव बघेल जी से मेरी पहली मुलाकात 1977 में हुई थी। मुलाकात करवाई थी मेरे अनुज और बस्तर अंचल के ख्यातिलब्ध लोकचित्रकार तथा लोक संगीतकार खेम वैष्णव ने। इसके पहले न तो मैंने उनका नाम सुना था और न उनसे मेरी कोई मुलाकात ही थी। अनुज खेम चूँकि लोक-कला के क्षेत्र में हैं, इसीलिए उनसे उनकी मुलाकात सहज और स्वाभाविक थी। हाँ, मैं इतना जरूर जानता था कि कोंडागाँव

ग्रिये सिटी के भीतर कैसल ग्रिये में प्रदर्शित जयदेव बघेल की कृति 'चेस सेट' के साथ क्रिस्चन डुप्रे एवं उनके मित्र बेतिस्त, 2002

के भेलवाँपदर पारा (मोहल्ला) और तहसील पारा में कुछ घड़वा शिल्पी रहते हैं और इस शिल्प का काम करते हैं। बस! इससे अधिक कुछ नहीं। मेरे जानते घड़वा शिल्पी गिलट (Gilt), जरबन (Aluminium) और पीतल-काँसा-ताँबा (Brass-Bronze) धातु से

घरेलू उपयोग के उपकरण, विशेषतः बर्तन बनाया करते थे और गाँवों की देवगुड़ियों (मन्दिरों) के लिए देवी-देवताओं की मूर्तियाँ भी। वे यह सामग्री लेकर घर-घर घूमा करते थे और उनका विक्रय किया करते थे। यह हस्तशिल्प यदि सबसे पहले किसी के माध्यम से कला-प्रेमियों तक पहुँचा तो वे थे भाई जयदेव बघेल के पिता (स्व.) सिरमन राम बघेल। यद्यपि उन्हें इस शिल्प-विधा के लिए कोई पुरस्कार प्राप्त नहीं हुआ किन्तु यह कहते हुए गौरव होता है कि उनके द्वारा निर्मित शिल्प-कृतियाँ आज देश ही नहीं अपितु विदेशों में भी बहुत ही सम्मान के साथ संगृहित हैं। इसी तरह भाई जयदेव बघेल की कृतियाँ भी देश ही नहीं अपितु विदेशों में बहुत ही सम्मान के साथ संगृहित हैं। मैंने स्वयं जयदेव भाई की कृतियाँ सन् 2000 में स्विट्ज़रलैंड के ब्यूल शहर से लगभग 05-06 किलोमीटर दूर एक छोटे-से शहर सिटी ग्रिये के एक किले (Castle) 'कैसल द ग्रिये' में, जिसे अब संग्रहालय का रूप दे दिया गया है, न केवल देखी हैं अपितु इनकी तारीफों के पुल बाँधते भी लोगों को देखा और सुना है।

1977 का कोई एक दिन। मेरे अनुज लोक चित्रकार और लोक संगीतकार खेम वैष्णव मुझे बताते हैं कि भेलवाँपदर पारा में एक धातुशिल्पी हैं, जिनका नाम जयदेव बघेल है। वे बताते हैं कि उन्हें उनकी पारम्परिक घड़वा कला के लिए 1976 में राज्य स्तरीय और 1977 में राष्ट्रीय पुरस्कार से सम्मानित किया गया है। दरअसल, मैं धातुशिल्पियों के नाम पर मेरे सहपाठी दशरथ सागर के पिता (स्व.) रैनूराम सागर को ही व्यक्तिगत रूप

घर में काम करते हुए जयदेव बघेल : 1970

से जानता था। लेकिन दशरथ या उसके पिता से भी मैंने जयदेव भाई के विषय में कभी कुछ सुना नहीं था। दशरथ के पिता अक्सर जरबन तथा बेलमेटल से बने घरेलू उपयोग के उपकरण लेकर हमारे घर आते थे। माँ कुछ सामान उनसे खरीदती थीं और घर के पुराने सामान उन्हें दे देती थीं। दरअसल मैं 1974 से 1976 तक कोंडागाँव से बाहर जगदलपुर, गीदम और नारायणपुर में पदस्थ था। इसीलिए कोंडागाँव की साहित्यिक-सांस्कृतिक गतिविधियों से लगभग अनजान था। बहरहाल, यह सुनकर मेरे मन में उनसे मिलने की उत्सुकता जागती है और एक दिन खेम उन्हें लेकर घर आते हैं। घर में उनसे मुलाकात होती है। पहली ही मुलाकात में वे खुलकर सामने आते हैं। लगता ही नहीं कि हम पहले कभी नहीं मिले थे। पता नहीं क्या बात थी कि मुझे लगा था कि हम लोग एक-दूसरे को बहुत पहले से जानते हैं, जबकि वस्तुस्थिति यह थी कि इसके पहले न तो मैंने उनसे कभी कोई भेंट की थी या उनका नाम ही सुना था। बहरहाल, काफी देर तक हम तीनों साथ बैठे रहे। उनकी कला के विषय में बातचीत होती रही। मेरा प्रारम्भिक परिचय मेरे अनुज ने उन्हें पहले ही दे दिया था। इसके बाद हम तीनों का मिलना-जुलना प्रायः हुआ करता था। कला एवं साहित्य के कई कार्यक्रमों में हम उन्हें आमन्त्रित किया करते थे। तब तक हम तीनों की वह मुलाकात प्रगाढ़ मैत्री में बदल चुकी थी। अब वे रविवार और शासकीय अवकाशों के दिनों को छोड़कर प्रायः प्रतिदिन सबेरे नौ से दस बजे के बीच पोस्ट आफिस से अपनी डाक लेकर सीधे हमारे घर आया करते। मैं और वे बैठते। उनकी डाक देखते, उन पर चर्चा करते। फिर मैं आफिस के लिए तैयार होता और हम लगभग साथ-साथ घर से निकल पड़ते। वे अपने घर के लिए और मैं आफिस के लिए। उस समय उनके पास सायकिल थी और मेरे पास भी। रविवार तथा अन्य अवकाश के दिनों में वे नहीं आ पाते थे तब मैं दिन में किसी भी समय उनके घर जा पहुँचता था और बैठक चला करती थी। चर्चा के विषय हुआ करते थे, बस्तर और बस्तर की कला-संस्कृति।

1980 से 1985 के बीच के कुछ मजेदार वाकयात याद आ रहे हैं। अनतपुर गाँव में एक शिक्षक मित्र रहा करते थे, बी.एल.पण्डोले। उनसे हमारी मुलाकात उनके बहनोई रामराव वामनकर जी ने करवाई थी। वामनकर जी उस समय बवई नामक गाँव में शिक्षक पदस्थ थे। वर्तमान में वे मध्यप्रदेश में संयुक्त कलेक्टर हैं और भोपाल स्थित बहुचर्चित दुष्यंत कुमार स्मारक संग्रहालय के अध्यक्ष भी। उनकी रुचि कविता लिखने में थी। प्रसंगवश बता दूँ कि पिछले ही साल उनका एक कविता-संग्रह 'बंजारा मन' प्रकाशित हुआ है। बहरहाल, इसी सिलसिले में कुछ दिनों पूर्व उनसे हमारी भेंट हुई थी। तब उन्हें मालूम हुआ था कि हम लोग आकाशवाणी के लिए सुगम तथा लोक संगीत प्रस्तुत किया करते हैं। उन्होंने ही बताया कि उनके साले बी.एल. पण्डोले जी को गाने का शौक है। एक दिन शाम को संगीत के अभ्यास के दौरान वे उन्हें लेकर आए। उनका स्वर-परीक्षण किया गया और वे लोकगीत गाने योग्य पाए गए। इसके बाद वे लोकगीत-गायन में हमारा साथ देने

लगे। इस बीच हम लोग स्वयं की प्रस्तुतियों के अलावा गाँव-गाँव में फैले लोकगीत गायकों को भी आकाशवाणी से प्रसारण पाने के लिए प्रोत्साहित करते गाँव-गाँव घूमा करते थे। प्रायः जयदेव भाई, खेम वैष्णव, यशवंत गौतम और मैं इस टोली में हुआ करते थे। उस समय जयदेव भाई के पास एक बड़ा-सा टेप रिकार्डर हुआ करता था और मेरे पास 'आग्फा' का 'आईसोली-टू' कैमरा। 'आईसोली-टू' के पहले मेरे पास 'आग्फा' का ही 'क्लिक-थ्री' था। बाद में जयदेव भाई ही मेरे लिए 'आईसोली-टू' दिल्ली या बम्बई से लेकर आए थे। बहरहाल। इसी दौरे में हमारी टोली पहले अनतपुर फिर वहाँ से बड़े सोहँगा और छिनारी नामक गाँव पहुँची। अनतपुर में हमने एक रात बिताई और वहाँ के लोकगीत गायकों से मिले। उनके गीत सुने और उन्हें उत्साहित किया कि वे अपने गीत आकाशवाणी से प्रसारण हेंतु तैयार करें। आकाशवाणी तक उनकी बात पहुँचाना हमारा दायित्व है। अगले दिन हम लोग वहाँ से बड़े सोहँगा गए। रात में वहाँ के गायकों ने अपने कई लोकगीत प्रस्तुत किए। उन गीतों ने हमें मंत्र-मुग्ध कर दिया। हमने उनसे भी वही बात कही जो अनतपुर के कलाकारों से कही थी। कार्यक्रम समाप्त होने के बाद जब हम भोजन करने बैठे तो जयदेव भाई ने टेप रिकार्डर चालू कर दिया और वही गीत बजाने लगे। उन गीतों ने हमें ऐसा मुग्ध कर दिया था कि हम सब भोजन करते-करते उठ खड़े हुए और भोजन की थालियाँ लिए-लिए नाचने लगे। मैंने इतने वर्षों में पहली बार जयदेव भाई को नाचते हुए देखा था। हम सब तो गाहे-बगाहे नाचते ही थे। इसके बाद अगले दिन हम लोग आगे बढ़े छिनारी गाँव के लिए। वहाँ के लोकगीत गायक लैखन राम बघेल से भेंट की। लैखन राम बघेल 1910 में बस्तर में हुई सशस्त्र क्रान्ति का गीत डूबकर गाते हैं। हमने उनके भी गीत सुने। उन्हें भी हमने वही सलाह दी। और अन्ततः छह महीने के भीतर इन तीनों गाँवों के लोकगीत गायकों को बारी-बारी से आकाशवाणी के जगदलपुर केन्द्र ने अपने कार्यक्रम प्रस्तुत करने के अवसर प्रदान किए। हमारा प्रयास सफल रहा, इस बात की हम सभी को बेहद खुशी हुई। जयदेव भाई को नाचते हुए मैंने एक और बार तब देखा था, जब क्रिस कोंडागाँव में थे और उस दिन उनका जन्म-दिन था।

ऐसी ही एक घटना याद आती है, 'बस्तर के मोगली' कहे जाने वाले और 'टाइगर ब्वाय' के नाम से भी मशहूर चेंदरू मण्डावी जी से मुलाकात की। जयदेव भाई, खेम, उदय सागर और मैं इस टोली में शामिल थे। किन्हीं कारणों से यशवंत गौतम इस यात्रा में सम्मिलित नहीं हो पाए थे। हम सब नारायणपुर गए और वहाँ से वापस गढ़बेंगाल, बेलगुर मण्डावी के यहाँ। वहाँ के घोटुल में अपना बाकी सामान रखा और टेपरिकार्डर तथा कैमरा लेकर गए चेंदरू राम मण्डावी जी से मिलने के लिए उनके डोंगरी पारा स्थित घर। स्वीडिश फिल्म 'ए जंगल टेल' के नायक चेंदरू मण्डावी से मुलाकात हुई। बेलगुर वैसे तो बड़ा प्रसन्न है कि उसके यहाँ कई देशी-विदेशी लोग अक्सर आते रहते हैं और बख्शीश के रूप में उसे और उसके दल को कुछ रुपए मिल जाते हैं। लेकिन बातचीत के दौरान उसके दल के कुछेक

सदस्यों के मन की वितृष्णा स्पष्टतः उभरकर सामने आई। आभास हुआ कि शोषण का यह चक्र यहाँ भी उसी तरह चलता आ रहा है। चंद रुपयों के प्रलोभन से हम उनकी अक्षुण्ण संस्कृति की खरीद-फरोख्त करने में मसरूफ हैं, पूरी तरह से किसी पूर्व नियोजित षड्यंत्र के तहत।

चेंदरू वैसे तो बहुत कम बोलने वाले और प्रायः गुमसुम-से रहने वाले इंसान हैं, किन्तु उन्होंने बहुत थोड़े से शब्दों में ही सही, अपने क्षोभ को प्रगट कर ही दिया, "इतने दिनों तक हम लोगों ने अपनी रोजी तक को ताक पर रखकर उस फिल्म के लिए काम किया, लेकिन हमें मेहनताना केवल दो रुपए प्रतिदिन के हिसाब से दिया गया। हाँ, इतना जरूर है कि मुझे उन लोगों ने कुछेक खिलौने (दूरबीन, अलबम आदि) जरूर दिए थे, जो कम से कम हमारे काम के तो थे ही नहीं। उन्हें भी आपके कोंडागाँव के एक ठेकेदार ने, जिसका काम गढ़बेंगाल के पास चल रहा था; हथिया लिया।"

हमने उत्सुकता से पूछा, "नाम जानते हैं, उस ठेकेदार का?"

"जी नहीं, नाम तो नहीं जानता।" चेंदरू बोले। हमने गौर किया, वे जानते हुए भी अनजान बन रहे थे। क्यों? पता नहीं।

"आपने तो उन्हें बेचा होगा न?"

"नहीं साहब। बेचा नहीं। पता नहीं उन्हें कैसे मालूम हुआ कि ये चीजें मेरे पास हैं। वे एक दिन मेरे पास आए और उन चीजों को देखने की इच्छा व्यक्त की। देखने के बाद बोले, 'मैं इन्हें अपने साथ ले जा रहा हूँ। बाद में तुम्हें वापस कर दूँगा।' मैंने विश्वास कर हामी भर दी। आज कई बरस हो गए किन्तु उन्होंने वापस नहीं किया। एक-दो बार मेरे कहने पर यह कहकर डाँट दिया कि तुम्हारे पास क्या सबूत है कि ये सामान तुम्हारे हैं? मैंने कभी कोई चीज तुमसे नहीं ली है। मैं क्या करता साहब, चुप रह गया।"

इसके कुछ ही दिनों बाद सुप्रसिद्ध चित्रकार जे. स्वामीनाथन, अकबर पदमसी, कला-समीक्षक प्रयाग शुक्ल और छायाचित्रकार सुरेन्द्र राजन आए। उस समय उन्हें ओरछा जाना था। जयदेव भाई अस्वस्थता के कारण उनके साथ नहीं जा सके थे और उनकी जगह मैंने उनका साथ दिया था। जयदेव भाई ने मेरा परिचय उन्हें एक कवि और कथाकार के रूप में दिया था। यह जानकर कि मैं कविता एवं कहानियों के साथ-साथ रिपोर्ताज भी लिखता हूँ, प्रयाग शुक्ल जी मुझसे बहुत प्रभावित हुए थे। नारायणपुर के गेस्ट हाउस में हम दोनों देर रात तक गपियाते रहे। वे मेरे बस्तर सम्बन्धी संस्मरण और व्यथाएँ सुनते रहे और मुझसे कहा कि मैं अपने रिपोर्ताज नवभारत टाइम्स के लिए उन्हें अवश्य ही भेजूँ। किन्तु मैं स्थानीय अखबारों में लिखने में ऐसा उलझा रहा कि उन्हें कोई भी सामग्री नहीं भेज पाया। मेरा दुर्भाग्य!

मुझे कारसिंग गाँव की एक दुर्घटना याद आ रही है। कोंडागाँव से 13 किलोमीटर दूर इस गाँव में हम सभी लोग यानी जयदेव भाई, खेम वैष्णव, यशवंत गौतम, उदय सागर, मैं

और दो अन्य सज्जन सायकिलों से पहुँचे। दोपहर का समय था। भोजन के उपरान्त हम सब सायकिलों पर सवार होकर गाँव पहुँचे थे। गाँव की थानागुड़ी में अपना सामान रखकर तथा बाकी लोगों को वहीं छोड़कर जयदेव भाई और मैं गाँव का चक्कर लगाने के लिए निकल पड़े थे। शाम तक हम गाँव के लोगों से उनके घरों में जाकर मिलते रहे। उनकी समस्याओं से वाकिफ होते रहे। भोजन की व्यवस्था के लिए हमने आवश्यक धनराशि गाँव के कोटवार को दे दी थी। सो इस बीच थानागुड़ी में हमारे भोजन का प्रबन्ध हो गया था। हममें से वही दो सज्जन पीने वाले थे। उनके लिए वैसी व्यवस्था कर दी गई थी। हम लोग भोजन में व्यस्त थे और वे दोनों पीने में। बड़े मजे ले-लेकर पी रहे थे। किन्तु तब बहुत हंगामा मच गया जब उन दोनों पीने वालों के बीच आपस में तकरार हो गई और उनमें से एक ने जलती लकड़ी थानागुड़ी की छत पर डाल दी। फूस की छत थी। आग लग गई। गनीमत तब तक गाँव के बहुत-से लोग वहाँ उपस्थित थे। उन लोगों ने जैसे-तैसे आग पर काबू पाया। हम दोनों ने कान पकड़े कि अगली बार से उन दोनों सज्जनों को टोली में शामिल नहीं किया जाएगा।

एक ऐसी घटना याद आ रही है, जिसे याद कर हम लोग काफी दिनों तक हँसते-हँसते लोटपोट होते रहे। हर बार की तरह इस बार भी जयदेव भाई, खेम वैष्णव, यशवंत गौतम, उदय सागर और मैं इस टोली में थे। हम लोग सम्बलपुर निवासी भाई लखन लाल पटेल के बुलावे पर उनके घर गए थे। उनके परिवार के कुछ सदस्य लोकगीत गाने की इच्छा रखते थे। हम वहाँ शाम को पहुँचे। पहुँचते ही गायकों की टोलियाँ आ गईं। उन टोलियों में लखन के घर के लोगों के अतिरिक्त मोहल्ले के भी लोग थे। हमने सबका स्वागत किया और कहा कि चूँकि टोलियाँ लगभग तीन के आसपास थीं इसलिए हम प्रत्येक टोली से तीन-तीन गीत ही सुनेंगे। अतः वे अपने सर्वोत्तम तीन गीत प्रस्तुत करें। ऐसा ही हुआ भी। अधिकांश गीत विवाह-सम्बन्धी थे और बहुत ही रोचक भी। हमने सभी गीतों की टेप रिकार्डिंग की और कहा कि हमारा प्रयास होगा कि हम आकाशवाणी तक उनकी आवाज पहुँचा दें। बाकी आकाशवाणी पर निर्भर करता है कि वह उन्हें आमन्त्रित करती है या नहीं। इसके बाद हम सबने भोजन किया और वहाँ से चल पड़े। सम्बलपुर से कोंडागाँव की दूरी महज तीन किलोमीटर है किन्तु हम चूँकि दूसरे रास्ते से होकर गए थे अतः यह दूरी पाँच किलोमीटर हो गई थी। सभी लोग पैदल थे। वापसी में जब हम लगभग दो किलोमीटर चल चुके कि राह भटक गए। चाँदनी रात थी किन्तु हम बीच जंगल में गोल-गोल घूमते रहे। घूम-फिरकर उसी जगह पर वापस आ जाते जहाँ से हम चलते। सभी परेशान थे। लगभग दो घंटे हम इसी तरह भूलभुलैया में फँसे रहे। आखिर में जयदेव भाई ने बताया कि हममें से किसी न किसी ने 'भुलन-लाहा' पर पाँव रख दिया है, इसी वजह से ऐसा हो रहा है। अब हम सब परेशान! किसका पाँव गलती से 'भुलन-लाहा' पर पड़ गया था, यह किसी की भी समझ में नहीं आ रहा था। हम परेशानी से हाल-बेहाल हुए जा रहे थे कि संयोग से एक

व्यक्ति सम्बलपुर से सायकिल पर सवार होकर उधर से गुजरा। हमने उसे आवाज दी। वह हम सब को जानता था। उसने हमारा अभिवादन किया तो हमने भी उसके अभिवादन का उत्तर दिया और अपनी परेशानी बताई तो उसने भी वही 'भुलन-लाहा' वाली बात कही और हमसे कहा कि हम सब उसके पीछे-पीछे चलें किन्तु खबरदार ! हममें से कोई भी उसे छुए मत। यदि किसी ने उसे छू दिया तो वह भी उसी भूलभुलैया में पड़ जाएगा। और इस तरह ढाई घंटे के बाद हम मुख्य सड़क पर पहुँचे। सब की जान में जान आई। हम सब जब वहाँ पहुँचे तो उस व्यक्ति ने बताया कि हम लोग मुख्य सड़क से केवल आधे किलोमीटर की दूरी पर घूम रहे थे। मेरी तो हालत बहुत ही खराब थी। मैं उसी व्यक्ति की सायकिल पर सवार होकर कोंडागाँव पहुँच गया। बाकी लोग पैदल चल रहे थे।

इस प्रसंग को लिखते हुए मुझे समकालीन कविता के समर्थ कवि और चर्चित उपन्यासकार संजीव बख्शी के अद्वितीय उपन्यास 'भूलन कांदा' के एक प्रसंग की सहसा याद आ जाती है। गाँव में हुई एक हत्या, जो दरअसल सुनियोजित हत्या नहीं बल्कि भूलवश हुई हत्या है, के प्रकरण की तफ्तीश के लिए आए दरोगा को उसके साथ चल रहा कोटवार कहता है, "उधर मत जाना साहब भूलन है।" तब दरोगा उससे भूलन के विषय में पूछता है जिसके जवाब में कोटवार उसे बताता है, "साहब! यह भूलन भी बड़ी ही अजीबो-गरीब चीज है। गाँव-जंगल की इस चीज को कोई शहरी नहीं मानता। कहते हैं यह तो किस्सा-कहानी है, पर देखो साहब! यहाँ सचमुच भूलन है। उधर जो स्थान है, वहाँ 'भूलन कांदा' है। उस पर जो पैर रख देता है न साहब, तो वह रास्ता ही भूल जाता है। उसे सब ओर जंगल ही जंगल दिखता है। रास्ता दिखता ही नहीं। वह वहीं का वहीं भटकता रहता है।" ('भूलन कांदा', 09 : 2012, संजीव बख्शी, अंतिका प्रकाशन, गाजियाबाद)। बस्तर के हल्बी-भतरी परिवेश में यह 'भुलन लाहा' और छत्तीसगढ़ी परिवेश में 'भूलन कांदा' कहलाता है। बेशक दोनों के अर्थ अलग-अलग हैं। 'लाहा' का अर्थ है, 'लता' या 'बेल' और 'कांदा' का अर्थ है, 'कन्द'। भूलन कांदा या भुलन लाहा के विषय में एक धारणा दोनों ही परिवेशों में थोड़ी-सी भिन्न दिखाई पड़ती है। बस्तरिया परिवेश में यह माना जाता है कि जिस किसी का पाँव भुलन लाहा पर पड़ गया है उसका हाथ यदि कोई और पकड़ ले तो वह भी उसी भूलभुलैया में खो जाता है जबकि 'भूलन कांदा' उपन्यास के अनुसार छत्तीसगढ़ी परिवेश में इसका उलटा है। वहाँ यह मान्यता है कि यदि भूलन कांदा पर पाँव पड़ने से भूलभुलैया में खोए व्यक्ति का हाथ कोई अन्य व्यक्ति पकड़ ले या उसका स्पर्श कर दे तो वह भूलभुलैया से मुक्त हो जाता है।

और अब जब 'भूलन कांदा' उपन्यास का उल्लेख हुआ है तो प्रसंगवश यह बताना अनिवार्य है कि पाठकों-आलोचकों की दृष्टि में श्री संजीव बख्शी जी का यह उपन्यास उच्च कोटि का और अद्वितीय माना गया है। यहाँ तक कि जर्मनी के विश्वप्रसिद्ध लेखक-आलोचक श्री लोठार लुत्से ने भी इसे पसन्द किया है। इस उपन्यास पर अपनी राय व्यक्त

करते हुए सुप्रसिद्ध समीक्षक श्री विष्णु खरे जी कहते हैं कि इस उपन्यास पर फिल्म बननी चाहिए। किन्तु वे इसके फिल्मांकन को किसी भी फिल्मकार के लिए बहुत बड़ी चुनौती बताते हुए कहते हैं, "…..संजीव बख्शी का यह उपन्यास भी किसी भी फिल्मकार के लिए बहुत बड़ी चुनौती होगा। यह दिखने में आसान है, सादा है पर फिल्मांकन के लिए कठिन उपन्यास है क्योंकि इसमें जो इमोशन है, भावनाएँ हैं, उन्हें पर्दे पर लाने के लिए आज आपको सत्यजित राय सरीखा कोई चाहिए पथेर पंचाली वाला। फिलहाल वह है नहीं या हमें ही नजर नहीं आ रहा। लेकिन मुझे यह उम्मीद है कि वह देर-सबेर कभी आएगा और करोड़ों दर्शक भूलन कांदा देख सकेंगे।"

यहाँ यह भी बताना उपयुक्त जान पड़ता है कि छत्तीसगढ़ के सन् 1400 से 2000 अर्थात 600 साल के काल-खण्ड के कवियों को लेकर लिखी गई 'जल भीतर एक बृच्छा उपजै' जैसी महत्त्वपूर्ण कृति के कृतिकार श्री रमेश अनुपम के सुझाव पर गद्य-लेखन शुरू करने वाले श्री संजीव बख्शी जी का यह पहला उपन्यास है जबकि वे मूलतः कवि हैं। फिलहाल इस उपन्यास का मराठी में अनुवाद हो रहा है और निकट भविष्य में अंग्रेजी के साथ-साथ विश्व की अनेक भाषाओं में भी इसके अनुवाद के लिए देशी-विदेशी अनुवादक लालायित हैं। इतना ही नहीं इस पर फिल्म भी बन रही है। मुझे गौरव होता है कि हम दोनों भाई, अनुज खेम वैष्णव और मैं, ऐसे समर्थ कवि-उपन्यासकार के स्नेह-भाजन रहे हैं। मेरी कई कविताओं के परिमार्जन में श्री बख्शी जी का उल्लेखनीय योगदान रहा है। श्री रमेश अनुपम जी ने भी मेरा मार्गदर्शन किया है। पहला यह कि उन्होंने मुझे स्थानीय अखबारों की सीमा से निकलकर राष्ट्रीय स्तर के पत्र-पत्रिकाओं में लिखने की सलाह दी। दूसरा यह कि जब मैंने एल.एल.बी. करने सम्बन्धी अपना विचार रखा तो उन्होंने स्पष्ट कहा, 'आप एल.एल.बी. करने की बजाय पी-एच. डी. करें। कारण, आपसे वकालत नहीं हो सकेगी।' तीसरा मार्गदर्शन मिला मेरे एक नाटक पर जिसका नाम मैं भूल चुका हूँ और उसकी पाण्डुलिपि भी खोजे नहीं मिल रही है। लेकिन जब कभी वह पाण्डुलिपि मिलेगी मैं उस पर उनके सुझाव के अनुसार फिर से काम अवश्य ही करूँगा। मैंने उनके सुझाव पर एल.एल.बी. नहीं किया और पी-एच.डी. करने का मन बनाया अवश्य किन्तु काफी सोच-विचार के बाद मैंने पी-एच.डी. करने का विचार त्याग दिया। अरे! यह क्या? मैं तो मूल विषय से भटक रहा हूँ। इसलिए अब इस पर यहीं विराम और लौटता हूँ अपने मूल विषय की ओर।

'पारम्परिक बस्तर शिल्पी परिवार' के पहले आयोजन में बस्तर के तत्कालीन सम्भागायुक्त श्री सम्पत राम जी मुख्य अतिथि थे। इसी आयोजन में सम्भवतः सबसे पहली बार कोंडागाँव में बस्तर की लोक-भाषाओं पर केन्द्रित कवि-सम्मेलन आयोजित हुआ था। दूसरे सम्मेलन में 'बस्तर के तुलसीदास' के नाम से जाने जाने वाले नारायणपुर निवासी साहित्यकार-कलाकार श्री रामसिंह ठाकुर जी का और तीसरे सम्मेलन में 'बस्तर के साहित्य-ऋषि'

लाला जगदलपुरी जी का सम्मान इस संस्था द्वारा किया गया था। दोनों ही इस संस्था द्वारा सम्मानित होकर गद्‌गद् हो गए थे। ऐसे ही एक सम्मेलन के दौरान जयदेव भाई की तबीयत बहुत ज्यादा बिगड़ गई थी और वे आशंकित थे कि तीन-चार दिनों तक चलने वाला वह सम्मेलन कैसे सम्पन्न हो पाएगा? किन्तु उन्हें मैंने ढाढ़स बँधाया और उन्होंने मुझ पर भरोसा जताया। किसी तरह वह सम्मेलन उनके अस्पताल में भर्ती होने के बावजूद सम्पन्न हुआ। इन्हीं में से किसी एक सम्मेलन में 'जगार सांस्कृतिक समिति' द्वारा रामचरित मानस के एक प्रसंग 'सीता-हरण' पर केन्द्रित नाटक भी हल्बी में प्रस्तुत किया गया था। और यदि मेरी याददाश्त गलत नहीं है तो इसी सम्मेलन में मध्यप्रदेश आदिवासी लोक कला परिषद्, भोपाल के श्री नवल शुक्ल ने भी शिरकत की थी।

एक प्रदर्शनी में भाग लेने के लिए जब पारम्परिक बस्तर शिल्पी परिवार के शिल्पी बम्बई जा रहे थे तो उसमें मैं भी शामिल था। शिल्पी के तौर पर नहीं बल्कि संस्था के सलाहकार सदस्य के तौर पर। उस समय जब हम लोग ट्रेन में सम्भवतः नागपुर के बाद, बस्तर की सम्पर्क भाषा 'हल्बी' में बातें करने लगे तो हमें यह जानकर आश्चर्य हुआ था कि 'हल्बी' से ही मिलती-जुलती बोली में कुछ और लोग भी जो नागपुर के बाद किसी स्टेशन से रेल पर सवार हुए थे, बातचीत कर रहे थे। हमने उत्सुकतावश उनसे पूछा तो उन्होंने कहा कि यह उनकी मातृ-भाषा है जिसे वे 'अल्वी' कहते हैं। मेरे मन में विचार आया कि क्या यह 'अल्वी' ही मराठा शासकों के समय बस्तर पहुँचकर 'हल्बी' हो गई? यह शोध का विषय है, अतः इसे यहीं छोड़ देते हैं। बहरहाल, जब हम बम्बई पहुँचे तो जिस स्थान पर हमें ठहरना था, वहाँ के वाचमैन ने हमसे पूछा था कि हम क्या खाना पसन्द करेंगे? तब तक हममें से कुछ लोगों को कुछ खास पता नहीं था। हमने कहा, जो भी मिल जाए। तब उसने कहा कि क्या हम बारह नम्बर खा लेंगे? इतने में हमने उनसे पूछा कि भाई यह बारह नम्बर क्या होता है? तब उसने जो बताया, उसे सुनकर हमने अपने कान पर हाथ रख दिए और कहा कि नहीं भाई, हम तो पूरी तरह शाकाहारी हैं। मांसाहारी नहीं। तब कहीं बात बनी वरना पता नहीं क्या-क्या खाना पड़ जाता! इस घटना का जिक्र हो और क्रिस ग्रेगोरी से मेरी पहली मुलाकात का जिक्र न हो तो बात अधूरी न रह जाएगी! मुझे याद है 1989 का कोई एक दिन। सदा की तरह जयदेव भाई सुबह मेरे घर आए किन्तु इस बार उनके साथ उनके एक विदेशी मित्र भी थे। वे थे आस्ट्रेलियन नेशनल यूनिवर्सिटी, कैनबरा में सहायक प्राध्यापक क्रिस्टोफर एलेन ग्रेगोरी, जिन्हें हम उनके लघु नाम क्रिस ग्रेगोरी के नाम से ज्यादा जानते हैं। जयदेव भाई ने उनसे मेरी मुलाकात एक साहित्यकार के साथ-साथ कला-प्रेमी और स्थानीय जन-भाषा हल्बी तथा हिन्दी और अंग्रेजी के जानकार के रूप में करवाई। उस समय क्रिस ग्रेगोरी जयदेव भाई के घड़वा समुदाय के रीति-रिवाजों आदि पर काम कर रहे थे। बातचीत में तय हुआ कि मुझे जयदेव भाई द्वारा बताई गई हल्बी मिथ कथाओं का हिन्दी तथा अंग्रेजी में शब्दशः और फिर मुक्त अनुवाद (भावानुवाद) करना है।

इस तरह मैं क्रिस ग्रेगोरी से परिचित हुआ। बाद में यह परिचय गाढ़ी मित्रता में ऐसे बदला कि आज तक क्रिस ग्रेगोरी से मेरी मित्रता बनी हुई है। आज वे न केवल मेरे अपितु जयदेव भाई के भी पारिवारिक सदस्य बन गए हैं। इसी के बाद 1991 में मैं और जयदेव भाई सांस्कृतिक आदान-प्रदान कार्यक्रम के अन्तर्गत भारतीय सांस्कृतिक सम्बन्ध परिषद् और ऑस्ट्रेलिया की क्राफ्ट काउन्सिल ऑफ ऑस्ट्रेलिया के संयुक्त प्रायोजकत्व में 45 दिवसीय यात्रा पर थे।

शाकाहारी और मांसाहारी भोजन की उपर्युक्त घटना का जिक्र करते हुए मुझे याद आ रही है उसी प्रवास के दौरान मेलबोर्न, ऑस्ट्रेलिया की एक घटना। वहाँ मेलबोर्न के एक कॉलेज में भाई क्रिस ग्रेगोरी के बड़े भाई मास्टर यानी प्राचार्य हैं। उस कॉलेज द्वारा जयदेव भाई और मेरे सम्मान में एक भव्य कार्यक्रम आयोजित हुआ। सम्मान कार्यक्रम के बाद दोपहर में भोजन। फिर शाम को क्रिस ग्रेगोरी के बड़े भाई के घर पर रात्रि-भोज। दोपहर के भोजन में तो हमने शाकाहारी भोजन किया। किन्तु रात्रि-भोज में विविध प्रकार के शाकाहारी और मांसाहारी भोजन थे। एक बड़े-से गोलाकार टेबल के चारों ओर हम चारों बैठे थे और बातचीत चल रही थी। फिर क्रिस ने भोजन आरम्भ करने का आग्रह किया। जयदेव भाई और मैंने एक प्लेट से अभी एक-एक टुकड़े उठाए ही थे कि क्रिस ने तत्काल हमारे हाथों से वे टुकड़े वहीं प्लेट में वापस रखवा दिए और कहा, 'यह आप लोगों के लिए नहीं है।' हम हतप्रभ! क्या ऐसी भी मेहमाननवाजी होती है कि हाथ में लिया भोजन ही वापस प्लेट पर रखवा दिया जाए! फिर क्रिस ने हम दोनों के कान में धीरे से कहा कि जिसे आप लोग खाने जा रहे थे वह मांस है, और वह भी आप लोगों के खाने योग्य नहीं। इसीलिए मैंने ऐसा किया। तब जाकर हमारी समझ में आया कि खाने से पहले

क्रिस ग्रेगोरी एवं उनके परिवार के साथ हरिहर वैष्णव एवं जयदेव बघेल, कैनबरा, आस्ट्रेलिया, 1991

पूछ जरूर लिया जाना चाहिए कि क्या परोसा गया है? फिर तो हम दोनों ने कम से कम दस बार साबुन से मल-मलकर हाथ धोए होंगे। इसके बाद जितने दिनों हम वहाँ रहे, बहुत एहतियात बरतते रहे।

कैनबरा में तो सबेरे का नाश्ता और रात का भोजन भाई क्रिस के घर पर होता था, इसलिए चिन्ता करने की कोई बात नहीं होती थी। किन्तु दोपहर का भोजन हमें यूनिवर्सिटी के पास स्थित रेस्त्राँ में करना पड़ता था। वहाँ हम केवल दाल-भात खाया करते थे। फिर कुछ दिनों में जब हमें रेस्त्राँ का भोजन नहीं रुचा तो क्रिस घर से ही टिफिन तैयार कर साथ लिए चलते थे। वापसी में हमें कुछ दिनों तक सिडनी में अकेले ही रहना पड़ा था। हम वहाँ भी भोजन के मामले में बहुत सावधान रहा करते थे।

ऑस्ट्रेलिया यात्रा की चर्चा हो और सुप्रसिद्ध इतिहासकार रणजीत गुहा से मुलाकात की बात न की जाए तो बात अधूरी होगी। भाई क्रिस ग्रेगोरी ने बताया कि विश्वप्रसिद्ध इतिहासकार और 'सबाल्टर्न स्टडीज' मोर्चे के प्रणेता एवं अगुआ डॉ. रणजीत गुहा आस्ट्रेलियन नेशनल यूनिवर्सिटी में विजिटिंग फेलो हैं। यह जानकर जयदेव भाई और मेरे

इतिहासकार रणजीत गुहा के साथ हरिहर वैष्णव एवं जयदेव बघेल, कैनबरा, ऑस्ट्रेलिया, 1991

मन में उनसे मिलने की उत्सुकता जागी। हमारी उत्सुकता देखकर क्रिस ग्रेगोरी ने उनसे बात की और मुलाकात का दिन और समय तय हो गया। निर्धारित दिन 29 मई 1991 को हम दोनों धड़कते दिल से उनकी प्रतीक्षा कर रहे थे। वे बिल्कुल सही समय पर पहुँचे। न एक मिनट पहले और न एक मिनट बाद। उनसे घंटों बातचीत होती रही। वे अपने विषय में और समाज के सबसे कमजोर वर्ग के विषय में बातें करते रहे। हमारे विषय में भी

जानकारी ली। मुझे स्मरण है कि भारत के इतिहास पर उन्होंने बहुत ही मार्मिक स्वर में कहा था, "भारत का जो इतिहास आज तक लिखा गया है, वह सब उच्च वर्गीय दृष्टिकोण से लिखा गया है। अर्थात् ऊपर वाली जाति, श्रेणी, सरकार, साम्राज्यवाद आदि के दृष्टिकोण से।" डॉ. गुहा की इस बात से असहमत होने का कोई कारण मुझे नहीं दिखता। डॉ. गुहा ने एक ऑस्ट्रियन महिला से विवाह किया था। उन्होंने एक दिन हमें रात्रि-भोज पर बुलाया। बहुत ही प्रेम-पूर्वक भोजन कराया और अनेकानेक आशीर्वादों की झड़ी लगा दी। मैं उन पलों को याद कर आज भी रोमांचित हो जाता हूँ। वे इन दिनों ऑस्ट्रिया में हैं।

वापसी में हमारा विमान हमारे दुर्भाग्य से सिडनी में 'टेक ऑफ' करने की स्थिति में नहीं था। हमें दूसरे विमान में सवार कराया गया। इसमें लगभग डेढ़-दो घंटे का विलम्ब हो गया। इससे हुआ यह कि हमें हाँगकाँग से जिस विमान पर सवार होना था उससे हम महरूम रह गए। इस विकट स्थिति में भी जयदेव भाई की सूझबूझ अभी भी मुझे याद आती है। वे थोड़ी देर के लिए भी चुप नहीं बैठे थे। बारम्बार भारतीय विमान सेवा के अधिकारियों से सम्पर्क करते और वैकल्पिक व्यवस्था के लिए कहते। इस तरह काफी जद्दोजहद के कई घंटों बाद हम दूसरे विमान पर सवार हो सके और मद्रास होते हुए दिल्ली पहुँचे। बाद में भाई क्रिस ग्रेगोरी ने हमें बताया कि जिस विमान से हमें सिडनी से दिल्ली के लिए उड़ान भरनी थी वह विमान कुछ ऐसी तकनीकी खामी की वजह से उड़ान नहीं भर सका था, जिसकी वजह से बड़ी भयावह दुर्घटना हो सकती थी। हमने भगवान का शुक्रिया अदा किया। यानी जिसे हम अपना दुर्भाग्य समझ रहे थे, वह वास्तव में हमारा सौभाग्य था। शायद इसीलिए कहा जाता है कि भगवान जो करता है, भले के लिए करता है।

कोई भी जयदेव भाई से पहली बार मिलने पहुँचे तो उसे वे अपनी उपलब्धियों के विषय में कुछ इस तरह विस्तार से बताते हैं जैसे वह व्यक्ति उनके विषय में कुछ जानता ही न हो। अपनी उपलब्धियों के विषय में बताने का यह अर्थ कतई नहीं होता कि वे आत्म-प्रशंसा कर रहे हों। उस बताने में होती है किसी उस बच्चे जैसी सरलता और मासूमियत जिसने किसी भी तरह की कोई खुशी पहली बार पाई हो और उस खुशी से फूला न समा रहा हो। और यह भी कि अपनी खुशी में वह दूसरों को भी खुश होता देखना चाहता हो। पहली कक्षा के किसी उस बच्चे जैसी प्रसन्नता का भाव, जिसने पहली कक्षा की परीक्षा पास की हो और उसका परिणाम-पत्रक लेकर सभी को दिखाता फिर रहा हो कि देखो ! मैं पास हो गया। उसमें कोई घमण्ड नहीं होता, कोई आत्म-प्रशंसा के भाव नहीं होते। होती है तो केवल अतुलित प्रसन्नता, सरलता और आत्मीयता। बिल्कुल यही बात होती है जयदेव भाई के साथ भी। मेरी ही नहीं अपितु कला-जगत से जुड़े प्रत्येक छोटे-बड़े कलाकार और कला-प्रेमियों की दृष्टि में जयदेव भाई घड़वा कला के पर्याय हैं। यदि यह कहा जाए तो कोई अतिशयोक्ति नहीं होगी कि घड़वा कला और जयदेव भाई दोनों ही एक-दूसरे के पूरक हैं। और फिर ऐसा भी नहीं कि दो-चार मिनट आपसे बातें की और आपको

'टरका' दिया। आपके पास यदि समय हो तो आप उनके साथ घंटों बैठे रह सकते हैं। उनके पास तो आपसे बातें करने का समय ही समय है, बशर्ते कि उनका कोई बहुत जरूरी काम न हो। इससे उन्हें कोई फर्क नहीं पड़ता कि आप कोई बड़े अधिकारी हैं या छोटे कर्मचारी अथवा कोई ख्यातिप्राप्त व्यक्ति हैं या एकदम अनाम! उनके लिए तो सभी एक समान हैं। इंसान हैं सभी। बिना किसी भेद-भाव के सबके साथ सरलता और आत्मीयता का समान व्यवहार उनकी ऐसी खासियत है जो हर किसी में देख पाना सम्भव नहीं। ठीक इसी तरह सफलता की चरम सीमा पर पहुँचकर भी इतना सरल, सहज और सादगीपूर्ण जीवन जीना भी शायद जयदेव भाई के लिए ही सम्भव है। दूसरों के लिए शायद कठिन। मैं वहाँ होता तो शायद जमीन पर मेरे पाँव ही नहीं पड़ते।

जयदेव भाई की सबसे बड़ी विशेषता है, उनमें आत्मविश्वास का कूट-कूटकर भरा होना। परिस्थितियाँ चाहे जैसी भी हों, और सामने कोई छोटे-से-छोटा व्यक्ति हो या बड़े से बड़ा; वे पूरे आत्मविश्वास के साथ अपनी बात कहते हैं। उनकी सफलता में उनका यह आत्मविश्वास भी सहायक रहा है। मेरी दृष्टि में जयदेव भाई आज भी वही हैं जैसे वे पहली मुलाकात में थे। सहज-सरल, निष्कपट, मृदु-भाषी और विनम्रता की प्रतिमूर्ति। यही कारण है कि सफलता और प्रसिद्धि के उत्तुंग शिखर पर पहुँचने के बावजूद उनके प्रति मेरा सम्बोधन जयदेव भाई से बघेल साहब जैसे किसी सम्बोधन में परिवर्तित नहीं हो सका। वे भी मुझे हरिहर भाई और मेरे अनुज खेम को खेम भाई ही सम्बोधित करते आ रहे हैं। कुछ यदि बदला है तो वह है उम्र और अस्वस्थता के कारण शारीरिक अवस्था। यह तो सभी के साथ होता है। किन्तु मैं सच कह रहा हूँ कि यदि उनकी जगह कोई और होता तो इतनी प्रसिद्धि और सफलता के चरम पर पहुँचकर हम जैसे अनाम लोगों को कब का भुला चुका होता। कटु शब्द मैंने उनके मुँह से कभी सुने ही नहीं। किसी के भी प्रति। घमण्ड किसे कहते हैं, वे नहीं जानते। चाहे कोई बड़े-से-बड़ा कलाकार, अधिकारी या फिर छोटे-से-छोटा कोई व्यक्ति उनके पास जाए तो उसे एक समान सत्कार मिलता है। भेद-भाव बरतना वे नहीं जानते। आपको उनसे सहायता चाहिए, वे बिना किसी शर्त के आपकी यथासम्भव सहायता करने को हमेशा उद्यत मिलेंगे। उनके मन में आज भी अपने शिल्पी साथियों और बस्तर के जन-जन के प्रति वही कसक उठती है। वे आज भी कुछ कर गुजरना चाहते हैं किन्तु शारीरिक अस्वस्थता उन्हें ऐसा करने से रोकती है। उनकी कुछेक और विशेषताओं का जिक्र न करना शायद उनके साथ अन्याय होगा। वह यह कि वे रुपए-पैसों का हिसाब करने के लिए कभी कैलकुलेटर या पेन-कागज का इस्तेमाल नहीं करते। मन-ही-मन गणना कर लेते हैं, चाहे हजारों रुपयों की बात हो या लाखों की। इसी तरह उनकी स्मरण-शक्ति की भी दाद देनी पड़ेगी। गजब की स्मरण-शक्ति है उनकी। उनके कुर्ते की जेबों में ढेर सारे कागज भरे पड़े रहते हैं। पता नहीं कब किस कागज की जरूरत पड़ जाए!

चाहे वह कोई भी क्यों न हो, कभी न कभी ऐसी स्थिति आ ही जाती है जब आपस में मतभेद हो जाया करते हैं। यदि मतभेद न हों तो शायद हम महामानव हो जाएँ। ऐसा ही एक समय हम दोनों की मित्रता के बीच आया था। 1991 में जब हम ऑस्ट्रेलिया की यात्रा से लौटे तब पारम्परिक बस्तर शिल्पी परिवार की एक बैठक रखी गई थी। उस बैठक में किसी बात पर मैं उनसे और वे मुझसे असहमत हो गए। यह असहमति कुछ ऐसी बनी रही कि हम दोनों के बीच बैठकों का जो दौर इसके पहले घंटों चला करता था, थम गया। कुछ ऐसा थमा कि मतभेद दूर होते-होते सम्भवतः दो वर्ष के आसपास लग गए। पहल मैंने ही की। कारण था, एक ऐसे मित्र से दूरी मन को बिल्कुल रास नहीं आ रही थी जिसके साथ पिछले 14 वर्ष गुजरे थे। और फिर 1992-93 में जब उनके विरोध में कुछ शिल्पी तथा गैर शिल्पी खड़े हो गए और मेरे पास भी समर्थन माँगने आए, तब मैंने तय कर लिया कि मतभेद का यह अर्थ नहीं कि मैं जयदेव भाई को उन पर आई विपत्ति के समय अकेला छोड़ दूँ। मैं अगले दिन शाम को आफिस से वापसी में सीधे उनके घर गया, जैसा कि दो वर्षों पूर्व मैं जाया करता था। उन्हें सारी बातें बताईं और आश्वस्त किया कि मैं उनके विरोधियों के साथ नहीं हूँ। जयदेव भाई ने मेरा धन्यवाद किया। और इसी के साथ हमारे सारे मतभेद समाप्त हो गए। उस दिन पता ही नहीं लगा कि हम दोनों की भेंट पिछले दो वर्षों से हुई ही नहीं थी। जिस सहज भाव से मैं उनसे मिला था उसी सहज भाव से वे भी मुझसे मिले। कोई शिकवा नहीं, कोई शिकायत नहीं। दरअसल उनके और मेरे बीच के मतभेद का कारण भी वे ही विरोधी थे जिन्होंने उनके विरुद्ध तथाकथित आंदोलन छेड़ रखा था। इसके बाद हमारी बैठकें पहले की ही तरह फिर से शुरू हो गईं। मैं यह नहीं कहता कि जयदेव भाई महामानव हैं। उनमें भी कुछ कमियाँ-खामियाँ हैं, जो स्वाभाविक है। लेकिन इतना अवश्य कह सकता हूँ कि वे एक भले इंसान हैं और उच्च कोटि के कलाकार भी।

जयदेव भाई कहते हैं कि वे कवि या लेखक तो नहीं हैं किन्तु कुछ पंक्तियाँ उन्होंने अपनी मातृ-भाषा हल्बी में रची हैं। ये कविताएँ उन्होंने कहीं लिख नहीं रखी हैं अपितु ये उन्हें कंठस्थ हैं। प्रस्तुत हैं उनकी वे तीन कविताएँ जिन्हें वे प्रायः भाव विभोर हो जाने पर सुनाया करते हैं। मैंने कई बार ये कविताएँ उनके मुँह से सुनी हैं। वे कहते हैं कि इस तरह की और भी कई कविताएँ उन्होंने रची हैं किन्तु इस समय वे कविताएँ याद नहीं आ रही हैं। वे अब अफसोस करते हैं कि उन्होंने इन्हें कहीं लिखकर रखा नहीं। वे बहुत ही बेचारगी से कहते हैं, "अब तो लिखना चाहूँ तो भी नहीं लिख पाऊँगा। कारण, अब हाथ या तो काँपने लगते हैं या फिर अकड़ने। कम्प्यूटर का भी कोई ज्ञान नहीं है।" वे चाहते हैं कि बस्तर की आदिवासी एवं लोक संस्कृति से सम्बन्धित जो कुछ भी ज्ञान उन्हें है, उसे वे लिखित स्वरूप में ले आएँ। इसके लिए उन्होंने मुझसे कहा कि मैं किसी विश्वस्त कम्प्यूटर ऑपरेटर की व्यवस्था कर दूँ ताकि वे उसे डिक्टेट करते चलें और वह कम्प्यूटर पर टाईप। मैंने उनकी इच्छा के अनुरूप एक विश्वस्त कम्प्यूटर ऑपरेटर की व्यवस्था भी कर दी

किन्तु वे अपनी लगातार बनी हुई अस्वस्थता के कारण उस ऑपरेटर के साथ बैठ ही नहीं पा रहे हैं। इन दिनों वे बिस्तर पर हैं। बीच-बीच में चिकित्सा के लिए उन्हें विशाखापटनम जाना पड़ता है। बहरहाल, उनकी इन कविताओं में उनका जीवन-दर्शन है। जीवन का निचोड़ है। वे कहते हैं कि दुःख की घड़ी में इन कविताओं का जन्म हुआ है। तब मैं उनसे कहता हूँ कि कविता का जन्म ही दुःख से होता रहा है। मुझे लगता है कि उनकी इन तीन कविताओं से ही उनके कवित्व की पहचान हो जाती है। शायद यदि वे लगातार लिख रहे होते या रच रहे होते तो वे हल्बी के एक उम्दा कवि भी हो सकते थे। बहरहाल, उनकी पहली कविता है :

बाजा-गाजा, बुड़िया खाजा इथाय रहेदे
दुय दिन चो मँडई आय
हामचो मँडई आय।
मँडई सरते-सरते पसरा उजड़ेदे
डारा-पाना, दोना-पतरी भुयँ ने पड़ेदे
भुयँ ले उपजुन भुँए कुएदे
दुय दिन चो मँडई आय
हामचो मँडई आय।
खादलो-पिवलो, खेल्लो-बुल्लो
करलो-कुँदलो सुरता रहेदे
दुय दिन चो मँडई आय
हामचो मँडई आय।
एते रतोर जाते रतोर आय
भँवसागर चो गोठ आय
सुरता करतोर आय
दुय दिन चो मँडई आय
हामचो मँडई आय।

(बाजे-गाजे और गुड़िया खाजा नामक व्यंजन यहीं छूट जाएँगे। कारण, यह तो हमारा दो दिनों का मेला है। मेला समाप्त होने को आते-आते पसरे उजड़ते चले जाएँगे। डालियाँ और पत्ते, दोने और पत्तल जमीन पर गिर पड़ेंगे। जमीन से उपजकर जमीन में ही गिरकर सड़-गल जाएँगे। कारण, यह तो हमारा दो दिनों का मेला है। किसी के साथ खाने-पीने, खेलने-घूमने, कर्म करने आदि बातें स्मृति में रह जाएँगी। यह तो भवसागर है। इसमें आना-जाना लगा रहता है। इसीलिए इस बात का ध्यान रखकर हमें अपने कर्म की ओर ध्यान देना चाहिए। भावार्थ है कि यह जीवन क्षणभंगुर है। जीवन और मरण संसार के चक्र हैं। इस चक्र में सभी को आना और जाना है। इसलिए ऐसा कुछ काम करें कि हमारे जाने के

बाद भी हमारे कर्मों की याद लोगों के बीच रह जाए। जीवन एक मेले की तरह है, जहाँ हम विविध प्रकार के सुखों का आनन्द उठाते हैं। किन्तु जब मेले के समापन का अवसर आता है, यानी मृत्यु समीप आती है तब सब कुछ तहस-नहस हो जाता है। शरीर माटी का पुतला

ग्राम सम्बलपुर के लोक संगीतकार : 1970

है। माटी से जन्मा है और माटी में ही मिल जाता है। इस कविता में 'गुड़िया खाजा' को जयदेव भाई ने 'बुड़िया खाजा' कहा है। वस्तुतः यह 'गुड़िया खाजा' है, जो गुड़ और चावल के आटे से बना होता है। आकार-प्रकार में यह जलेबी जैसा होता है।)

उनकी दूसरी कविता है :

इली असन गेली
केभये नीं होए भेटी।
लगे रलो बेरा
काहीं नीं सुहाय
फयले गेलो बेरा
खुबे सुरता एयसे
इली असन गेली
केभये नीं होए भेटी।
सँगे-सँगे हाट-मँडई गेलो के

सुरता एयसे
सँगे-सँगे चना-लाई खादलो के
सुरता एयसे
इली असन गेली
केभये नीं होए भेटी।

(वह आई और ऐसे चली गई कि दुबारा उससे मुलाकात सम्भव ही नहीं। जब वह पास होती तो कुछ भी नहीं सुहाता किन्तु जैसे ही वह दूर चली गई उसकी याद गहरा गई है। उसके साथ-साथ हाट-मेला गए हुए दिनों की याद आती है। याद आते हैं वे दिन जब उसके साथ चना-लाई खाए थे। वस्तुतः इस कविता में वे अपनी माँ को बहुत ही शिद्दत के साथ याद करते हैं। चूँकि वे अपने माता-पिता की सबसे छोटी सन्तान थे इसलिए उनके सबसे लाड़ले भी थे। माता की मृत्यु ऐसे समय में हुई जब वे रूस से लौटे ही थे। 29 सितम्बर, 1978 को वे रूस से लौटे थे और 30 सितम्बर, 1978 की रात में उनकी माता का स्वर्गवास हो गया था। मानो वे उन्हीं की प्रतीक्षा कर रही थीं।)

उनकी तीसरी कविता है :

ए रुख रुख आय
ठिंया रहुआय
ए रुख रुख आय
ठिंया रहुआय।
ए रुख रुख आय
ठिंया रहुआय
टिप चो पाना के छिंवतो काजे
खुबे चेगतोर आय।
लेहरा इलो बेरा पाना-
-खँदी हालेसे
लेहरा-धुका इलो बेरा
खेंदा खलपुन गिरुन जाएसे
ए रुख रुख आय
ठिंया रहुआय।
रुख तो रुख आय
ठिंया रहुआय
खेंदा गिरलो काजे
रुख तो खुबे पछताउआय
इलो-गेलो चड़ई-चिंडगुड़ आगे

बठते रउआय
एबे तो चड़ई-चिंड़गुड़
कोनी नी एओत।

इरकभट्टी नामक गाँव में सल्फी उतारता युवक : 1972

(यह पेड़ तो पेड़ है। यह खड़ा रहेगा। इस पेड़ के शिखर के पत्तों को छूने के लिए बहुत ऊपर तक चढ़ना पड़ेगा। जब हवा चलती है तब पेड़ की शाखाएँ हिलती हैं। आँधी आने पर पेड़ की शाखाएँ टूटकर गिर भी जाती हैं। शाखाएँ तो टूट जाती हैं किन्तु उनके विछोह में पेड़ रोता है। पहले जब पेड़ की शाखाएँ हुआ करती थीं तो पंछी आकर उन पर बैठते थे। अब तो कोई नहीं आता। कारण, शाखाएँ जो टूटकर गिर पड़ी हैं। सुख-समृद्धि जब व्यक्ति के पास होते हैं तब कई मित्र बन जाते हैं किन्तु सुख-समृद्धि के चले जाने पर मित्र भी मुँह फेर लेते हैं।

इस शिल्प को सबसे पहली बार राष्ट्रीय पुरस्कार से सम्मानित करवाने का श्रेय जाता है जगदलपुर के (स्व.) मानिक घड़वा को। उन्हें 1969 में इस शिल्प के लिए राष्ट्रपति पुरस्कार से सम्मानित किया गया। उनके बाद सोनाबाल निवासी (अब भेलवाँपदर पारा, कोंडागाँव निवासी) श्री सुखचंद घड़वा को इस शिल्प के अन्तर्गत राष्ट्रपति पुरस्कार से वर्ष 1970 में सम्मानित किया गया। फिर आई बारी भाई जयदेव बघेल की।

14 अक्टूबर, 1950 (अनुमानित तिथि) को कोंडागाँव के भेलवाँपदर पारा में जन्मे भाई जयदेव बघेल 1976 में मध्यप्रदेश के राज्य पुरस्कार से सम्मानित किए गए और इसके बाद 1977 में उन्हें 'मास्टर क्राफ्ट्समैन' के रूप में राष्ट्रीय पुरस्कार से सम्मानित किया गया। फिर तो पुरस्कारों और सम्मानों का सिलसिला जो चला तो वह अभी तक निरन्तर है। 1979 में वे 'ऑल इण्डिया आर्ट एक्जीबिशन' के 'विशेष सम्मान' से विभूषित किए गए। 1980 में उन्हें 'गोल्ड फ्लैक्स एवार्ड' से नवाजा गया और 1982 में मध्यप्रदेश शासन के बहुप्रतिष्ठित 'शिखर सम्मान' से वे अलंकृत किए गए। 1981 में उनके द्वारा स्थापित 'पारम्परिक बस्तर शिल्पी परिवार' संस्था को 1991 में भारत शासन द्वारा 'बाबा साहब अम्बेडकर राष्ट्रीय पुरस्कार' से पुरस्कृत किया गया। 1998 में वे सूरजकुण्ड मेला (हरियाणा) में आयोजित कार्यक्रम में 'कलाश्री' नामक सम्मान से विभूषित किए गए और 2000 में उन्हें 'पारम्परिक कारीगर' नामक मुम्बई स्थित संस्था से 'कमलादेवी चट्टोपाध्याय राष्ट्रीय पुरस्कार' प्राप्त

हुआ। भारत सरकार द्वारा 2002 में 'शिल्प गुरु' सम्मान से उन्हें नवाजा गया और 2003 में रविशंकर विश्वविद्यालय, रायपुर (छत्तीसगढ़) द्वारा उन्हें डी. लिट्. की मानद उपाधि प्रदान की गई।

उनके व्यक्तित्व एवं कृतित्व पर विभिन्न संस्थानों द्वारा वृत्त चित्र भी तैयार किए एवं सिनेमा-घरों तथा विभिन्न टी. वी. चैनलों पर प्रसारित किए गए। सबसे पहली बार 1978 में भारत सरकार

हस्तशिल्प के पुनरुत्थान की स्वर्ण जयंती पर आयोजित उद्घाटन समारोह, नई दिल्ली, में राष्ट्रपति ए.पी.जे.अब्दुल कलाम से शिल्प गुरु सम्मान राष्ट्रीय पुरस्कार प्राप्त करते हुए, 15.11.2002

के फिल्म्स डिवीजन द्वारा उन पर वृत्त चित्र तैयार किया गया। इस वृत्त चित्र में काम करने के लिए फिल्म्स डिवीजन द्वारा उन्हें प्रमाण-पत्र भी दिया गया था किन्तु वह प्रमाण-पत्र दीमकों की भेंट चढ़ गया। इसके बाद 1982 में ऑर्ट काउन्सिल ऑफ ग्रेट ब्रिटेन द्वारा तथा 1982 में ही बी.बी.सी. लंदन द्वारा भी उन पर केन्द्रित वृत्त चित्रों का निर्माण हुआ। 1987 में स्विट्जरलैंड स्थित 'बाजल म्यूजियम' ने उन पर केन्द्रित वृत्त चित्र का निर्माण किया। 1990 में दूरदर्शन से प्रसारित बहुचर्चित कार्यक्रम 'सुरभि' के अन्तर्गत भी उन पर तैयार वृत्त चित्र का प्रसारण हुआ और इसी वर्ष जापान के जे. के. टी. वी. ने भी उन पर वृत्त चित्र का निर्माण कर उसका प्रसारण किया। 1998 में भारत सरकार के फिल्म्स डिवीजन द्वारा निर्मित वृत्त चित्र 'ए जर्नी टू बस्तर' में भी वे केन्द्रीय भूमिका में रहे। डिस्कवरी टी. वी. चैनल द्वारा उन पर केन्द्रित वृत्त चित्रों का निर्माण 2006 एवं 2010 में किया गया जबकि नेशनल ज्योग्राफी टी. वी. चैनल द्वारा 2009 में उन पर केन्द्रित वृत्त चित्र तैयार किया गया।

उनकी कलाकृतियों की प्रदर्शनियाँ अब तक सोवियत रूस, जर्मनी, ग्रेट ब्रिटेन, ऑस्ट्रेलिया, संयुक्त राज्य अमेरिका, जापान, स्विट्ज़रलैंड, इटली, नीदरलैंड, मैक्सिको, फ्रान्स, सिंगापुर, हाँगकाँग तथा थाईलैंड में हो चुकी हैं। उनके विदेश भ्रमण में सम्मिलित देश हैं सोवियत रूस (1978), ग्रेट ब्रिटेन एवं जर्मनी (1982), ऑस्ट्रेलिया (1985 एवं 1991), संयुक्त राज्य अमेरिका एवं जापान (1985 एवं 1986), स्विट्ज़रलैंड एवं फ्रान्स (1987), जापान एवं थाईलैंड (1988, 1998), स्कॉटलैंड (1990), ग्रेट ब्रिटेन (1992), भूटान (1999), मैक्सिको (2008), इटली एवं नीदरलैंड (2009)।

पूर्वज जो आए अबूझमाड़ से

भाई जयदेव बघेल अपने पूर्वजों के विषय में बताते हैं कि उन्होंने अपने दादा-दादी, नाना-नानी को देखा नहीं था किन्तु सुना था कि उनके दादाजी जिनका नाम नवल था, एवं उनके पूर्वज अबूझमाड़ के परलकोट क्षेत्र के निवासी थे और अबूझमाड़ से चलकर यहाँ आ गए थे। जयदेव भाई का कहना है कि उन्हें पहले अपने दादा-दादी के विषय में कुछ भी नहीं मालूम था किन्तु अभी-अभी वे यह सुनते हैं कि उनके परदादा का परलकोट के तत्कालीन और अन्तिम राजा (शहीद) गेंदसिंह के साथ बहुत ही घनिष्ठ सम्बन्ध था। राजा गेंदसिंह एक स्वतन्त्रता सेनानी भी रहे थे। वे और जयदेव भाई के लकड़दादा एक साथ खेला-कूदा और घूमा करते थे। जयदेव जी के परदादा-लकड़दादा के पास डेढ़-दो सौ भैंसें हुआ करती थीं। वे उनका पालन-पोषण करते और दूध से दही, घी आदि तैयार किया करते थे। गोधन के कारण वे धनाढ्य थे और समाज में उनकी स्थिति बहुत अच्छी थी। ऐसे ही कई कारणों के चलते उनकी मित्रता परलकोट राज्य के राज-परिवार से हो गई थी और यह मित्रता लम्बे समय तक निभी भी थी। उस समय नागपुर-गढ़ चिरौली (महाराष्ट्र) की ओर से अंग्रेज सैनिकों ने इस क्षेत्र में युद्ध करने के लिए प्रवेश किया। वे माड़ क्षेत्र पर कब्जा करना चाहते थे जिसका विरोध राजा गेंदसिंह और वहाँ की माड़िया आदिवासी जनता ने किया। किन्तु उनका विरोध अंग्रेजों को रास नहीं आया और उन्होंने राजा गेंदसिंह को पकड़कर फाँसी पर लटका दिया। 'बस्तर के जननायक' शीर्षक अपनी पुस्तक में राजीव रंजन प्रसाद इस लोमहर्षक घटना का वर्णन इस प्रकार करते हैं, "...10 जनवरी, 1825 को परलकोट चारों ओर से घेर लिया गया। अबूझमाड़िये शान से लड़े और शरीर में रक्त की आखिरी बूँद रहने तक उन्होंने कैप्टन पेव को नाकों चने चबवा दिए थे। अंततः गेंदसिंह गिरफ्तार कर लिए गए एवं उन पर दिखावटी मुकदमा चलाया गया। 20 जनवरी, 1825 को विद्रोह का पूरी तरह से दमन करने के पश्चात् परलकोट परगने की प्रजा और दूर-सुदूर से आए हजारों अबूझमाड़ियों के सामने निर्दयतापूर्वक एक पेड़ की टहनी पर ऊपर खींचकर गेंदसिंह फाँसी पर लटका दिए गए।...." ('बस्तर के जननायक', 100 : 2013, राजीव रंजन प्रसाद, यश पब्लिकेशन्स, दिल्ली)। उल्लेखनीय है कि गेंदसिंह राजा नहीं

अपितु बस्तर रियासत के एक जमींदार थे यद्यपि उन्हें परलकोटिया राजा के नाम से जाना जाता था और किंवदन्ती है कि उनके पूर्वज (आदि पुरुष) का जन्म चट्टान से हुआ था। उन्हें बस्तर महाराजा ने भुमिया राजा की उपाधि दे रखी थी। बहरहाल, इस घटना से जयदेव भाई के परदादा-लकड़दादा भयभीत हो गए और अपनी मवेशियों को लेकर उन्हें चराते हुए वहाँ से पलायन कर गए। ओरछा से 35-40 किलोमीटर की दूरी पर स्थित मरकाबेड़ा, टोंडाबेड़ा, होते वे वहाँ से इधर आ गए। स्थिति ऐसी आ गई कि वे मवेशियों को सम्हाल भी नहीं पा रहे थे इसीलिए उन्होंने अपनी मवेशियाँ कई लोगों में बाँट दीं। बताया जाता है कि पहले गाँवों में बघनी हुआ करता था। बघनी होने का अर्थ है, गाँव में बाघ का आतंक। तो उस आतंक के कारण गाँव के लोग उस गाँव को छोड़कर अन्यत्र जा बसते थे। इस तरह कई गाँव उजाड़ होते गए तो कई गाँव बसते भी गए। इसी तरह पहले स्थायी खेती की बजाय चल खेती हुआ करती थी, जिसे पेंदा खेती कहा जाता था। लोग हल चलाना नहीं जानते थे इसलिए धान की खेती नहीं करते थे। डाही पद्धति से खेती की जाती थी। डाही का अर्थ हुआ, जंगल काटकर फिर लकड़ियाँ वहीं जलाकर खेती बनाई जाती थी और उस खेती में कोसरा-कुटकी आदि मोटे अन्न के बीज छींट दिए जाते थे जो वर्षा के जल से सिंचित होकर फसल के रूप में तैयार हुआ करता था। यही अन्न उधर के वनवासियों का मुख्य भोजन हुआ करता था।

जयदेव भाई बताते हैं कि सितम्बर-अक्टूबर 2012 में उस क्षेत्र के उनके अबुझमाड़िया परिजनों के यहाँ कोई पूजा थी। वह पूजा थी अबुझमाड़ियों के देवाधिदेव कर्मे कोला तादो और मुन कोला तादो की। उस पूजा में भाग लेने के लिए उन्हें आमन्त्रण मिला था। वे स्वयं अपनी अस्वस्थता के कारण नहीं जा पाए थे किन्तु उन्होंने अपने ज्येष्ठ पुत्र भूपेन्द्र बघेल, भतीजे राजेन्द्र बघेल और रामेश्वर बघेल आदि लोगों को वहाँ उस पूजा में भाग लेने के लिए भेजा था। वे बताते हैं कि उधर आज भी सड़कें नहीं हैं। वे आगे बताते हैं कि उनके पुत्र भूपेन्द्र तथा उनके साथी ओरछा तक तो जीप से गए थे किन्तु उसके बाद की यात्रा उन्हें पैदल करनी पड़ी थी। जब वे लोग पैदल यात्रा के बाद अपने गंतव्य तक पहुँचे तो वहाँ के लोगों ने उन्हें दो-ढाई सौ एकड़ जमीन दिखाते हुए कहा कि वह सारी जमीन उन्हीं के पूर्वजों (नवल के दादा-परदादा) की थी। जिस गाँव में वे पहुँचे थे उस गाँव में बमुश्किल केवल पाँच-छह घर थे। जैसे ही वहाँ के लोगों को इनके पहुँचने की खबर मिली, रातोरात आसपास के गाँवों तक यह खबर जा पहुँची और सारे लोग उस गाँव में जुट गए। वहाँ किसी बाजार का-सा दृश्य उपस्थित हो गया। देवता की पूजा-अर्चना का कार्यक्रम सम्पन्न हुआ। देवी की डोली और देवताओं के आँगा आदि प्रतीकों के साथ लोग वहाँ उपस्थित हो गए और देव बाजार का आयोजन हो गया। देवी को ढोल खेलाया गया। उनके पुत्र और भतीजे वहाँ के फोटो लेकर आए हैं जो जयदेव भाई के पास हैं। पहले और अभी के परिवेश में काफी कुछ बदलाव आ गया है। विशेषतः कपड़ों के मामले में। पहले के लोग

कपड़े कम पहनते थे किन्तु अब वैसा नहीं रहा। कपड़ा अब उनकी भी आवश्यकता बन गया है। बहरहाल, जयदेव भाई के पूर्वजों का गाय-बैलों का रोजगार इस क्षेत्र में नहीं चल पाया। कारण, यह था पूरा का पूरा माड़ इलाका जबकि परलकोट के आसपास जमींदारी होने के कारण राज्याधिकारी आदि वहाँ जाया करते थे जिनके बीच दूध-दही-घी आदि की बिक्री हो जाती थी या इनके बदले राज्याधिकारियों से कुछ-न-कुछ पुरुस्कार-स्वरूप मिल ही जाया करता था। इससे उनका परिवार चलता था। किन्तु उधर से इधर आ जाने के कारण दूध-दही-घी का कारोबार पनप नहीं सका। कारण, खरीदार या इनका उपभोग करने वाले इधर थे ही नहीं। इधर खेती भी नहीं हुआ करती थी। केवल घने जंगल थे। विकास की कोई किरण ही नहीं थी इस ओर। लोग पूरी तरह जंगली थे। यही वजह थी कि उनके

ओरछा मँडई : 1973

पूर्वजों को गाय-बैलों का कारोबार बन्द करना पड़ा। फिर वे मरकाबेड़ा, ओरछा आदि इलाकों में रहते हुए धीरे-धीरे मूर्तियाँ गढ़ने के काम में लग गए । वे अपने इष्ट देवी-देवताओं की मूर्तियाँ गढ़ने लगे। वे पहले राजा के लिए ढाल आदि बनाया करते थे। तादो का गुटाल बनाया करते थे। वह मयूर के पंखों और धातु के मूठ के संयोजन से बना होता था। वे धीरे-धीरे इसी काम में लग गए। बहुत-सी मवेशियाँ इसे-उसे बाँट दीं। कारण, वे सम्हाल नहीं पा रहे थे। बताते हैं कि मर्दापाल क्षेत्र के मलनार, कुरुसनार आदि गाँवों के बहुत-से लोगों में उन्होंने अपनी मवेशी बाँट दी। जयदेव भाई के पिता को उन लोगों ने

बुलाया भी कि उनके पूर्वजों की दी मवेशी वे उन्हें वापस कर देंगे किन्तु वे देवी-देवताओं से डर गए और उधर का रुख ही नहीं किया। इस तरह मवेशियाँ पालने का उनका पुश्तैनी कारोबार लगभग बन्द ही हो गया और वे मूर्तियाँ गढ़ने के काम में संलग्न हो गए तथापि थोड़ी-बहुत मवेशियाँ रह गई थीं। दूसरा कारण था, जयदेव भाई के दादा जी चूँकि धनी थे अतः स्वभावतः वे नशे के आदी हो गए। काम-धाम में मन नहीं लगता था और उन्होंने नशे की हालत में ही बहुत-सी मवेशियाँ बाँट दीं। होते-होते वे अपने परिवार सहित उधर से इधर आते चले गए। कुछ वर्षों तक वे लोग ओरछा के पास रहे फिर वहाँ से चले आए छोटेडोंगर। छोटेडोंगर में वे कुछ दिनों के लिए रह गए। वहाँ रहते हुए उनका परिवार बढ़ा। आज भी छोटेडोंगर के मेले में उनके परिजनों की प्रमुख भूमिका होती है। वे गाँयता-पुजारी की भी भूमिका निभाते हैं। विवाह के अवसर पर भी उनकी प्रमुख भूमिका होती है। कुछ लोग वहाँ रह गए और कुछ लोग वहाँ से चलकर नारायणपुर के पास बाकुलवाही नामक गाँव आ गए। तब तक उनके पास कुछ गाय-बैल बचे थे और दूध-दही-घी आदि का कारोबार भी कुछ-कुछ चल ही रहा था। इसी बीच उनका सम्पर्क दूध-दही-घी के कारोबार के चलते नारायणपुर के विभिन्न शासकीय अधिकारियों से हुआ। नारायणपुर थाने में पदस्थ एक थानेदार ने जयदेव भाई के दादा से कहा कि वे अपना पुत्र उन्हें दे दें, जिसे वे कुछ दूसरा काम सिखाएँगे। और इस तरह जयदेव भाई के पिता सिरमन राम जी उस थानेदार के हवाले कर दिए गए। बाद में उस थानेदार का स्थानान्तरण कोंडागाँव हो गया और जयदेव भाई के पिता उस थानेदार के साथ कोंडागाँव आ गए। जब तक वह थानेदार कोंडागाँव में पदस्थ था, जयदेव भाई के पिता सिरमन राम जी उसके साथ रहे अर्दली पुलिस के रूप में। वे थानेदार के घर का काम किया करते थे। उस समय उनकी उम्र यही कोई 15-16 वर्ष थी। थानेदार का दौरा हुआ करता था गाँवों में। सिरमन राम जी दौरे पर थानेदार के साथ ही जाया करते थे। इसी दौरान पुसावँड नामक गाँव में उनकी भेंट भुकई बाई नामक एक युवती से हुई और कुछ ही समय में दोनों विवाह-बन्धन में बँध गए। भुकई बाई को झयँगी के नाम से भी पुकारा जाता था। वे घड़वा समुदाय से थीं। पवन कुमार सागर के परिवार की। इस परिवार के पूर्वज सिहावा-नगरी की ओर के थे। वे लोग मूर्ति आदि बनाया करते थे। बनाकर घूम-घूमकर बेचते और घर-परिवार चलाते थे, बंजारों की तरह। किन्तु जयदेव भाई के पूर्वज मूलतः माड़िया समुदाय से थे। बहरहाल, जब उस थानेदार का स्थानान्तरण कोंडागाँव से अन्यत्र हो गया तो वह सिरमन राम जी को कोंडागाँव में ही छोड़कर चला गया। इस तरह सिरमन राम जी कोंडागाँव के होकर रह गए।

कुछ दिनों बाद सिरमन राम अपने परिवार के साथ मर्दापाल के पास कुसमा नामक गाँव चले गए और वहाँ लगभग आठ-दस वर्षों तक रहकर आराकशी का काम करते रहे। वहाँ उनकी एक या दो पुत्रियों का जन्म हुआ। इसके बाद चूँकि आराकशी का काम बहुत नहीं रह गया था अतः वे फिर से कोंडागाँव वापस आ गए और यहीं बस गए। यह बात लगभग

सौ-सवा सौ वर्ष पहले की है। उस समय कोंडागाँव में ब्रिटिश टिम्बर ट्रेडिंग कम्पनी (बीटीटी कम्पनी) हुआ करती थी जो लकड़ी काटने-चीरने और बेचने का काम किया करती थी। वहाँ से आने के बाद वे बसे तहसील पारा में। जब जयदेव भाई के माता-पिता कोंडागाँव आ गए तब पवन कुमार सागर के माता-पिता भी पुसावँड से कोंडागाँव आ गए थे। सिरमन राम जी ने तब तहसील पारा की अपनी कुछ जमीन पर पवन कुमार सागर के माता-पिता को बसाया। लगभग 20-30 डिसमिल जमीन चटर्जी नामक एक व्यक्ति को सन् 1950-55 के आसपास साठ रुपए में बेच दी और स्वयं भेलवाँपदर पारा चले आए। कारण, वे माड़िया परिवार से थे और भीड़-भाड़ वाले इलाके में रहना उन्हें स्वभाववश पसन्द नहीं था। इस तरह वे वहाँ से हटकर भेलवाँपदर आ गए और यहीं जंगल काटकर अपने लिए घर बनाया। उनके बाद उनके बड़े भाई मंगल और छोटे भाई सम्पत भी यहीं आ गए और अपने-अपने लिए घर बनाए। इस तरह यहाँ एक-एक कर कुल तीन घर बने। बाद में और लोग भी बसते चले गए और आज तो यह एक बड़ा-सा मोहल्ला हो गया है। उस समय कोंडागाँव के आसपास

पुराना घर। घर के बाहरी हिस्से में भित्ति पर बाएँ से दाएँ बैठे जयदेव बघेल के पिता स्व. सिरमन राम बघेल, माता स्व. भुकई बाई, बड़े भाई स्व. सोनारू राम बघेल और स्वयं जयदेव बघेल : 1976

घड़वा शिल्पी के रूप में केवल सिरमन राम जी का ही नाम जाना जाता था। दूसरा कोई शिल्पी था ही नहीं। यही कारण है कि कोंडागाँव और इसके आसपास ही नहीं बल्कि दूर-दूर तक की सभी देवगुड़ियों (ग्रामीण मन्दिरों) में सिरमन राम जी की ही बनाई हुई देव-प्रतिमाएँ

प्रतिष्ठित हैं। करंजी, कोकोड़ी, बयानार, कुदुर, भानपुरी, एरला आदि गाँवों की देवगुड़ियों में आज भी उनकी बनाई देव-प्रतिमाएँ देखी जा सकती हैं। मूर्तियाँ बनाना और गाँव-गाँव ले जाकर बेचना, यही परिवार के भरण-पोषण का एकमात्र जरिया था। काफी बाद में ओड़िशा से कुछ परिवार आए जो यह काम किया करते थे। इस तरह धीरे-धीरे दूसरे लोग भी इस काम से जुड़ते चले गए। अपने पिता को काम करते देखकर जयदेव भाई तथा उनके भाई भी उनके काम से जुड़ते गए। जयदेव भाई कहते हैं कि उन्हें अच्छी तरह याद है कि शिल्पी के रूप में केवल उनके पिता सिरमन राम बघेल जी को ही जाना जाता था। उस समय जो भी अधिकारी हुआ करते थे वे सभी उनके घर शिल्प और शिल्प-निर्माण की उस अद्भुत प्रक्रिया को देखने के लिए आया करते थे। वे बताते हैं कि दण्डकारण्य परियोजना में पदस्थ आईसीएस आफिसर सुकुमार सेन भी उनके घर उनके पिता का काम देखने के लिए आए थे। उन्होंने सिरमन राम जी का काम देखा और दण्डकारण्य परियोजना के चेयरमैन श्री गंगोपाध्याय जी को यह बात बताई। उन्होंने अपने एक मित्र को, जो बंगाल के पुलिस कमिश्नर थे, यह बात बताई। उन पुलिस कमिश्नर की बेटी उस समय जर्मनी में पढ़ाई कर रही थीं। उनका नाम था मीरा मुखर्जी। वे जर्मनी में मूर्ति-कला की पढ़ाई कर रही थीं। 1960-63 के बीच की बात है, वे जब भारत वापस आईं तो सिरमन राम जी के घर आकर उनका काम देखा, उनसे मिलीं और तय किया कि जो पढ़ाई वे जर्मनी में कर रही थीं, उसे यहाँ बस्तर में सिरमन राम जी के सान्निध्य में पूरा करेंगी। इस तरह वे लगातार तीन वर्षों तक यहाँ आती रहीं और सिरमन राम जी से काँसा-पीतल की कास्टिंग का काम सीखा। इसके बाद 1965-66 के आसपास जब संस्कृति विभाग के अन्तर्गत विभिन्न सांस्कृतिक केन्द्र आदि बने तब उन्हीं में हस्तशिल्प के लिए भी अलग से एक उप विभाग 'हस्तशिल्प मंडल' के नाम से स्थापित किया गया। और इस विभाग की चेयरपर्सन बनीं कमलादेवी चट्टोपाध्याय। मीरा मुखर्जी ने यहाँ काम सीखा और वापस कलकत्ता लौट गईं। वहाँ भी वे यह काम करती रहीं। जयदेव भाई बताते हैं कि 1975-76 में जब उनकी कलाकृतियों की एकल प्रदर्शनी कलकत्ता में चल रही थी तब मीरा मुखर्जी ने ही उस प्रदर्शनी का उद्घाटन किया था। फिर जब 1966-67 में सिद्ध-हस्त हस्तशिल्पियों के लिए राष्ट्रीय पुरस्कारों की स्थापना की गई तब ढोकरा आर्ट यानी घड़वा शिल्प के लिए सबसे पहला राष्ट्रीय पुरस्कार मीरा मुखर्जी को प्राप्त हुआ। इसके बाद चूँकि ढोकरा आर्ट की शुरुआत बस्तर से हुई थी अतः इस पुरस्कार के बाद बस्तर में इस कला का प्रचार-प्रसार होना शुरू हुआ। 1961-62 के आसपास पश्चिम बंगाल की तत्कालीन राज्यपाल पद्मजा नायडू ने कोंडागाँव आने पर सिरमन राम जी का सम्मान किया था। उसी समय जयदेव भाई के पिता स्व. सिरमन राम बघेल जी को 10 एकड़ जमीन देने की घोषणा हुई थी। यह जगह थी फारेस्ट रेस्ट हाउस के आगे। वहाँ मेड़ वगैरह भी बनाए गए थे किन्तु बाद में उस जगह की बजाय वह जगह दी गई जहाँ अभी संस्था के भवन आदि हैं।

कलकत्ता में आयोजित प्रदर्शनी के उद्घाटन में मीरा मुखर्जी, 1975-76

इसके बाद तत्कालीन प्रधानमंत्री जवाहरलाल नेहरू ने कमलादेवी चट्टोपाध्याय को बस्तर के दौरे पर भेजा ताकि वे यहाँ के शिल्पियों से मिल सकें और सम्भावनाएँ तलाश सकें। जयदेव भाई आगे बताते हैं कि 1963-64 में कमलादेवी चट्टोपाध्याय यहाँ आई थीं। उस समय शिल्पियों का सर्वेक्षण हुआ था और उसमें भी सिरमन राम बघेल जी का ही नाम सामने आया था। वे बस्तर के वरिष्ठ शिल्पियों में गिने गए थे। उन्होंने पाया था कि कोंडागाँव और आसपास के लगभग सभी गाँवों में सिरमन राम जी की ही बनाई हुई मूर्तियाँ विभिन्न देव-गुड़ियों में प्रतिष्ठित थीं और रावदेव के स्थान में भी लोगों द्वारा मनौती के रूप में चढ़ाई गई थीं। कमलादेवी चट्टोपाध्याय द्वारा किए गए सर्वेक्षण के बाद शासन को सौंपी गई रिपोर्ट के आधार पर बस्तर में इस शिल्प के उत्थान के प्रयास किए जाने लगे। लोग सिरमन राम जी से मिलने और उनकी कला देखने-सीखने के लिए आते गए। सिरमन राम जी प्रमुख रूप से पारम्परिक शिल्प गढ़ा करते थे। साथ में कुछ जेवरात भी बनाया करते थे। इसके साथ ही बर्तन भी बनाया करते थे। सारे औजार थे। यह सब देखकर इस शिल्प को एक उद्योग के रूप में स्थापित किए जाने की चर्चा होने लगी ताकि इस शिल्प से जुड़े लोगों को काम मिलता रहे और यह एक उद्योग के रूप में विकसित हो। जयदेव भाई कहते हैं कि पहले जाति-भेद नहीं था। बस्तर में आदिवासी व गैर आदिवासी का कोई झगड़ा ही नहीं था। यह तो बाद में वोट की राजनीति करने के लिए यहाँ के लोगों को दो वर्गों में बाँट दिया गया। वे बताते हैं कि उस समय दण्डकारण्य परियोजना क्षेत्र में केन्द्र शासन का ही

वर्चस्व था। सड़क, पेयजल, स्वास्थ्य आदि मूलभूत सुविधाओं एवं प्रशासनिक नियन्त्रण केन्द्र सरकार का ही हुआ करता था। राज्य शासन के कर्मचारी सहायक हुआ करते थे। बहरहाल, काफी बाद में जगदलपुर में एक सहकारी संस्था स्थापित की गई, जिसने यहाँ के

घर के आँगन में काम करते हुए स्व. सिरमन राम बघेल : 1970

हस्तशिल्प के विकास के क्षेत्र में काम करना आरम्भ किया। चूँकि संस्था का मुख्यालय जगदलपुर में था इसीलिए जगदलपुर के आसपास के शिल्पी ही इस संस्था से अधिक जुड़े और उन्हें काम करने के अधिक अवसर प्राप्त हुए। यही कारण है कि वहाँ के शिल्पी अधिक प्रकाश में आए। जगदलपुर में दण्डकारण्य परियोजना के लगभग सभी बड़े कार्यालय थे। इसका फायदा जगदलपुर क्षेत्र के हस्तशिल्पियों को मिला और उनकी कला-कृतियों से न केवल जगदलपुर में पदस्थ आला अधिकारी बल्कि उनके माध्यम से पश्चिम बंगाल और अन्य प्रान्तों के भी आला अधिकारी परिचित होने लगे। 1969 में जगदलपुर के मानिक घड़वा को इस शिल्प में राष्ट्रीय पुरस्कार प्राप्त हुआ।

मानिक घड़वा जी को पुरस्कार प्राप्त होने पर बाकी शिल्पियों में उत्साह का संचार हुआ। बहुत से शिल्पियों को इसके पहले यह पता नहीं था कि इस शिल्प के लिए पुरस्कार भी मिलते हैं। 1970 के लिए दिए जाने वाले पुरस्कार के विषय में सम्बन्धित कार्यालय द्वारा शिल्पियों को जानकारी दी गई और उन्हें पुरस्कार हेतु अपने उत्कृष्टतम शिल्प कार्यालय में जमा करने के लिए कहा गया। कई शिल्पियों ने अपने शिल्प प्रस्तुत किए।

उनमें से सोनाबाल निवासी सुखचंद घड़वा का शिल्प चयनित हुआ और इस तरह उन्हें 1970 का राष्ट्रीय पुरस्कार मिला। जयदेव भाई अपने विषय में बताते हैं कि 1968 में वे थे तो लगभग सोलह वर्ष के किन्तु कद की लम्बाई और शारीरिक गठन के कारण वे 19-20 वर्ष के लगा करते थे। उससे कुछ वर्षों पहले जयदेव जी के बड़े भाई सोनारू राम बघेल दण्डकारण्य परियोजना में चपरासी के रूप में काम किया करते थे। उनका असली नाम था सहदेव। उसी समय उन्हें माना कैम्प में नौकरी मिल गई थी। जो शरणार्थी आते थे उन्हें माना के कैम्प में ठहराया जाता था। उन्हीं के पास जयदेव भाई भी दण्डकारण्य परियोजना के अधिकारियों के साथ उनकी गाड़ी पर सवार होकर जाया करते थे। इस कारण अधिकारी उन्हें पहचानने लगे थे। दूसरा कारण था कि वे उनके पिता को भी पहचानते थे। कोंडागाँव से माना तक की यात्रा के दौरान जयदेव भाई को कई बार झपकी आ जाती थी और उनका सिर कई बार सामने बैठे अधिकारियों के सिर से टकरा जाता था। इससे अधिकारी उन्हें डराते थे कि वे उन्हें रास्ते में या जंगल में छोड़कर चले जाएँगे। जयदेव भाई यह बताते हुए हँसने लगते हैं और थोड़ी देर के लिए अतीत में खो जाते हैं।

चौकीदारी से शुरू कर्म-यात्रा

इसी दरम्यान जब दण्डकारण्य परियोजना में चौकीदार के पद पर नियुक्ति के लिए आवेदन मँगाए गए तब जयदेव भाई ने भी आवेदन प्रस्तुत किया। उन्हें साक्षात्कार के लिए बुलाया गया। साक्षात्कार लेने के लिए वे ही अधिकारी बैठे थे जिनके साथ जयदेव भाई प्रायः माना कैम्प तक जाते थे। उन्होंने जब जयदेव भाई से उनकी उम्र पूछी तो उन्होंने 18 वर्ष बताया जबकि इसके पहले जब वे उनके साथ जीप से जाया करते थे तब उन्होंने 16 वर्ष बताया था। इस पर वे अधिकारी चौंके और बोले कि अभी कुछ दिनों तक तुम 16 साल के थे और अभी-अभी 18 के कैसे हो गए? जयदेव भाई के पास उत्तर तैयार था, 'नहीं सर! मैंने माँ-पिताजी से अपनी उम्र आवेदन करने से पहले पूछी थी तो उन्होंने बताया कि मेरी उम्र 18 वर्ष है।' इस घटना का बहुत आनन्द लेते हुए जयदेव भाई जिक्र करते हैं, "मेरी हाजिर जवाबी से अधिकारी हँस पड़े और समझ गए कि गरीब लड़का है और घर चलाने के लिए उसे काम की जरूरत है। सो उन्होंने मुझे चौकीदार के पद पर नियुक्ति दे दी। फिर मेरी देहयष्टि से भी मैं 18 के आसपास का लगता ही था।" इस तरह 1968 में वे चौकीदार के रूप में बालेंगा (बस्तर) स्थित शरणार्थी शिविर में पदस्थ हुए। वे वहाँ साल भर थे। वहाँ से उनका स्थानान्तरण हुआ बनियागाँव। बनियागाँव कैम्प में वे महज दो-चार महीने ही रहे कि उनका 1969 में फिर से स्थानान्तरण कर दिया गया। अब वे भेजे गए कापसी। वहाँ कापसी के पास खैरकट्टा नामक स्थान पर बाँध बन रहा था। उन्हें डाक देने-लेने के लिए प्रतिदिन खैरकट्टा से कापसी जाना पड़ता था। सात किलोमीटर का जंगली रास्ता था और पैदल चलना पड़ता था। एक दिन की बात। कापसी कार्यालय में उन्हें कोई जरूरी डाक लेने के लिए रोक लिया गया। इससे उन्हें खैरकट्टा वापसी में देर हो गई। यही कोई चार बजे के आसपास वे वापस पहुँचे। दिन भर भोजन नहीं किया था। सो खैरकट्टा में पदस्थ सहायक अभियंता के कार्यालय में डाक देने के बाद वे अपने डेरे पर गए और भोजन पकाने लगे। भोजन पकाते संध्या के पाँच-साढ़े पाँच बज गए थे। भोजन अभी पक ही रहा था कि इसी समय सहायक अभियंता ने एक डाक देकर उसे बाँध-स्थल पर पदस्थ कार्यपालन अभियंता तक पहुँचाने को कहा। इस पर जयदेव भाई ने कहा कि अभी तो भोजन पका भी नहीं है। भूखे नहीं जा सकते।

इसके अलावा खैरकट्टा से बाँध-स्थल तक, जिसकी दूरी लगभग 5 किलोमीटर थी, घना जंगल है और शाम के छह बजने जा रहे थे, अँधेरा घिर रहा था। फरवरी का महीना था, जब सूरज साढ़े पाँच बजते-बजते डूब जाया करता है। जयदेव भाई ने सारी वस्तुस्थिति सहायक अभियंता के सामने स्पष्ट कर दी और उस दिन डाक लेकर जाने से विनम्रतापूर्वक इंकार कर दिया लेकिन साथ में यह भी कहा कि वे सबेरे लेकर जाएँगे। किन्तु सहायक अभियंता तुरन्त डाक लेकर जाने के लिए दबाव बना रहे थे। इस पर जयदेव भाई ने स्पष्टतः मना कर दिया और भोजन कर अपने डेरे में सो गए। उन्होंने ठान लिया कि जो भी होगा, देखा जाएगा। सहायक अभियंता और वहाँ के अन्य कर्मचारियों ने भी बहुत कहा कि वह डाक बहुत ही जरूरी है और तुरन्त पहुँचाना अनिवार्य है। किन्तु जयदेव भाई ने जंगली जानवरों के डर से जाने से मना कर दिया। किन्तु अगले दिन उन्हें याद आया कि अभी कुछ ही दिनों में कोंडागाँव का वार्षिक मेला भरने वाला है और उस मेले के लिए उन्हें कोंडागाँव जाना है। बिना छुट्टी के जा नहीं सकते और सहायक अभियंता अब छुट्टी देने वाले नहीं। तब जयदेव भाई ने सहायक अभियंता से निकटता बनाई और कार्यालयीन कार्य के साथ-साथ समय-समय पर सहायक अभियंता के घर का काम भी करने लगे। उनके लिए पानी लाना, भोजन पकाना, बर्तन माँजना और कपड़े धोने तक का काम वे करने लगे। डाक ले जाने-लाने के अलावा वे कार्यालय में भी क़ाम किया करते थे। उस कार्यालय में एक दफ्तरी था किन्तु वह नेतागिरी किया करता था और अफसर तथा बाबुओं द्वारा सौंपे गए काम नहीं करता था। तब वह काम भी जयदेव भाई को सौंपा जाता था। जयदेव भाई बहुत ही लगन से वे काम भी किया करते थे। इस तरह उन्होंने कार्यालय का काम, जिसमें आवक-जावक पंजी का संधारण शामिल था, भी थोड़ा-बहुत सीख लिया और इस बहाने अंग्रेजी का भी थोड़ा-बहुत ज्ञान उन्हें हो गया। डाक लाने-ले जाने, आवक-जावक पंजी संधारण, चौकीदारी और साथ में सहायक अभियंता की सेवा आदि अपने कई कार्यों की व्यस्तता के बावजूद जयदेव भाई गाइड किताबें लेकर रात के समय लिखना-पढ़ना सीखने लगे थे। वे बताते हैं कि उन्होंने पहली कक्षा के बाद ही पाठशाला छोड़ दी थी। कुल मिलाकर जयदेव भाई का काम इतना अच्छा हुआ करता था कि इससे सहायक अभियंता की नाराजगी दूर हो गई। तब मौका पाकर जयदेव भाई ने एक सप्ताह की छुट्टी के लिए आवेदन दे दिया। सहायक अभियंता जयदेव भाई द्वारा की गई सेवा और कार्यालयीन कार्य आदि से प्रसन्न था। उसने एक सप्ताह के बजाय एक महीने का अर्जित अवकाश स्वीकृत कर दिया। जयदेव भाई बाग-बाग हो गए। आवेदन लिखने के विषय में वे बताते हैं, "चूँकि मैं कार्यालय में ही सोया करता था सो रात में भी कभी-कभार फाइलें देखा करता था। उनके पत्राचार देख-देखकर उनकी कॉपी किया करता था। इस तरह मैंने आवेदन स्वयं लिखना सीखा।"

इस तरह एक महीने की छुट्टी में जयदेव भाई कोंडागाँव आ गए। उस समय यहाँ मेला लगा था। मेले में सभी प्रकार की दुकानें लगती हैं। घड़वा समाज के लोग भी अपने

शिल्पों की दुकान लगाते थे। उस मेले में हमेशा की तरह सोनाबाल के सुखचंद घड़वा भी अपनी कृतियाँ लेकर दुकान लगाए हुए थे। वे जयदेव भाई के पिता सिरमन राम जी को आजा (नाना) कहा करते थे। जयदेव भाई का सम्पर्क सुखचंद जी से हुआ और वे भी एक दिन उनकी दुकान में बैठ गए। उन्होंने उनसे उन्हें मिले राष्ट्रीय पुरस्कार के विषय में जिज्ञासावश जानकारी ली। इसी बातचीत में सुखचंद जी ने अपनी तकलीफें भी बताईं और कहा कि उन्हें कुछ कलाकृतियों का आदेश मिला है। उन्हें तैयार कर दिल्ली ले जाना है किन्तु वे कभी कहीं गए नहीं थे अतः उनके मन में हिचक थी। सो उन्होंने जयदेव भाई से पूछा कि क्या वे उनके साथ दिल्ली चल सकते हैं? कारण, उन्हें मालूम था कि जयदेव भाई की जब पहली पदस्थिति चौकीदार के रूप में हुई थी तब उन्हें सालूर तक ट्रक से जाने और वहाँ से शरणार्थियों के लिए अमेरिका से आने वाला राशन लाने का काम सौंपा गया था। वह राशन अमेरिका से विशाखापटनम तक पानी के जहाज से और विशाखापटनम से सालूर तक रेल से आता था। सालूर से ट्रक द्वारा वह सामग्री कोंडागाँव लाई जाती थी।

पुराने घर के सामने दाएँ से बाएँ आठवें क्रम में बैठे जयदेव बघेल और उनके सहकर्मी : 1976

इसी काम के लिए जयदेव भाई की ड्यूटी लगाई गई थी। सुखचंद जी को यह भी मालूम था कि जयदेव भाई कई बार माना कैम्प और रायपुर तक भी जा चुके हैं और नौकरी में फिलहाल कापसी में रह रहे हैं। उन्हें लगा कि जयदेव भाई दिल्ली जाने में उनकी मदद कर सकते हैं। इधर जयदेव भाई को भी दिल्ली देखने का शौक था। माता-पिता से पूछा

तो उन्होंने सहर्ष अनुमति दे दी। छुट्टी तो थी ही। सो वे तैयार हो गए। फिर सुखचंद जी ने कुछ कलाकृतियाँ तैयार कीं और सुखचंद जी के कहने पर सिरमन राम जी ने भी। सिरमन राम जी के काम में जयदेव भाई ने भी हाथ बँटाया। इस तरह एक महीने की छुट्टी के दौरान ही जयदेव भाई पहली बार सुखचंद जी के साथ दिल्ली गए। वहाँ उन्होंने अपने पिता के साथ मिलकर बनाई कलाकृतियाँ 1200 रुपए में और सुखचंद जी ने लगभग 1500 रुपए की कलाकृतियाँ बेची थीं। यह बात थी 1970 की। चूँकि इसी समय सुखचंद जी को राष्ट्रीय पुरस्कार मिला था अतः बस्तर के इस शिल्प की बहुत पूछ-परख हुआ करती थी। उस समय संचालक थीं जसलीन धमीजा जी। वे पंजाब से थीं। ऊँचे कद-काठी की थीं। लुंगी और कुर्ता पहना करती थीं। वे फिल्म स्टार नूतन जैसी दिखती थीं। उनसे सुखचंद जी और जयदेव भाई की मुलाकात हुई। वे इन दोनों को अपने बँगले पर ले गईं और इनके भोजन तथा आवास की व्यवस्था अपने ही बँगले में कर दी। अगले दिन वे इन्हें लेकर गईं पुपुल जयकर जी के कार्यालय। उस समय पुपुल जयकर जी सेन्ट्रल कॉटेज इन्डस्ट्रीज की चेयर पर्सन थीं। इसके साथ ही वे हैण्डीक्राफ्ट हैण्डलूम एक्सपोर्ट कार्पोरेशन ऑफ इंडिया लिमिटेड और ऑल इंडिया हैण्डीक्राफ्ट बोर्ड की भी चेयर पर्सन थीं। बताया जाता है कि

स्वयं के निवास पर शिल्पकारों को प्रशिक्षण देते हुए, 1972

उन्हें कला एवं शिल्प के मामलों में प्रधानमंत्री इन्दिरा गांधी का दाहिना हाथ माना जाता था। वहाँ पर जयदेव भाई ने देखा कि उनके पिता के द्वारा बनाई गई विभिन्न कलाकृतियों

के बड़े-बड़े फोटोग्राफ्स उस कार्यालय में लगे हुए थे। वहाँ जयदेव भाई और सुखचंद जी को 5000 रुपए की कलाकृतियाँ तैयार कर लाने के लिए कहा गया। उस समय उनका एक बहुत ही छोटा-सा शो-रूम हुआ करता था। कारण, यह शो-रूम की शुरुआत थी।

दिल्ली से लौटकर जयदेव भाई ने हिसाब लगाया तो पाया कि 1200 रुपए की कलाकृतियों की बिक्री से उन्हें लगभग 300 रुपयों का शुद्ध लाभ हुआ था जबकि चौकीदारी की नौकरी में उन्हें 60 रुपए प्रतिमाह वेतन मिला करता था। छुट्टी लेने से लगभग दो-तीन महीने पहले उनका वेतन 60 से बढ़कर 75 रुपए हुआ था। बस! उन्होंने मन बना लिया कि अब यही काम करना है। नहीं करनी नौकरी! फिर वे वापस नौकरी पर नहीं गए। उधर से कई बार बुलावे पर बुलावे आए किन्तु जयदेव भाई ने किसी भी पत्र का कोई जवाब नहीं दिया और चुप्पी लगा ली। माता-पिता से अपने मन की बात कही तो दोनों ने उनकी बात मान ली और कहा कि जब नौकरी नहीं करने की ही ठान ली है तो जाकर अपना सामान ले आएँ। इस तरह जयदेव भाई वापस गए और नौकरी से इस्तीफा देकर अपना सामान समेटकर घर लौट आए। सहायक अभियंता और उनके कार्यालय के कर्मचारियों ने काफी समझाया कि नौकरी छोड़कर मत जाओ किन्तु जयदेव भाई का मन तो अब नौकरी से उचट चुका था। उन्हें तो अपनी कला-यात्रा शुरू करनी थी। वह भी ऐसी-वैसी नहीं बल्कि कला की शिखर यात्रा!

कापसी से एक महीने की छुट्टी पर आने के ठीक पहले उन्हें वेतन और एरियर्स के रूप में मिले 300 रुपयों की याद करते हुए वे रोमांचित हो जाते हैं। वे बताने लगते हैं, "मैंने अपने जीवन में पहली बार तीन सौ रुपए देखे थे। 10-10 के तीस कड़क नोट थे। मैं उन्हें बारम्बार गिनता था। मुझे यकीन ही नहीं होता था कि वे पैसे मेरे ही हैं। उस दिन सारी रात मैं सो नहीं सका था। छुट्टी पर कोंडागाँव आने के समय मैंने अपनी पेन्ट के भीतरी हिस्से में एक जेब बनाई और उसके भीतर वे पैसे रखे ताकि कहीं चोरी न हो जाएँ। फिर रास्ते भर मैं उन्हें टटोल-टटोलकर देखता कि रुपए हैं या नहीं? कहीं चोरी तो नहीं चले गए! एक विचित्र-सी सुखद अनुभूति हो रही थी उस समय।"

और शुरू हुई कला-यात्रा

पहली बार की दिल्ली यात्रा के सुखद अनुभव ने जयदेव भाई के मन में रुचि उत्पन्न कर दी और उन्हें तथा सुखचंद जी को मिले कलाकृतियों के आर्डर पूरा कर वे अकेले दिल्ली गए। कारण, सुखचंद जी ने खेती के काम में व्यस्तता के कारण जा पाने में असमर्थता जताई थी। बहरहाल, वे सामान लेकर दिल्ली गए और शो-रूम में अपनी कलाकृतियाँ रख दीं। उस समय वहाँ पर उस शो-रूम की केयर टेकर थीं। उन्होंने सामान वहीं रखने को कहा और जयदेव भाई को एक किनारे बैठने के लिए। जयदेव भाई वहाँ बैठे हुए थे। इतने में लंच का समय हो गया। तब केयर टेकर लंच के लिए चली गईं और जयदेव भाई वहीं पर बैठे रहे। तब तक महाप्रबंधक सुमन बेनेगल नहीं आई थीं। वे सुप्रसिद्ध फिल्मकार श्याम बेनेगल के भाई की पत्नी थीं। लंच के बाद लोग देखने आने लगे। उस समय जयदेव भाई हाफ पैन्ट और शर्ट पहने हुए थे। लोग आते और कलाकृतियों को देखने की बजाय जयदेव भाई को देखते और चले जाते। केयर टेकर ने यह बात भाँपी और जयदेव भाई से पूछा कि क्या उन्हें पता है कि लोग यहाँ क्यों आ रहे हैं? जयदेव भाई ने कहा, 'मूर्तियाँ देखने'। तब उस केयर टेकर ने

जयदेव बघेल काम करते हुए।
प्रसेनजित दासगुप्ता कलकत्ता द्वारा खींची गई तस्वीर।

बताया कि वे मूर्तियाँ नहीं बल्कि उन्हें देखने आ रहे हैं। कारण, लोगों के मन में बस्तर और बस्तर के लोगों के प्रति विचित्र धारणा थी। लोग सोचते थे कि बस्तर के आदिवासी बाहरी लोगों को तीरों से बींधकर मार डालते हैं और उन्हें खा जाते हैं। वे नंगे बदन रहते हैं। जब लोगों को मालूम हुआ कि बस्तर का एक आदिवासी युवक मूर्तियाँ लेकर उनकी बिक्री करने आया है तो लोगों को सहसा विश्वास नहीं हुआ था। यही कारण था कि उन्हें देखने के लिए वहाँ लोगों का हुजूम लग गया था। इसी कारण उन्हें जयदेव भाई को पैन्ट-शर्ट पहने देखकर विस्मय होता था और उनकी धारणा खण्डित हो रही थी। केयर टेकर ने जब लोगों की इस धारणा के विषय में जयदेव भाई को बताया तो उन्होंने कहा कि ऐसी कोई बात नहीं है। कोई किसी को नहीं मारता। कोई मनुष्य का मांस नहीं खाता। इसके बाद विभिन्न संस्थानों को कलाकृतियों की आपूर्ति का काम जयदेव भाई को मिलता चला गया। ओड़िशा, बंगाल, बिहार में भी धातुशिल्प का काम हुआ करता था किन्तु वहाँ के लोग दिल्ली नहीं जाया करते थे। इसके बाद जयदेव भाई ने अपनी कलाकृतियों की प्रदर्शनियाँ लगानी शुरू की।

बस्तर के विषय में लोगों की धारणा सम्बन्धी उपर्युक्त घटना से मुझे मेरे साथ हुई एक घटना की याद आ रही है। यह सम्भवतः 1977-78 की बात होगी। मैं किसी शासकीय कार्य से महासमुंद (तत्कालीन रायपुर जिला, मध्यप्रदेश और वर्तमान में महासमुंद जिला, छत्तीसगढ़) गया हुआ था। वहाँ मैं एक लॉज में ठहरा था। उसी लॉज में महालेखाकार कार्यालय, ग्वालियर से आई एक ऑडिट पार्टी भी ठहरी थी। सुबह उठकर मैं बाथरूम की ओर जा रहा था कि तभी उस पार्टी के एक सदस्य भी उधर आए। उनसे थोड़ी-सी बात हुई और आखिर में उन्होंने मुझसे पूछा कि मैं कहाँ से आया हूँ? मैंने बताया, बस्तर से। यह सुनकर वे अवाक् रह गए। उन्होंने मुझे नीचे से ऊपर तक देखा और मेरे मूल निवास के विषय में पूछा तो मैंने बताया, बस्तर। अब वे और भी विस्मित! उन्हें विश्वास ही नहीं हो रहा था कि मैं बस्तर का मूल निवासी हूँ। कारण था, मेरे कपड़े और मेरी हिन्दी। उन्होंने अपने साथियों से मुझे मिलवाया और मेरे विषय में उन्हें बताया। किन्तु उन्हें और उनके साथियों को अन्त तक विश्वास ही नहीं हुआ कि मैं बस्तर का मूल निवासी हूँ। वे सभी कहने लगे, 'आपके पहनावे और भाषा से तो आप बस्तर के लगते ही नहीं। क्या वहाँ भी आप जैसे लोग रहते हैं और इस तरह की हिन्दी बोली जाती है? हमें तो बताया गया था कि वहाँ के लोगों की भाषा, उनका रहन-सहन आज भी आदिम युग जैसा ही है।' इस पर मैंने उन्हें अपना नाम-पता लिखकर दिया और कहा कि सुनी-सुनाई बातों पर भरोसा करने की बजाय आँखों देखी पर विश्वास करें। फिर मैंने उनसे कहा कि मैं भी एक शासकीय सेवक हूँ और वन विभाग में काम करता हूँ। जब कभी उन्हें ऑडिट में बस्तर आने का मौका मिले, वे मुझसे अवश्य ही मिलें।' और अगले साल उन लोगों ने जानबूझकर कोंडागाँव (बस्तर) के वन मंडल कार्यालय के ऑडिट का कार्यक्रम बनाया,

जहाँ मैं पदस्थ था। वे आए, मुझसे मुलाकात हुई। मैंने उन्हें कुछ जगहों का भ्रमण कराया तब जाकर उन्हें लगा कि सचमुच सुनी-सुनाई बातों और आँखों देखी में कितना अन्तर होता है। बहरहाल।

फिर जब इस शिल्प की धूम मची तब 1971 में ऑल इंडिया हैण्डीक्राफ्ट बोर्ड की ओर से जगदलपुर में एक पाँच दिवसीय राष्ट्रीय सेमिनार का आयोजन किया गया था। उस समय बस्तर के कलेक्टर थे नन्हे सिंह। उस सेमिनार में समस्या थी हिन्दी में कही गई बात को बस्तर की सम्पर्क भाषा हल्बी में समझाने की। इसके लिए सभी ने जयदेव भाई का नाम लिया। कलेक्टर ने उन्हें बुलाया और पूछा कि क्या वे हिन्दी में कही गई बातों को हल्बी में स्थानीय शिल्पियों को समझा सकते हैं? जयदेव भाई ने हामी भरी और इस तरह उन्होंने उस सेमिनार में स्थानीय शिल्पियों को शासन की विभिन्न योजनाओं आदि के विषय में जो बातें सेमिनार में सम्मिलत अधिकारियों एवं विशेषज्ञों द्वारा कही गई थीं उन्हें हल्बी में बहुत ही अच्छे तरीके से समझाया। इस सेमिनार ने उन्हें हौसला दिया और बोलने की हिचक दूर हुई। इसके बाद 1972 में जगदलपुर में ऑल इंडिया हैण्डीक्राफ्ट बोर्ड की शाखा खुली। फिर इस बोर्ड का नाम बदलकर डेवलपमेंट कमिश्नर हैण्डीक्राफ्ट (डीसीएच) हुआ और फिर इसका नाम बदलकर किया गया डेवलपमेंट कमिश्नर हैण्डीक्राफ्ट एण्ड हैण्डलूम। इसके बाद मध्यप्रदेश उद्योग विभाग की पहल पर भारतीय स्टेट बैंक के जनरल मैनेजर एवं उनकी टीम आई जिसने यहाँ के शिल्पियों को इस शिल्प के विकास के लिए ऋण देने की योजना बनाई। इसी के साथ-साथ बोर्ड के अधिकारी आए और शिल्प के क्रय आदि पर चर्चा हुई। इस पूरी प्रक्रिया में जयदेव भाई का भी सहयोग लिया गया। इस चर्चा में यह बात आई कि किसी शिल्प का क्रय किसी विभाग द्वारा किन आधारों पर किया जाता है? क्या शिल्प की गुणवत्ता और उपयोगिता इसका आधार होती है या वजन अथवा संख्या? इसके साथ ही इस बात की भी चर्चा की गई कि लोगों में इसके क्रय के पीछे क्या धारणा होती है? वे इसे किस रूप में लेते हैं आदि। इन्हीं चर्चाओं के बाद मध्यप्रदेश में उद्योग विभाग के अन्तर्गत मध्यप्रदेश हस्तशिल्प मंडल का गठन हुआ। इसी के अन्तर्गत क्रय समिति का भी गठन हुआ जिसमें जयदेव भाई भी एक सदस्य के रूप में सम्मिलित किए गए। उन्होंने अपनी सदस्यता की जवाबदारी पूरी सक्रियता के साथ निभाई और विभिन्न शिल्पों के क्रय के भी प्रस्ताव प्रस्तुत किए जिन्हें मान्य किया गया। इससे विभिन्न शिल्पियों को लाभ हुआ।

धातुशिल्पी प्रायः गाँवों की गुड़ियों के लिए समय-समय पर और मेले के अवसर पर विक्रय के लिए शिल्पों का निर्माण किया करते थे किन्तु जब मंडल द्वारा खरीददारी की जाने लगी तो शिल्पियों में उत्साह जागा और वे साल भर शिल्प-निर्माण के कार्य में जुट गए। इससे शिल्पियों की आर्थिक स्थिति में भी आंशिक सुधार हुआ। 1972 से 1980 तक मंडल का काम चलता रहा और जब देखा गया कि इसे और पुष्ट किया जाना चाहिए तो 1981 में मध्यप्रदेश हस्तशिल्प विकास निगम की स्थापना की गई और इसकी कार्यकारिणी

में जयदेव भाई सदस्य मनोनीत हुए। इसी समय उन्होंने सोचा कि धातु शिल्प में तो पर्याप्त काम होने लगा है किन्तु प्रस्तर और काष्ठ शिल्प का कोई खास काम नहीं है। तब उन्होंने इस ओर ध्यान दिया और स्वयं के संग्रह के लिए प्रस्तर तथा काष्ठ शिल्प बनवाए और खरीदे। इसके साथ ही, 1980-81 में स्थापित बस्तर के विभिन्न शिल्पों से जुड़े शिल्पियों की पहली संस्था 'पारम्परिक बस्तर शिल्पी परिवार', जिसके जयदेव भाई स्वयं संस्थापक अध्यक्ष भी हैं, के लिए भी उन्होंने प्रस्तर एवं काष्ठ शिल्प बनवाए और खरीदे। हालाँकि उस समय जब वे स्वयं के व्यय पर प्रस्तर और काष्ठ की कलाकृतियाँ खरीदा करते थे तब उनके माता-पिता उन पर नाराज होते थे किन्तु जयदेव भाई उन्हें समझाया करते थे कि जिस तरह हमें अपने शिल्प की उन्नति करना है उसी तरह इन शिल्पियों को भी मौका मिलना चाहिए। इसी प्रसंग में बातें करते हुए जयदेव भाई को याद आते हैं धरमू नामक वृद्ध काष्ठ शिल्पी, जो गोलावँड गाँव के आसपास के थे और अपनी आजीविका चलाने के लिए कोंडागाँव आकर सरगीपाल पारा में बस गए थे। वे कहते हैं, "धरमू एक बहुत ही उत्कृष्ट काष्ठ-शिल्पी थे। उनकी बनाई कुछ कलाकृतियाँ अभी भी मेरे पास सुरक्षित हैं। आजकल उस तरह की कलाकृतियाँ नहीं बनतीं। वे बहुत ही कम कीमत पर अपनी कृतियाँ बेच दिया करते थे। अकेले थे इसीलिए उन्हें अधिक पैसों की भी दरकार नहीं हुआ करती थी। वे बहुत ही ईमानदार, लगनशील और मेहनती कलाकार थे। लेकिन दुर्भाग्य से उनकी कला की परख लोग नहीं कर सके। मैंने उनसे आग्रह कर-कर के कुछेक कलाकृतियाँ तैयार करवाईं और खरीदीं। वे कलाकृतियाँ मेरे निजी संग्रह में हैं। काफी दिनों तक बीमार रहने के बाद उनका देहान्त हो गया।"

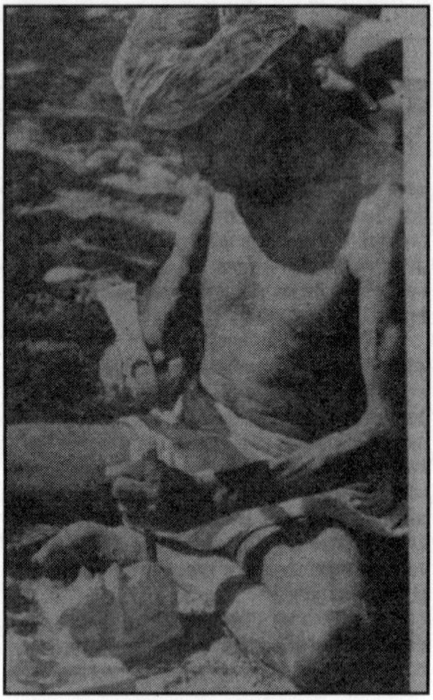

धरमूराम, काष्ठ शिल्पी

धरमू राम जी से मेरी भेंट जयदेव भाई के ही माध्यम से हुई थी। दरअसल हुआ यह करता था कि प्रतिदिन सबेरे जयदेव भाई पोस्ट आफिस जाया करते थे। वहाँ से अपनी डाक लेकर वे सीधे मेरे घर पहुँचते थे, लगभग नौ-साढ़े नौ, कभी-कभी पौने दस या दस बजे के आसपास। उस समय उनके पास सायकिल हुआ करती थी। कुछ वर्षों बाद उन्होंने एक मोपेड खरीदी और उसके बाद मोटर सायकिल और फिर जीप-कार। इस तरह वे

प्रतिदिन सबेरे मेरे घर आते थे और मैं शाम को लगभग पौने छह बजे के आसपास अपने कार्यालय से छुट्टी पाकर उनके घर पहुँच जाता था। फिर हम दोनों कम से कम डेढ़-दो घंटे तो बैठते ही थे। चर्चा हुआ करती थी। विषय होते थे बस्तर और बस्तर की संस्कृति, कला और जन-जीवन। रविवार ही एक ऐसा दिन हुआ करता था कि वे सबेरे मेरे घर नहीं पहुँच पाते थे किन्तु मैं दोपहर बाद या कभी-कभी दोपहर में ही उनके घर पहुँच जाया करता था। यह सिलसिला 1991 के अप्रैल महीने तक निर्बाध चलता रहा था।

बहरहाल, 1987-88 का ऐसा ही कोई एक दिन था। मैं और जयदेव भाई सदा की तरह शाम को उनके घर पर बैठे थे कि उसी समय धरमू राम अपनी एक कलाकृति लेकर वहाँ आए। इसके पहले मेरी उनसे कोई मुलाकात नहीं थी किन्तु जयदेव भाई से मैंने उनके विषय में सुन रखा था। जब वे आए तो जयदेव भाई ने मेरा परिचय उनसे कराया। हमने उनकी कलाकृति देखी तो बस! देखते रह गए। बिल्कुल सादी कलाकृति। कोई रंग-रोगन नहीं। पूरी तरह मौलिक। सागवान की निर्जीव लकड़ी पर मानो उन्होंने अपनी कल्पना-शक्ति से प्राण ही फूँक दिए थे। जयदेव भाई ने तुरन्त वह कलाकृति अपने लिए ले ली। उन्हें उसकी कीमत जितनी धरमूराम जी ने बताई उससे अधिक ही दी और कुछ और कलाकृतियाँ बना लाने के लिए कहा। धरमू राम जी ने पूछा था कि उन्हें किस तरह की कलाकृतियाँ चाहिए, जिस पर जयदेव भाई ने कहा था कि वे अपने मन से जो बना लाएँ वही उत्तम होगा। उनसे मुलाकात के बाद मैंने तय किया कि मैं उनका एक साक्षात्कार अखबार के लिए लूँगा।

धरमूराम, काष्ठ शिल्पी की कलाकृति

उस समय मैं बस्तर की आदिवासी एवं लोक कलाओं पर केन्द्रित एक स्तम्भ 'लोक-सम्पदा' रायपुर (छ.ग.) से प्रकाशित दैनिक 'अमृत संदेश' में लिख रहा था। सो मैंने उनका एक संक्षिप्त साक्षात्कार लिया, जो 13 जुलाई 1989 के अंक में '**फक्कड़ कलाकार है धरमू राम**' शीर्षक से प्रकाशित हुआ। प्रसंगवश वह प्रकाशित साक्षात्कार यहाँ अविकल प्रस्तुत है :

> वैसे तो धरमू राम की उम्र 50-55 के बीच है लेकिन समय की मार ने उसे असमय ही उसकी वास्तविक उम्र से कहीं आगे धकेल दिया है। उसका जीवन

संघर्षों की कहानी है। अब तक वह जूझता ही तो रहा है तमामतर कठिनाइयों से। आज भी वह जूझ रहा है। बावजूद इन सबके उसकी अदम्य इच्छा-शक्ति ही है जिसने उसे उसके कर्म-क्षेत्र से डिगने नहीं दिया है।

कला-पारखियों का निष्कर्ष है कि लकड़ी की मूर्तियाँ बनाने में धरमूराम का सानी नहीं। उसकी बनाई कलाकृतियाँ भारत भवन, भोपाल में एवं राष्ट्रीय संग्रहालय दिल्ली, राष्ट्रीय हस्तशिल्प संग्रहालय दिल्ली, स्विट्जरलैंड, अमेरिका, पश्चिमी जर्मनी, जापान, इंग्लैंड और ऑस्ट्रेलिया के संग्रहालयों में संगृहीत हैं। बहुचर्चित और प्रशंसित भी। किन्तु स्वयं धरमूराम को इस सबसे क्या मिला है? वह आज भी दर-दर की ठोकरें खाता यहाँ-वहाँ भटक रहा है। लकड़ी की अति सुन्दर, अनूठी और गजब की कलात्मक मूर्तियाँ बनाना उसका प्रमुख, प्रथम और अंतिम उद्देश्य है। लोक-कला के पारखी उसकी कलाकृतियाँ देखकर दाँतों तले उँगलियाँ दबा लेते हैं। सचमुच! उसके हाथों में जादू है। उसके हाथों का स्पर्श मात्र ही लकड़ी के अनगढ़ टुकड़े में भी जान डाल देता है। हाँ, साथ ही वह पत्थर की भी मूर्तियाँ बनाता है। उनमें भी उसकी कला की उत्कृष्टता सहज ही देखी जा सकती है।

धरमूराम, काष्ठ शिल्पी की कलाकृति

धरमूराम कला के प्रति कितना समर्पित है, यह इस बात से और अधिक स्पष्ट हो जाता है कि वह कलाकृतियाँ बनाने के अलावा और कोई काम नहीं करता। न कहीं नौकरी, न कहीं कोई मजदूरी। उसे जानने वाले लोग बताते हैं कि भले ही कई-कई दिनों तक खाने को न मिले, भूखों ही सोना पड़ जाए, तब भी उसने कलाकृतियाँ बनाना छोड़कर कोई दूसरा काम करना मंजूर नहीं किया। हालाँकि उसे कलाकृतियों से कोई बहुत ज्यादा आय होती हो, ऐसी भी कोई बात नहीं है। किन्तु उसका जीवन-दर्शन कुछ अलग ही है। अपनी कलाकृतियों से ही उसे आत्मतुष्टि मिलती है।

धरमूराम जाति का लोहार है। उसके दादा ने लोहारी का काम छोड़कर बढ़ईगिरी का काम अपनाया और तब से उनका व्यवसाय बदल गया। धरमूराम

के पिता भी बढ़ईगिरी के काम से ही जुड़े रहे किन्तु उनके काम में विशिष्टता थी। कलात्मक दरवाजे और छोटी-मोटी मूर्तियाँ बनाना उनकी दक्षता और विशेषता थी। मूलतः दहीकोंगा गाँव का रहने वाला धरमूराम अपने मूल गाँव में नहीं रहता अब। उसने अब तक यायावरी की जिंदगी बसर की है और उसे खुद पता नहीं कि वह कभी कहीं स्थायी रूप से रह भी पाएगा या नहीं। दैवीय प्रकोप, देव-भूत आदि से वह इतना अधिक भयभीत रहता है कि अपने बने-बनाए मकान यों ही दूसरों को दे दिए और स्वयं भाग खड़ा हुआ। दहीकोंगा से कोंडागाँव आया। कुछ दिन रहा फिर जंगल में भाग गया। कुछ दिन उसरी में रहा, फिर चारगाँव नामक एक गाँव में कुछ दिन टिका। मन में देवी-देवताओं, जादू-टोने का डर भर गया था। सो नहीं रह सका वह वहाँ भी अधिक दिन। फिर भाग आया कोंडागाँव। कोंडागाँव के सरगीपाल मोहल्ले में नजूल जमीन पर घर बनाया। पट्टा भी मिला उसे उस जमीन का लेकिन लोगों ने उसके डरपोक स्वभाव का फायदा उठाया। उसे डराया गया कि इस घर में तुम मत रहो। यहाँ देव-भूत का वास है। दुर्भाग्य से इसी बीच उसकी एक पुत्री की मृत्यु हो गई। बस! उसे पूरा विश्वास हो गया कि यह देव-भूत की ही करामात है। उसने जमीन का पट्टा किसी और को सौंप दिया और खुद घर छोड़कर आलबेड़ा चला गया। दो वर्षों का समय उसने बोरे की छत और बोरे की दीवार बनाकर बिताए। यहीं पर उसकी पत्नी बीमार हो गई। एक पुत्री की मौत बाढ़ में बह जाने से पहले ही हो चुकी थी। वह टूट गया। भला कैसे वहाँ रह सकता था वह! वहाँ से भी भाग चला। भागकर डी.एन.के.कालोनी की ओर चला गया। कुछ दिन रहा वहाँ, फिर वहाँ से भी उसका मन भर गया तो भाग चला घोड़ागाँव। घोड़ागाँव के पास माकड़ी में एक सिरहा के यहाँ रहकर अपनी पत्नी का इलाज (झाड़-फूँक) करवा रहा था। ईश्वर को उसकी पत्नी का स्वस्थ होना मंजूर नहीं था। वहीं उसकी पत्नी की मृत्यु हो गई। वहाँ भी नहीं रह सका वह। वहाँ से सुदूर मर्दापाल के पास कुधुर नामक गाँव में कुछ दिन बिताए और अब फिर वापस चला आया है कोंडागाँव। किन्तु अपने घर में नहीं बल्कि फिर एक पेड़ की छाँव तले।

धरमूराम की दिली इच्छा है कि वह कम से एक बार तो दिल्ली-भोपाल पहुँचे। उसे ऐसे कई मौके मिले भी किन्तु भाग्य की विडम्बना ही कहें कि बेचारा धरमूराम न जाने किस बात से भयभीत होता है कि आज तक कोंडागाँव से बाहर कहीं भी नहीं जा सका है। जयदेव बघेल बताते हैं कि धरमूराम पिछले 10-12 वर्षों से उनके यहाँ आता-जाता रहा है। वह अब भी उनसे मिलता है। विशिष्ट अंदाज में उनसे कहता है, 'दादा, एक दिन मैं एक तुमा सल्फी और एक मुर्गा लेकर आऊँगा। दोनों भाई बैठकर खाएँगे-पिएँगे। तुम मुझे एक बार दिल्ली ले चलो।' जयदेव बघेल आगे

बताते हैं कि 1985 में मध्यप्रदेश आदिवासी लोक कला परिषद् भोपाल में आयोजित 'लोकरंग' कार्यक्रम के लिए धरमूराम को ले जाने के लिए भोपाल से अधिकारी आए। बड़ी मुश्किल से धरमूराम कोंडागाँव तक आया। फिर जैसे ही कोंडागाँव से भोपाल जाने की तैयारी पूरी हुई, धरमूराम न जाने कैसे वहाँ से भाग खड़ा हुआ। इसी तरह 1987-88 में रायपुर में आयोजित 'बसन्त जगार' के लिए भी उसे ले जाना था। इस बार भी कोंडागाँव तक आकर वापस गाँव भाग गया। इस तरह उसे और भी कई मौके मिले किन्तु वह हर बार भाग खड़ा होता है।

धरमूराम से किसी एक जगह, एक ही समय में बैठकर बात करना आसान नहीं। उनसे किश्तों में हुई बातचीत के अंश प्रस्तुत हैं :

प्रश्न : धरमू दादा! आप कब से ये मूर्तियाँ बना रहे हैं?

उत्तर : 14-15 साल हो गए।

प्रश्न : शुरू में आपने किस तरह की चीजें बनाईं?

उत्तर : मैं पत्थर में भी बनाता था। सागौन की लकड़ी में कछुआ और बाघ बनाया एकदम पहले।

प्रश्न : अच्छा, फिर इसके बाद?

उत्तर : इन्हें लेकर मैं दादा (जयदेव बघेल) के पास आया। दादा ने इन्हें देखा और कहा कि तुम इस तरह की मूर्तियाँ मत बनाओ। कुछ अच्छी मूर्तियाँ बना सकते हो तो बनाओ। तब मैंने कहा कि हाँ, मैं बना सकता हूँ। तब से उसी तरह की मूर्तियाँ बनाता हूँ।

प्रश्न : पहली मूर्ति आपने किसकी बनाई?

उत्तर : माँ-बेटे की।

प्रश्न : माँ-बेटे की मूर्ति बनाने के पीछे क्या कोई खास बात थी?

उत्तर : नहीं। ऐसे ही बनाई। माँ तो हमारी मूल है, न। नौ महीने गर्भ में रखती है। दुःख-कष्ट उठाकर हमें जन्म देती है। हमारा पालन-पोषण करती है। कितना प्रेम करती है वह अपने बेटे-बेटी से!

प्रश्न : फिर इसके बाद क्या-क्या बनाया आपने?

उत्तर : बहुत मूर्तियाँ बनाईं। माड़िया-माड़िन की, देवी-देवताओं की। बहुत-सी।

प्रश्न : आप एक जगह टिक कर क्यों नहीं रहते?

उत्तर : मुझे डर लगता है।

प्रश्न : किसका डर?

उत्तर : देवी-देवताओं का। भूत-प्रेतों का। देवी-देवता मुझे डराते हैं। मेरी एक बेटी बाढ़ में बहकर मर गई। एक बेटी घर के भीतर मर गई। मेरी पत्नी भी मर गई। मुझे भूत-प्रेत बहुत डराते हैं।

प्रश्न : अच्छा, आप चाहते हैं भोपाल-दिल्ली-बम्बई जाना लेकिन जब भी ऐसा मौका आता है, आप भाग क्यों जाते हैं इधर-उधर?

उत्तर : दादा (जयदेव बघेल) के साथ जाना होता तो जरूर जाता। किसी और के साथ जाने में मुझे डर लगता है। शहर में मेरे हाथ काट देंगे।

प्रश्न : ऐसा क्यों समझते हैं, आप?

उत्तर : लोग ऐसा ही कहते हैं। मुझसे बहुत लोगों ने कहा, तुम मत जाओ। तुम बहुत अच्छी मूर्तियाँ बनाते हो इस कारण तुम्हारे हाथ काट देंगे। यही कारण है कि मैं नहीं जाता।

प्रश्न : मूर्तियाँ बनाने से आपको कितने रुपए मिल जाते हैं?

उत्तर : नहीं मिलते साहब। अधिक नहीं मिलते। किसी-किसी दिन भूखे भी रहना पड़ता है, प्यासे भी रहना पड़ता है।

प्रश्न : तो क्या आप मूर्तियाँ बनाने के अलावा कोई दूसरा काम नहीं करते?

उत्तर : नहीं, नहीं। कोई दूसरा काम कभी नहीं करूँगा। मर जाऊँगा किन्तु दूसरा कोई भी काम नहीं करूँगा। मजदूरी भी नहीं करूँगा। केवल मूर्तियाँ बनाऊँगा। मुझे मूर्तियाँ बनाना बहुत अच्छा लगता है। इस काम को नहीं छोड़ूँगा। कभी नहीं।

कहते-कहते धरमू राम का चेहरा बहुत ही भाव-पूर्ण हो उठता है। कला का यह अनन्य साधक इस हद तक कला के प्रति सर्मपित है, यह देखकर सहसा विश्वास ही नहीं होता। आवश्यक नहीं कि कला के प्रति केवल पढ़े-लिखे तथाकथित सुसंस्कृत और कला-मर्मज्ञों की समझ ही उल्लेखनीय हो। एक अनपढ़ और जंगलों में अपना जीवन व्यतीत करने वाला व्यक्ति भी कला की उतनी ही पहचान रखता है, जितना हम और आप। इसका ज्वलंत उदाहरण है, यह फक्कड़ कलाकार धरमूराम। क्या धरमूराम की साधना, उसके समर्पण और उसकी अनन्य जिजीविषा को हम उचित सम्मान दे पा रहे हैं? हालाँकि धरमूराम न तो किसी सम्मान का भूखा है और न किसी अलंकरण का ही।

धरमूराम समाज के प्रति अपना दायित्व अपनी कला के जरिए निभा रहा है किन्तु क्या समाज इस संघर्षशील कलाकार के प्रति अपने कर्तव्य का निर्वाह कर रहा है?

जयदेव भाई ने न केवल धरमू राम जैसे काष्ठ शिल्पी को प्रोत्साहित किया बल्कि उन्होंने बुनकरों का भी उत्साह-वर्द्धन किया। तमाम बुनकरों से मिलकर उनके काम को गति देने के लिए उन्हें प्रेरित किया। मैं स्वयं इस बात का साक्षी हूँ। कारण, जयदेव भाई की इन यात्राओं में मैं प्रायः उनके साथ हुआ करता था। जयदेव भाई की संगत में बस्तर

की लोक-कलाओं के प्रति मेरे मन में भी लगाव जागा और हम लोग प्रायः गाँवों की यात्राएँ किया करते थे और विभिन्न शिल्पियों से मिलकर उन्हें अपने काम को गति देने के लिए प्रेरित किया करते थे। हमारी इन यात्राओं के दौरान हमें ऐसे शिल्पी भी मिलते थे जिन्होंने अपना पुश्तैनी काम बन्द कर रखा था। ऐसे शिल्पियों में प्रायः बुनकर अधिक हुआ करते थे। हमने देखा था कि उनके औजार बेकार पड़े हुए थे। तब हम उनसे बातचीत कर उन्हें इस बात के लिए प्रेरित किया करते थे कि वे अपना पुश्तैनी काम न छोड़ें बल्कि दुगुने उत्साह के साथ करें। उदाहरण के तौर पर स्वयं जयदेव भाई अपनी आपबीती सुनाया करते थे। तब लोगों को लगता था कि चलो, एक बार फिर से प्रयास किया जाए। और इसके सकारात्मक परिणाम भी सामने आए। बहुत से ऐसे बुनकर शिल्पियों ने, जिन्होंने अपना काम पूरी तरह बन्द कर दिया था, उसे पुनः जीवित किया। जयदेव भाई के प्रोत्साहन पर ही ये शिल्पी पुनः आल नामक पेड़ की जड़ से कपड़े रँगने का रंग बनाने लगे। बुनकरों द्वारा बनाए जाने वाले पारम्परिक वस्त्रों की रँगाई के लिए आल नामक पेड़ की जड़ से रंग बनाया जाता था। किन्तु यह पेड़ बड़ी कठिनाई से मिलता था इसीलिए बुनकरों ने इसका उपयोग करना बन्द कर दिया था किन्तु जयदेव भाई ने जब प्रोत्साहित किया तो कई बुनकर शिल्पियों ने वापस इसी पेड़ की जड़ से रंग बना कर कपड़ों में लगाना शुरू किया। इस पेड़ की जड़ से बनने वाला रंग कत्थई लाल हुआ करता है। इस तरह के रंग से रँगे पाँच-सात कपड़े जयदेव भाई के संग्रह में हैं जो लगभग 40 वर्ष पुराने हैं। यह अलग बात है कि यान्त्रिकीकरण के इस युग में कारखानों में बने रंग-बिरंगे कपड़ों का चलन ग्रामीण अंचल में भी काफी तेजी से होने लगा था और यही कारण है कि पारम्परिक बुनकर शिल्प अधिक दिनों तक संघर्ष नहीं कर सका और अब तो यह केवल एक इतिहास बनकर रह गया है। मुझे अच्छी तरह याद है कि हम लोग गाँवों की यात्राओं में केवल और केवल विभिन्न शिल्पियों से मिला करते थे। उनके बारे में विस्तार से जानकारी लेते थे। उनकी कठिनाइयों से रू-ब-रू होते और उन्हें अपने काम को निरन्तर बनाए रखने के लिए न केवल प्रेरित किया करते थे बल्कि उनकी कठिनाइयों को हल करने के उपाय भी बताया करते थे। इस दौरान हम कौड़ी शिल्पियों, बाँस शिल्पियों, लौह शिल्पियों आदि से मिलते थे। सम्पर्क बनता गया था और लोग जुड़ते चले गए थे।

कौन कारीगर, कौन कलाकार?

कारीगर और कलाकार के बीच के भेद की बातें करते हुए 1975-76 की एक मजेदार घटना का जिक्र जयदेव भाई करते हैं। जब उन्हें कुछ पुरस्कार प्राप्त हुए तो उनका नाम सुनकर दिल्ली के आर्ट कॉलेज के 15-16 विद्यार्थी और उनके प्रोफेसर आदि जयदेव भाई के घर आए। यहाँ पन्द्रह दिनों की कार्यशाला लगी थी। उन विद्यार्थियों ने उनसे कहा कि आप कारीगर हैं, कलाकार नहीं। वे विद्यार्थी बारम्बार जयदेव भाई से यही बात कहकर उन्हें छोटा दिखाना चाहते थे। किन्तु इस बात का कोई जवाब जयदेव भाई ने उन्हें नहीं दिया और न उनकी बात का बुरा ही माना। उन्होंने उन लोगों से कोई बहस भी नहीं की किन्तु उनके मन में यह बात रह गई कि कला आखिर क्या है? यदि वे जो रच रहे हैं वह कला नहीं है, तो कला है क्या? क्या पढ़कर सीखी हुई कला कला है या कि जो अपने मन से सृजन किया जाता है, वह कला है? इसी उधेड़बुन में एक दिन जब वे मिट्टी गूँथ रहे थे कि अनजाने में ही उनसे कोई एक ऐसी वस्तु बन गई जो उनके पारम्परिक काम से बिल्कुल अलग थी। उनका ध्यान उस ओर गया। उन्होंने उस पर गौर किया। उन्हें लगा कि वह कुछ अलग हट कर है और उसमें कोई अलग ही बात है। उन्होंने सोचा कि जरूर इसी तरह की वस्तु को ये लोग कला कहते हैं। बस! और उन्होंने बिना

मास्को में आयोजित कार्यशाला में, जुलाई 1978
(पहली विदेश यात्रा)

समय गँवाए उसकी ढलाई कर दी। ढलाई करने के बाद उसे उन्होंने 1977 में ललित कला अकादमी द्वारा अहमदाबाद (गुजरात) में आयोजित राष्ट्रीय कला प्रदर्शनी के लिए भेज दिया। उस प्रदर्शनी में प्रदर्शन हेतु चुनिन्दे कलाकारों की कलाकृतियों का चयन होता है।

मास्को में आयोजित कार्यशाला में, जुलाई 1978 (पहली विदेश यात्रा)

उस प्रदर्शनी हेतु जयदेव भाई की उस कृति का चयन हो गया। यह किसी चमत्कार से कम नहीं था। चयन के उपरान्त जयदेव भाई को वहाँ बुलाया गया। जब वे वहाँ गए तो देखा कि दिल्ली के वही विद्यार्थी वहाँ थे। उनमें से किसी की भी किसी कृति का चयन प्रदर्शन हेतु नहीं हुआ था। जब उन लोगों ने जयदेव भाई की कृति वहाँ देखी तो वे आश्चर्यचकित रह गए और जयदेव भाई से पूछा कि वे कब से मॉडर्न कला के क्षेत्र में आए? तब जयदेव भाई बोले कि उन्हें यह नहीं पता कि यही मॉडर्न कला है। उन्होंने तो बस एक कृति तैयार कर दी और चयन हेतु भेज दिया। यदि इसी को आप लोग मॉडर्न कला कहते हैं तो यही

सही। संयोगवश वह कृति चयनित हो गई। उन लोगों ने पूछा कि इस कृति की अवधारणा क्या थी? जयदेव भाई ने कहा कि कुछ नहीं। बस! वे मिट्टी को यों ही कोई रूप देना चाह रहे थे कि यह आकार बन गया और उन्होंने इसी की ढलाई कर दी। इसी को आप लोग मॉडर्न कला कह रहे हैं। इसी के साथ उनके सृजन का रुख मॉडर्न कला की ओर हो गया।

इसी का परिणाम था कि जयदेव भाई का नाम मॉडर्न कला से सम्बन्धित डायरेक्ट्री में भी अंकित हो गया। फिर फरवरी-मार्च 1978 में नेशनल कला मेला का शुभारम्भ हुआ मण्डी हाउस, नई दिल्ली में। उस कला मेले में जयदेव भाई को एक पूरा का पूरा स्टाल दिया गया जबकि आर्ट्स कॉलेज के उन विद्यार्थियों के पूरे ग्रुप को एक स्टाल दिया गया था। इसी कला मेले में उनके प्रदर्शन के बाद ही उनका चयन मास्को, सोवियत रूस में होने वाले भारत महोत्सव के लिए ललित कला अकादमी और हैण्डीक्राफ्ट बोर्ड द्वारा किया गया। इस तरह वे जून से अगस्त तक मास्को में रहे। उस समय सोवियत रूस में भारत के राजदूत थे इन्द्रकुमार गुजराल। इस अवधि में दूतावास द्वारा उन्हें भोजन पर दो-तीन बार आमन्त्रित किया गया था। उसी समय सुर-सम्राज्ञी लता मंगेशकर जी के कार्यक्रम 'रशिया नाईट' का भी आयोजन हुआ था मास्को में। उस समय बहुत-सी फिल्मी हस्तियों से करीब से मुलाकात और उनके साथ समय बिताने का अवसर भी उन्हें मिला। जयदेव भाई जब तीन महीने के लिए वहाँ रह गए तब इधर उनके आस-पड़ोस के लोगों ने उनके माता-पिता को यह कहकर डरा दिया कि अब जयदेव घर वापस नहीं आएगा, वह वहीं रूस में ही रहने लगा है। इससे चिन्तित माता की तबीयत खराब हो गई। रूस से वापसी के समय दिल्ली में भारी बरसात हो रही थी। इससे हुआ यह कि प्लेन दिल्ली एयरपोर्ट पर नहीं उतारा जा सका और उसे ले जाया गया बम्बई। वहाँ सभी यात्रियों को दो दिनों तक ओबेराय होटल में ठहराया गया और इसके बाद जब बारिश कम हुई तब दिल्ली ले जाया गया। तब भी बरसात के कारण रेलवे का संचालन कुछ दिनों के लिए बन्द था और इस तरह जयदेव भाई को दिल्ली में लगभग 8 दिनों तक ठहरना पड़ा। वे 29 सितम्बर को घर पहुँचे और 30 सितम्बर को वे और मैं मेरे घर पर उनकी विदेश-यात्रा को लेकर चर्चा कर ही रहे थे कि उनकी माता की गम्भीर स्थिति में होने का समाचार उनके घर का कोई सदस्य लेकर हमारे पास आया और हम दोनों ही तत्काल चर्चा को विराम देकर उनके घर चले गए थे। रात में उनकी माता का देहान्त हो गया। माता की मृत्यु जयदेव भाई के लिए सबसे बड़ी क्षति थी। तभी तो उनके मुख से हल्बी की ये कविता-पंक्ति फूट पड़ी, 'इली असन गेली, केभए नीं होए भेटी।'

मुझे याद है, जब जयदेव भाई रशिया जा रहे थे तब कोंडागाँव के बहुत से कलाप्रेमियों और साहित्यकारों-कलाकारों ने उन्हें उनकी यात्रा की सफलता की कामना के साथ विदाई दी थी। और जब वे वापस लौटे तब भी उनका समारोहपूर्वक स्वागत किया गया था। यह

पहला अवसर था जब न केवल कोंडागाँव बल्कि पूरे बस्तर सम्भाग से कोई व्यक्ति विशेषतः कोई कलाकार विदेश-यात्रा पर गया था। तब कोंडागाँव वासियों का सीना गर्व से तन गया था। मुझे बहुत अच्छी तरह याद है। उनके सम्मान में 'जगार सांस्कृतिक समिति' ने जयस्तम्भ के पास स्थित सरस्वती शिशु मन्दिर के एक कक्ष में एक छोटा-सा समारोह आयोजित किया था। उस समारोह में साहित्यकारों, संस्कृति कर्मियों और समाज-सेवियों की उपस्थिति थी। सभी ने जयदेव भाई की मुक्त कंठ से प्रशंसा की थी। जयदेव भाई स्वयं भी उस समारोह को भुला नहीं पाते।

जयदेव भाई की कला-यात्रा निरन्तर और निर्बाध चलने लगी थी। 20-22 अक्टूबर 1978 के आसपास छन्दिता मुखर्जी फिल्म्स डिवीजन के लिए एक वृत्त चित्र बनाने की

मास्को में आयोजित कार्यशाला में, जुलाई 1978 (पहली विदेश यात्रा)

योजना लेकर जयदेव भाई के पास आईं। प्राथमिक बातचीत के बाद उन्होंने अपनी फिल्म की योजना को अन्तिम रूप देने के लिए बस्तर घूमने की बात कही। वे घूमीं भी और अन्ततः घड़वा शिल्प पर उन्होंने जयदेव भाई को ही केन्द्र में रखकर 'चेंजिंग घड़वा आर्ट' शीर्षक से फिल्म बनाने की योजना को अन्तिम रूप दिया। इस तरह नवम्बर-दिसम्बर 1978 में फिल्म की शूटिंग जयदेव भाई के घर पर लगभग 7-8 दिनों तक हुई। छन्दिता मुखर्जी द्वारा निर्मित वृत्त चित्र में जयदेव भाई केन्द्रीय भूमिका में थे। इसके साथ ही बस्तर की संस्कृति को दर्शाने के लिए रेमावँड और नियानार के घोटुल के लोक-नृत्यों, बेनूर के बाजार और गीदम की ओर के बाजारों के दृश्यांकन किए गए। यह वृत्त चित्र 1979 में प्रदर्शित हुआ। कोंडागाँव में जब इसका प्रदर्शन हुआ तो उस समय यहाँ के किशोर टाकीज

में मैनेजर थे श्री रेड्डी। उन्होंने भेलवाँपदर पारा के सभी लोगों को यह वृत्त चित्र मुफ्त में देखने के लिए आमन्त्रित किया था। यहाँ उस वृत्त चित्र का प्रदर्शन दो-तीन बार हुआ। जगदलपुर में भी दो-तीन बार प्रदर्शन हुए। इस फिल्म के प्रदर्शन के बाद इस कला का काफी प्रचार हुआ। इस फिल्म में मुख्य भूमिका के लिए फिल्म्स डिवीजन की ओर से जयदेव भाई को प्रमाण-पत्र भी दिया गया जिसे दीमकों ने चटकर डाला। वस्तुतः इस वृत्त चित्र को राष्ट्रीय पुरस्कार प्राप्त होना था किन्तु दुर्भाग्य से ऐसा नहीं हो सका। बहरहाल, उस फिल्म के प्रदर्शन के बाद मध्यप्रदेश लोक कला परिषद् से जयदेव भाई को बुलावा आया। उस समय अशोक बाजपेई, जे. स्वामीनाथन, सुदीप बैनर्जी आदि हस्तियाँ थीं कला और साहित्य के क्षेत्र में। सुदीप बैनर्जी संचालक थे।

1979 के ऑल इंडिया आर्ट एक्जीबिशन में जयदेव भाई की कृति 'किसान महिला' को मॉडर्न कला के क्षेत्र में विशेष पुरस्कार सांसद केयूर भूषण के हाथों प्राप्त हुआ। उसके निर्णायक मंडल में अकबर पदमसी, जे. स्वामीनाथन आदि सुप्रसिद्ध कलाकार थे। 1980 में महाकोशल कला परिषद्, रायपुर द्वारा आयोजित प्रदर्शनी में अकबर पदमसी, जे. स्वामीनाथन, शंखो चौधरी जैसे सुप्रसिद्ध कलाकारों के काम थे। उन्हीं के बीच जयदेव भाई का भी काम था। उस प्रदर्शनी में केवल एक ही पुरस्कार था 'स्वर्ण मंजूषा', जो जयदेव भाई की कृति 'एकता' के लिए जयदेव भाई को मिला। यह पुरस्कार उन्हें तत्कालीन केन्द्रीय मंत्री पुरुषोत्तम कौशिक के हाथों दिया गया था। जयदेव भाई इस वाकये को बहुत ही शिद्दत के साथ याद करते हैं किन्तु उन्हें इस बात का तिल मात्र भी घमण्ड नहीं है कि इतने बड़े-बड़े कलाकारों के काम के बीच उनका काम पुरस्कृत हुआ। इसे वे अपनी सफलता नहीं बल्कि केवल भगवान की कृपा कहते हैं और बारम्बार भगवान की उस अद्‌भुत कृपा के प्रति नतमस्तक होते हैं।

मास्को में आयोजित कार्यशाला में, जुलाई 1978
(पहली विदेश यात्रा)

31 जनवरी, 2013 को जब हम बातचीत के लिए बैठे ही थे कि उन्हें किसी का फोन आया। फोन पर बातें करने के बाद वे बताने लगे कि कविवर रविन्द्रनाथ टैगोर के पोते या पड़पोते सिद्धार्थ टैगोर का दिल्ली से फोन था। उनकी आर्ट गैलरी दिल्ली और कलकत्ता दोनों जगहों पर है। वे जयदेव भाई की कुछ कलाकृतियाँ चाहते हैं जिसके लिए उन्होंने सवा लाख रुपए एडवान्स के तौर पर जयदेव भाई के एकाउन्ट में ट्रान्सफर भी कर दिए हैं। जयदेव भाई उन्हीं कलाकृतियों की पैकिंग के लिए समय देना चाहते थे। मैं उनकी व्यस्तता समझ जाता हूँ और अगले दिन बैठने की बात कहकर उठना चाहता हूँ। उठते-उठते वे बताने लगते हैं कि वे इन दिनों अपनी कुछ खाली पड़ी जमीन पर घर बनवाने की भी सोच रहे हैं और बैंक से लोन आदि की कार्यवाही प्रगति पर है। वे कहते हैं कि एक मकान किराए पर देने के लिए बना देने पर स्थायी आय की व्यवस्था हो जाएगी। वे निश्चिन्त हो जाएँगे। कारण, यह कोई जरूरी तो नहीं कि आने वाली पीढ़ी की आय अपनी इस कला के चलते इतनी हो कि वह इसी के बल पर जीवन-यापन कर सके। फिर बातों ही बातों में वे बताने लगते हैं कि उन्हें हाल ही में दिल्ली जाना है किन्तु चूँकि वे इन दिनों रेलवे से सफर नहीं कर पाते इसीलिए दिल्ली जाने के लिए प्लेन की टिकट बुक करवा रहे हैं। किन्तु इसमें दिक्कत यह है कि सबेरे के समय के प्लेन का किराया अधिक है जबकि शाम के समय का आधा। और शाम के प्लेन से महानगरों की यात्रा सुरक्षा कारणों से उचित नहीं है। ऐसी ही एक घटना का वे जिक्र करते हैं। वे बताने लगते हैं कि ऐसे ही एक बार वे हैदराबाद में फँस गए थे। रात में लगभग एक-डेढ़ बजे वे हैदराबाद एयरपोर्ट पर उतरे। उस समय वहाँ भारी बारिश हो रही थी। बड़ी मुश्किल से एक आटो वाला मिला तब वे अपने गंतव्य के लिए चले। जब उनका गंतव्य आ गया तब आटो वाले ने उन्हें सतर्क किया कि इस बार तो उन्होंने इतनी रात में रिस्क ले लिया किन्तु भविष्य में ऐसा न करें। कारण, इतनी रात में स्वयं कुछ आटो वाले ही लूट-पाट करते हैं। उसने कहा कि मैं तो आपको छोड़ दे रहा हूँ किन्तु मेरी जगह कोई और होता तो आपका लुट जाना तय था। इसके बाद से जयदेव भाई ने शाम वाले प्लेन से यात्रा न करने की ठान ली। जब बात निकली तब मैं भी उन्हें बताने लगा कि जब मैं स्विट्जरलैंड से वापस आया तब दिल्ली में मेरे साथ भी ऐसा ही कुछ होने को था। रात का समय था। समय का ध्यान तो फिलहाल नहीं है किन्तु ऐसा कुछ याद आ रहा है कि उस समय रात के यही कोई 11-12 बज रहे होंगे। बहरहाल, एयरपोर्ट बस से उसके नियत स्टॉप पर उतरने के बाद मैं रेलवे स्टेशन जाने के लिए आटो तलाशने लगा था। एक आटो वाला मुझे रेलवे स्टेशन की दूरी बहुत बता रहा था। उसके साथ उसके और भी कुछ साथी थे जो उसकी ताईद कर रहे थे कि तभी एक सज्जन-सा कुली वहाँ आ गया और मुझसे कहा कि वह मुझे रेलवे स्टेशन ले चलेगा जो बिल्कुल पास ही है। इसी बात पर उस कुली और आटो वालों में ठन गई। कुली लम्बा-तगड़ा था सो उसने उन्हें अपनी कद-काठी का रौब दिखाकर मुझे उनके चंगुल से छुड़ाया और लगभग

दस मिनट में ही पैदल रेलवे स्टेशन पहुँचा दिया। इतना ही नहीं बल्कि उसने मुझे उस होटल तक पहुँचा दिया जहाँ मेरे साले और पुत्र ठहरे हुए थे और मेरी प्रतीक्षा कर रहे थे।

1979 में जब जयदेव भाई की कृति 'किसान महिला' को विशेष पुरस्कार प्राप्त हुआ था तब जे. स्वामीनाथन, अकबर पदमसी आदि नामी कलाकार और प्रयाग शुक्ल जैसे सुप्रसिद्ध कला-समीक्षक निर्णायक मंडल में थे। जे. स्वामीनाथन जी को यह याद था कि बस्तर अंचल में कोई लड़का है जो आधुनिक कला के क्षेत्र में उल्लेखनीय काम कर रहा है। पता चला कि वह कोई और नहीं बल्कि बस्तर जिले के कोंडागाँव का वही जयदेव बघेल है, जिसे 1979 में उसकी अनूठी कृति 'किसान महिला' के लिए विशेष पुरस्कार प्राप्त हुआ था। बस ! इतनी-सी जानकारी पर्याप्त थी कि जयदेव भाई को मध्यप्रदेश हस्तशिल्प मंडल में कार्यकारिणी सदस्य के रूप में मनोनीत कर दिया गया। उस समय अर्जुन सिंह मध्यप्रदेश के मुख्यमंत्री थे, जिनकी कला एवं साहित्य के प्रति रुचि जग-जाहिर है। इसी समय भोपाल में स्थापित होने जा रहे 'भारत भवन' के लिए कलाकृतियों के संग्रह का काम तेजी से चल रहा था। इस संग्रह में जयदेव भाई का भी सहयोग बस्तर अंचल के लिए लिया गया। जयदेव भाई के सहयोग से बस्तर अंचल के छोटे-बड़े सभी कलाकारों की कृतियाँ संगृहित की गईं और उन्हें 'भारत भवन' में ससम्मान स्थान दिया गया। इसके बाद 1981 में जब मध्यप्रदेश हस्तशिल्प विकास निगम का गठन हुआ तब उसमें भी उन्हें संचालक मंडल का सदस्य मनोनीत किया गया। 1981-82 में जब मध्यप्रदेश शासन द्वारा दिए जाने वाले 'शिखर सम्मान' की बात चली तो लोक-कला के क्षेत्र में जयदेव बघेल, रंगकर्म के क्षेत्र में सत्यदेव दुबे और साहित्य के क्षेत्र में उल्लेखनीय योगदान के लिए शानी का चयन हुआ। इसी तरह चित्रकला के क्षेत्र में चित्रकार के. जी. सुब्रमण्यम का चयन हुआ कालिदास सम्मान के लिए। उल्लेखनीय यह रहा कि इनमें से भाई जयदेव बघेल और शानी दोनों ही बस्तर का प्रतिनिधित्व करते थे। इस सम्मान का वितरण तत्कालीन प्रधानमंत्री श्रीमती इंदिरा गांधी के हाथों कराना तय किया गया। समय चुना गया भोपाल में स्थापित देश के अपनी तरह के कला-साहित्य-रंगकर्म के अनूठे केन्द्र 'भारत भवन' के उद्‌घाटन का। 12 फरवरी, 1982 को इस कला-साहित्य-रंगकर्म के अनूठे भवन का उद्‌घाटन इंदिरा गांधी द्वारा किया गया और इसी कार्यक्रम में उपर्युक्त चयनित सृजनधर्मियों को सम्मानित किया गया। उन अविस्मरणीय क्षणों की याद करते हुए जयदेव भाई भावुक हो उठते हैं और बताने लगते हैं, "मैं उन क्षणों को कभी भी नहीं भूल सकता। उस समय मैं और अन्य चयनित सृजनधर्मी इंदिरा जी के साथ लगभग 6-7 घंटे रहे। कारण, हम सभी को सुरक्षा घेरे में ले लिया गया था और वहाँ से छूटकर बाहर आना नामुमकिन था। वे बारह बजे के आसपास आई थीं और निरीक्षण करते-करते लगभग 5-6 बजे शाम को हम सभी मंचासीन हो गए। मंच पर दाएँ से बाएँ क्रम में जे. स्वामीनाथन, ब. व. कारंत, सत्यदेव दुबे, मैं (जयदेव बघेल), शानी, के. जी. सुब्रह्मण्यम, प्रधानमंत्री इंदिरा गांधी, मध्यप्रदेश के राज्यपाल बी. डी. शर्मा एवं मुख्यमंत्री अर्जुन सिंह तथा अन्य लोग

थे। इनके साथ ही उस कार्यक्रम में केन्द्रीय कैबिनेट के मंत्री गण भी थे और विभिन्न राष्ट्रों के राजदूत भी। वह एक भव्य कार्यक्रम था। उस कार्यक्रम में जब विभिन्न मंत्री गण अपने

शिखर सम्मान 12 फरवरी 1982 के अवसर का चित्र।
बाएँ से दाएँ : जे. स्वामीनाथन, ब. व. कारंत, सत्यदेव दुबे, जयदेव बघेल, शानी, के. जी. सुब्रह्मण्यम, प्रधानमंत्री इंदिरा गांधी, मध्यप्रदेश के राज्यपाल बी. डी. शर्मा एवं मुख्यमंत्री अर्जुन सिंह तथा अन्य।

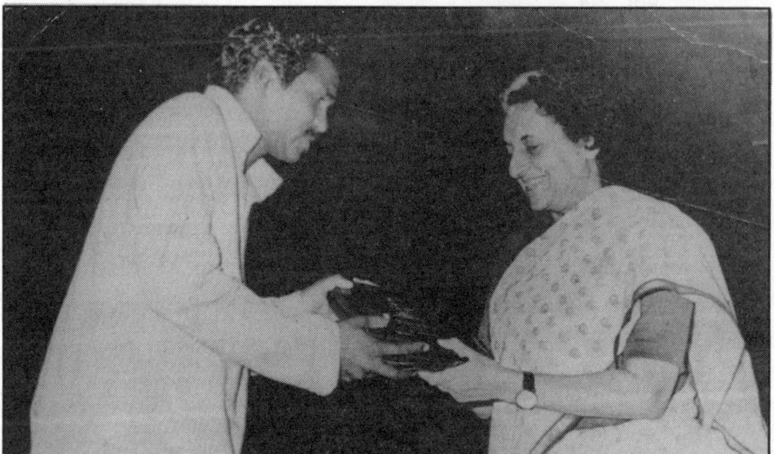

भारत भवन, भोपाल के उद्‌घाटन अवसर पर प्रधानमंत्री इंदिरा गांधी के हाथों शिखर सम्मान प्राप्त करते हुए, 12.02.1982

भाषणों में गरीबों और आदिवासियों-हरिजनों के हितों के लिए किए जा रहे प्रयासों की बात करने लगे थे तो इंदिरा गांधी को लगा कि मैं शायद सही बात बता पाऊँगा। इसी वजह से वे मुझसे बारम्बार पूछतीं कि ये जो मंत्रीगण गरीबों और आदिवासियों-हरिजनों के विकास-योजनाओं की बातें कर रहे हैं, वह सही है या बस! यों ही कर रहे हैं? तब उतने लोगों के बीच मैं भला क्या जवाब देता? मैं चुप रह जाता था किन्तु वे बारम्बार पूछतीं। मुझसे जवाब देते नहीं बन रहा था। वे समझ गईं कि इससे कुछ नहीं कहा जाएगा। और वे मुस्कराकर रह जातीं । उन्हें इस बीच मेरा नाम याद हो गया था। बहरहाल, जाते-जाते उन्होंने मुख्यमंत्री अर्जुन सिंह जी से कहा था जयदेव को कोई पद दिया जाए। मुख्य मंत्री अर्जुन सिंह यह सुनकर मुस्कराकर रह गए थे। मैंने भी सुना और अचम्भित रह गया था। समझ में नहीं आया था किस तरह के पद की बात उन्होंने कही थी।"

इस घटना के लगभग डेढ़-दो महीने बाद जयदेव भाई को मुख्यमंत्री अर्जुन सिंह का बुलावा आया। वे गए तो उनसे कहा गया कि प्रधानमंत्री ने उन्हें राज्यसभा के लिए नामांकित करने का प्रस्ताव केन्द्र शासन को भेजने हेतु कहा है। किन्तु जयदेव भाई ने यह प्रस्ताव बहुत ही विनम्रतापूर्वक ठुकरा दिया और कहा कि उन्हें कलाकार ही रहने दिया जाए, राजनीति में उन्हें न लाया जाए। इस घटना के लगभग दो महीने बाद केन्द्रीय वित्त मन्त्रालय से एक पत्र आया कि जयदेव भाई को राष्ट्रीयकृत बैंक के संचालक मंडल में सदस्य नियुक्त किया जाता है। उस समय वर्तमान राष्ट्रपति श्री प्रणव मुखर्जी वित्त मंत्री हुआ करते थे। उस पत्र में किसी बैंक का नाम नहीं था। जयदेव भाई वह पत्र पाकर बड़े पसोपेश में पड़ गए कि यह क्या हो रहा है? न तो वे पढ़े-लिखे हैं और न बैंकिंग आदि के विषय में कुछ जानते ही हैं और न किसी राजनैतिक दल से सम्बद्ध ही, तो फिर उन्हें किसी बैंक के संचालक मंडल का सदस्य नियुक्त करने का क्या औचित्य है? उस समय यहाँ सुप्रसिद्ध साहित्यकार मनीषराय एस.डी.एम. के पद पर तथा हल्बी के अन्यतम कवि सोनसिंह पुजारी तहसीलदार के पद पर पदस्थ थे। इन दोनों और अन्य लोगों ने भी जयदेव भाई को सलाह दी कि वे इस प्रस्ताव को न टालें और अपनी सहमति भेज दें। इस तरह जयदेव भाई ने बैंक के संचालक मंडल का सदस्य मनोनीत होना स्वीकार कर लिया। सहमति पत्र भेजे जाने के बाद जयदेव भाई को वित्त मन्त्रालय बुलाया गया और उनसे पूछा गया कि वे किस बैंक के संचालक मंडल में सम्मिलित होना चाहेंगे? उस समय कोई श्री सिब्बल वित्त सचिव हुआ करते थे। जयदेव भाई ने बड़ी ही सहजता से कहा कि वे भारतीय स्टेट बैंक के अलावा और किसी बैंक को नहीं जानते, जिसकी शाखा कोंडागाँव में है। वित्त सचिव श्री सिब्बल ने तब मुस्कराते हुए कहा था कि उन्हें देश के प्रथम श्रेणी के बैंक जिसका नाम 'बैंक ऑफ इण्डिया' है, के संचालक मंडल का सदस्य नियुक्त किया जाता है। जयदेव भाई निर्विकार बने रहे। 1982-83 से 1984-85 तक वे इस बैंक के संचालक मंडल में रहे। इसके बाद तीन वर्षों के लिए उनका मनोनयन हुआ भारतीय सांस्कृतिक

सम्बन्ध परिषद् के संचालक मंडल सदस्य के रूप में। इसके बाद तीन वर्षों के लिए केन्द्रीय संस्कृति विभाग के एक अनुभाग आदिवासी संस्कृति एवं लोक कला के विशेष सलाहकार समिति के सदस्य के रूप में मनोनीत हुए। संचालक मंडल के सदस्य के रूप में उनका मनोनयन विकास आयुक्त (हस्तशिल्प) वस्त्र मंत्रालय के अन्तर्गत भी हुआ। वे आकाशवाणी जगदलपुर की सलाहकार समिति के भी सदस्य मनोनीत हुए। राज्य शासन के विभिन्न विभागों में भी संचालक-मंडल के सदस्य के रूप में उनका मनोनयन हुआ। इनमें मुख्य थे मध्यप्रदेश आदिवासी लोक कला परिषद्, मध्यप्रदेश हस्तशिल्प विकास निगम, छत्तीसगढ़ हस्तशिल्प मंडल आदि।

जैसा कि मैंने पहले ही उल्लेख किया है, इसके पूर्व ही जयदेव भाई ने पारम्परिक बस्तर शिल्पी परिवार के गठन की भूमिका बना ली थी। वे सायकिल से दूर-दूर तक यात्राएँ किया करते थे और विभिन्न शिल्पियों से मुलाकात कर उनसे तथा अन्य शिल्पियों से सम्बन्धित जानकारी एकत्र किया करते थे। इस प्रयास में उनका साथ दिया बम्बई की एक स्वयं सेवी संस्था 'रूरल कम्युन्स' ने। जयदेव भाई ने भावी संस्था का नाम भी सोच रखा

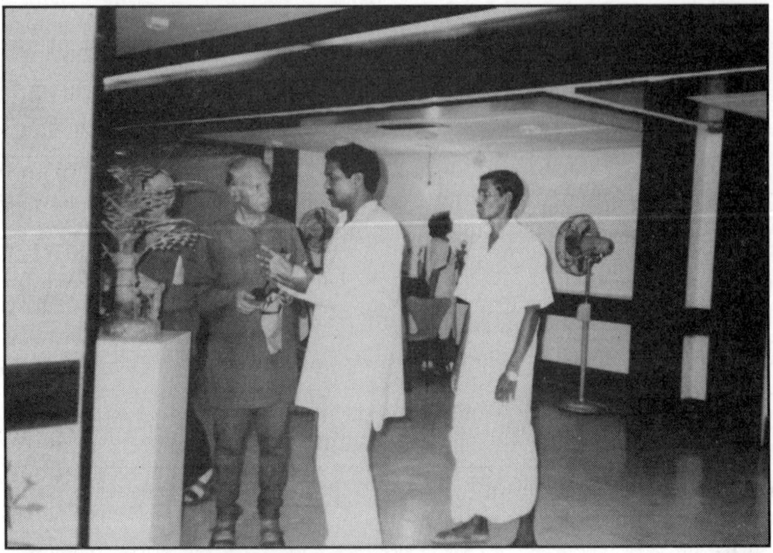

कमलनयन बजाज आर्ट गैलरी, बम्बई में आयोजित
एकल प्रदर्शनी का उद्घाटन मुल्कराज आनंद द्वारा, 1980

था, 'समस्त बस्तर के शिल्पी परिवार'। फिर इस नाम पर चर्चा हुई, जिसमें खेम वैष्णव, यशवंत गौतम, लखन लाल पटेल और कीर्तिशेष साहित्यकार लाला जगदलपुरी जी सम्मिलित थे। अन्ततः लाला जगदलपुरी जी की सलाह पर इसका नामकरण किया गया

‘पारम्परिक बस्तर शिल्पी परिवार’। इसके बाद जब जयदेव भाई बम्बई जा रहे थे तब रेल में बैठे-बैठे ही इस संस्था के मोनो का प्रारूप तैयार किया, जिसे बाद में खेम वैष्णव ने अन्तिम रूप दिया। 1985-86 में पहली बार शिल्पी सम्मेलन आयोजित किया गया जो बाद में कई वर्षों तक प्रतिवर्ष आयोजित होता रहा। इन सम्मेलनों में न केवल आसपास के बल्कि दूर-दराज के विभिन्न हस्तशिल्पों से जुड़े शिल्पी भी सम्मिलित होते रहे। संस्था द्वारा प्रतिवर्ष कोंडागाँव में आयोजित किए जाने वाले इन शिल्पी सम्मेलनों के जरिये विचारों का आदान-प्रदान हुआ करता था। समस्याओं पर चर्चा होती थी, उनके निदान के उपाय सोचे-सुझाए जाते थे। फिर इन्हीं तथ्यों को ध्यान में रखकर कार्य-योजनाएँ बनाई जाती थीं। उन का क्रियान्वयन भी हुआ करता था। इन गतिविधियों ने सभी के मन में उत्साह का संचार किया और काफी भाग-दौड़ के बाद 31 मार्च, 1988 को इस संस्था का पंजीयन भोपाल से हुआ। पंजीयन के तुरन्त बाद विभिन्न शिल्पों की पहली प्रदर्शनी कमलनयन बजाज आर्ट गैलरी, बम्बई में आयोजित की गई। इस प्रदर्शनी का उद्घाटन बजाज परिवार की रश्मि बजाज और सुप्रसिद्ध उपन्यासकार मुल्कराज आनंद ने किया था। इस प्रदर्शनी को कला-

बाबा साहेब अम्बेडकर राष्ट्रीय पुरस्कार प्राप्त करने के अवसर पर प्रधानमंत्री पी.वी. नरसिम्हाराव के साथ, 1991

पारखियों का बहुत अच्छा प्रतिसाद मिला और इसी के परिणाम-स्वरूप इसके तुरन्त बाद दिल्ली, कलकत्ता, मद्रास, बेंगलोर, हैदराबाद, भोपाल, पूना, अहमदाबाद आदि नगरों-महानगरों में प्रदर्शनियाँ आयोजित की गईं। इन प्रदर्शनियों के लिए विकास आयुक्त

(हस्तशिल्प) वस्त्र मंत्रालय से आर्थिक अनुदान प्राप्त हुआ करता था। इन प्रदर्शनियों में प्रत्येक शिल्प से सम्बन्धित शिल्पियों को उनके अपने स्टाल दिए जाते थे। उनके शिल्प के विक्रय से हुई आय से संस्था कुछ भी नहीं लेती थी। सारी राशि स्वयं शिल्पी की ही हुआ करती थी। इस संस्था को 1991 में 'बाबा साहब अम्बेडकर राष्ट्रीय पुरस्कार' राष्ट्रपति आर. वेंकटरामन के हाथों प्राप्त हुआ। इस प्रयास और उपलब्धियों से बस्तर के विभिन्न शिल्पों की जानकारी लोगों को हुई जबकि इससे पहले लौह शिल्प से लोग परिचित नहीं थे। पहले जो लोहे के घोड़े बना करते थे देव-स्थल में चढ़ाने के लिए वे दो पाँव के हुआ करते थे। उन्हें देव-स्थल में मिट्टी में गड़ाकर रखा जाता था। भाई जयदेव बघेल ने कार्यशाला के दौरान लौह शिल्पियों को सलाह दी कि वे उसे चार पाँवों वाला बनाएँ। इस तरह तब से लोहे के घोड़े चार पाँवों वाले बनाए जाने लगे। लोहे के दिए भी बहुत अच्छे बना करते थे। मुनगापदर के गागरू राम लौह शिल्प के बहुत अच्छे कलाकार थे और बहुत ही अच्छे इंसान भी, उन्होंने बहुत अच्छा काम किया। उन्हें बम्बई, दिल्ली आदि की प्रदर्शनियों में सम्मिलित किया गया था। उनके बाद उनके बच्चों को भी सम्मिलित किया गया था। जयदेव भाई ने उनसे अपने लिए कई दिए बनवाए। लामन दिया और रनकाकन दिए बनवाकर उन्होंने अपने घर के चारों ओर लगा दिए। दिए का उपयोग हुआ करता था विवाह में। उन्हीं से फरसी भी बनवाई। वस्तुतः लौह शिल्प के अन्तर्गत पारम्परिक रूप से कृषि उपकरण एवं घरेलू उपयोग के उपकरण बनाए जाते थे। इसी तरह घड़वा शिल्प के अन्तर्गत भी प्रायः देवी-देवताओं की मूर्तियाँ, विभिन्न किस्म के बर्तन और आभूषण बनाए जाते थे। घड़वा शिल्प का सम्बन्ध जन्म से मृत्यु पर्यंत बना रहा है। उदाहरण के लिए बच्चे के जन्म के बाद यदि बच्चा माँ का दूध नहीं पीता तो काँसा-पीतल के घुँघरू बनाकर उसकी कमर में पहनाया जाता है। इससे वह माँ का दूध पीने लगता है। इसके पीछे कारण क्या है, यह कह पाना कठिन है। फिर जब वह बड़ा होता है तो उसकी कलाई में खाड़ू पहनाया जाता है। लड़की हुई तो उसके पाँवों में पयँड़ी (पायल) पहनाई जाती है। झुटकी और मुँदी पहनाई जाती है। ऐंठई, बनुरिया आदि भी पहनाए जाते हैं। लड़कों के लिए कानमुँदी और बाली बनाए जाते थे। लड़कियों के लिए कान के आभूषण खिलवाँ, गले के लिए सुता, बाँहों के लिए बाँहटा आदि ये सारे आभूषण काँसा-पीतल से ही बनाए जाते रहे हैं। कारण, पहले सोना-चाँदी का चलन नहीं था। वजह थी सोना-चाँदी का महँगा होना। घरेलू उपयोग के लिए कड़ाही, थाली आदि बर्तन बनाए जाते थे। विवाह के अवसर पर मोहरी और घुँघरू की आवश्यकता होती थी। पूजा के लिए आरती और घाटी (घन्टी) की आवश्यकता होती थी। तोड़ी (तुरही) की आवश्यकता होती थी। बैलों के गले में बाँधने के लिए बड़े-बड़े घुँघरू जिन्हें 'जलाजल (घाँघरा)' कहा जाता था, बनवाए जाते थे बड़े किसानों द्वारा। देवी-देवताओं की पूजा के लिए उनकी प्रतिमाओं की जरूरत पड़ती थी। कलश और ठेंगरी (ड़ण्डा) की आवश्यकता पड़ती थी। बुढ़ापे में सहारे के लिए लाठी की आवश्यकता होती

थी। इस लाठी में भी काँसा-पीतल के बने गुबिया लगाए जाते थे। बीमार पड़ने पर देवी-देवताओं के सामने मनौती मानी जाती थी। बीमारी से आराम पाने के बाद मनौती के रूप में देवी-देवताओं की प्रतिमाएँ देव-स्थल पर अर्पित की जाती थीं। ये प्रतिमाएँ काँसा-पीतल, लोहे और मिट्‌टी की हुआ करती थीं। इससे यह हुआ कि सभी शिल्पी परिवारों का पूर्णकालिक काम हो गया शिल्पों का निर्माण। इस कारण वे न तो खेती के लिए जमीन खरीद सके और न खेती ही कर सके। शिल्प के बदले शिल्पियों को धान-चावल, मुर्गा-बकरा, गाय-बैल आदि मिला करते थे। जीवन-यापन के लिए पर्याप्त सामग्री प्राप्त होने के कारण लगभग सभी शिल्पी परिवारों ने खेती की ओर ध्यान नहीं दिया। यह केवल घड़वा शिल्पियों के साथ ही नहीं बल्कि अन्य सभी शिल्पियों के साथ हुआ। जब शिल्पी वांछित देवी-देवता की प्रतिमा तैयार कर सम्बन्धित परिवार या गाँव लेकर जाता था तो उस परिवार या गाँव के लोग उसकी बहुत ही समारोहपूर्वक अगवानी किया करते थे। बहुत सम्मान दिया जाता था शिल्पियों को। फिर उसे श्रद्धापूर्वक भोजन कराया जाता था और वह वहीं रात्रि विश्राम किया करता था। अगले दिन उसे विदाई दी जाती थी। इसके बाद उस देवी या देवता की प्रथम पूजा, जिसे जतरा कहा जाता है, के दिन उस शिल्पी को भी वहाँ बुलाया जाता था और पूजा के उपरान्त उसे सम्मान के साथ-साथ पारिश्रमिक की बजाय ढेर सारी भेंट विभिन्न वस्तुओं के रूप में दी जाती थी। शिल्प की कीमत नहीं पूछी जाती थी और न बताई ही। केवल श्रद्धापूर्वक भेंट अर्पित की जाती थी। इस भेंट से शिल्पी भी संतुष्ट हुआ करता था।

जयदेव भाई आगे बताते हैं कि घड़वा शिल्प के वाचिक इतिहास के अनुसार माँ दन्तेश्वरी के लिए भी घड़वा शिल्पी द्वारा ही काँसा-पीतल की पयँड़ी गढ़ी गई थी। दरअसल जितने भी पारम्परिक शिल्प हैं उनका अस्तित्व आदि काल से रहा है। कारण, मानव आरम्भ से प्रकृति-पूजक रहा है। प्रकृति के साथ सामंजस्य बैठाने के लिए उसे उसकी पूजा-अर्चना करनी पड़ती थी। प्रस्तर युग में हिंसक पशुओं से अपनी रक्षा के लिए उसे पत्थर के आयुध बनाने पड़े तो लौह युग में लोहे से। बाँस से धनुष और तीर की डण्डी बनानी पड़ी। बाँस से ही विभिन्न उपकरण बनाए गए। भोजन पकाने और खाने के लिए मिट्‌टी के विविध पात्र बनाए गए। आदिमानव ने अपने शैलाश्रयों पर अपनी विभिन्न भावनाओं को चित्र के रूप में अंकित किया। सभी पारम्परिक शिल्पियों द्वारा उपयोग कर्ता को अपने शिल्प वस्तु-विनिमय के अन्तर्गत दिए जाते थे। बदले में रुपए पैसे की बजाय धान-चावल, मुर्गे-बकरे, गाय-बैल आदि दिए जाते थे। यह परम्परा अब शहरों से लगे गाँवों में तो नहीं रह गई किन्तु दूर-दराज के गाँवों में यह आज भी जीवित है। विशेषतः माड़ इलाके में तो यह परम्परा अस्तित्व में है ही। दरअसल यह शिल्प आदिवासियों के जन्म से लेकर मृत्यु तक के प्रत्येक पल से गहरे जुड़ा हुआ है। यह अलग बात है कि आज की तिथि में घड़वा समुदाय को आदिवासी परिगणित नहीं किया गया है किन्तु जो संस्कृति है वह तो पूरी तरह

से आदिवासी संस्कृति है। आदिवासी समुदायों में अपनी संस्कृति और कला के प्रति समर्पण की भावना बलवती है। दरअसल आदिवासियों के कारण ही इस देश का पारम्परिक शिल्प आज तक अपने अस्तित्व में है। आदिवासियों के अस्तित्व के साथ ही इन शिल्पों का अस्तित्व बना हुआ है। जिस दिन आदिवासियों का अस्तित्व समाप्त हो जाएगा, यह शिल्प भी समाप्त हो जाएगा। बस्तर ही नहीं बल्कि देश के विभिन्न आदिवासी अंचलों और विश्व के भी अनेक देशों के आदिवासी अंचलों में भी यही बात है। किन्तु कुछेक लोग अपनी विरासत को भूलकर दूसरे काम-धन्धे अपनाने लगे हैं जिससे इन पारम्परिक शिल्पों की बहुत बड़ी क्षति हुई है। आधुनिकीकरण ने पारम्परिकता का बहुत बड़ा नुकसान किया है। रीति-रिवाजों, पहनावे-ओढ़ावे आदि सभी तरह के परिवर्तन हुए हैं। सकारात्मक परिवर्तन तो ठीक है किन्तु इस परिवर्तन की आँधी में कुछ नकारात्मक पहलू भी सामने आ रहे हैं और इस तरह नकारात्मकता के कारण मूल संस्कृति का समाप्त हो जाना भयावह है। यह चिन्तनीय है। एक समुदाय विशेष जो विवाह आदि में संगीतकार की भूमिका अदा करता था, अब अपनी इस परम्परा को छोड़ रहा है। इससे हुआ यह कि जिस समुदाय में विवाह या कोई शुभ कार्य है उसी समुदाय के लोग ही ऐसे अवसरों पर लोक संगीतकार की भी भूमिका अदा कर रहे हैं। यह तो मानना पड़ेगा कि परिवर्तन संसार का नियम है। समय के साथ प्रत्येक क्षेत्र में परिवर्तन होते रहते हैं। कोई भी वस्तु या परम्परा स्थायी नहीं हो पाती। आज स्थिति यह है कि लगभग प्रत्येक दस वर्षों में बदलाव नजर आने लगा है। दस साल पुरानी वस्तुएँ प्रचलन से बाहर होती जा रही हैं। किन्तु यह भी सच है कि पूर्व काल से चली आ रही परम्पराओं में जो जीवन-मूल्य निहित हैं वे आधुनिकीकरण के चलते बहुत तेजी से छीजते चले जा रहे हैं। परिवर्तन का एक ज्वलंत उदाहरण है कि काँसा-पीतल के बने आभूषण अब बस्तर के जन-जीवन में प्रचलित नहीं रह गए हैं किन्तु नगरों और महानगरों में इनकी माँग होने लगी है। वे अब सोने-चाँदी के

धनकुल : 1990

आभूषणों से आजिज आ गए हैं और काँसा-पीतल के बने आभूषण पसन्द करने लगे हैं। जयदेव भाई कहते हैं कि वे जब महानगरों में जाते हैं और बड़े-बड़े औद्योगिक घरानों की महिलाओं से मुलाकात होती है तो वे बेलमेटल के ही आभूषणों की माँग करती हैं। वे पाँवों में पायल की बजाय पैंड़ी पहनना चाहती हैं। कलाइयों में कंगन की बजाय खाड़ू और उँगलियों में मुँदी, कानों में खिलवाँ, पाँवों की उँगलियों में झोटिया आदि। किन्तु यदि वे आभूषणों के निर्माण में समय देने लगेंगे तो उनका जो मूल काम है कला का वह या तो पिछड़ जाएगा या फिर बन्द हो जाएगा और वे केवल आभूषण-निर्माता बनकर रह जाएँगे। इसीलिए वे इस काम में हाथ लगाना नहीं चाहते। जयदेव भाई के संग्रह में सौ-डेढ़ सौ वर्ष पुराने पारम्परिक आभूषण हैं जिन्हें वे अपने घर पर बनाए जा रहे संग्रहालय में प्रदर्शन के उद्देश्य से रखना चाहते हैं। उन आभूषणों में डेढ़-डेढ़ किलोग्राम वजनी पैंड़ी तथा अन्य आभूषण हैं। वे कहते हैं, “आप सोचिए कि पहले की महिलाएँ तीन किलोग्राम की पैंड़ी पाँवों में, बाँहों में लगभग आधा किलो का बाँहटा, कलाइयों में भी वजनी खाड़ू, गले में सुता आदि आभूषण पहनकर एक-डेढ़ किलोमीटर दूर पानी लेने जाया करती थीं। वापसी में दो हण्डियों में पानी और बगल में बच्चे को लिपटाकर आना कितना कठिन होता होगा?”

जयदेव भाई बताने लगते हैं कि अभी हाल ही में दक्षिण-मध्य क्षेत्र सांस्कृतिक केन्द्र, नागपुर से पत्र आया है। खजुराहो के संग्रहालय के लिए बेलमेटल के पाँच शिल्पी भेजने के सम्बन्ध में। किन्तु जयदेव भाई अब लोगों को कहीं भी भेजने में डरने लगे हैं। क्योंकि जो कुछ उनके साथ 1992 में घटा वह अप्रिय था। ऐसी स्थिति में जवाबदारी लेकर किसी को भेजना उन्हें अब उपयुक्त नहीं लग रहा है। उनका कहना है कि वे जवाबदारी लेकर मान लीजिए शिल्पियों को भेज भी देते हैं तो इसकी क्या गारन्टी है कि वे शिल्पी विश्वस्त बने रहेंगे? इसके बावजूद वे देख रहे हैं कि ऐसे वे कौन से विश्वस्त शिल्पी हैं जिन्हें वहाँ भेजा जा सकता है।

जयदेव भाई बताते हैं कि के. सी. देवसेनापति जब यहाँ एस. डी. एम. थे तब उन्होंने संस्था को चलाने के लिए आर्थिक मदद देने की बात कही थी। इसी तरह कलेक्टर हेमन्त पहारे भी आए थे और इसी तरह की बात की थी किन्तु जयदेव भाई ने किसी भी तरह की मदद लेने से इंकार कर दिया। कारण था, मदद लेकर पुनः विवादों में घिर जाने का भय।

जयदेव भाई कहते हैं कि बस्तर आने वाले प्रत्येक विदेशी के मुँह से बस्तर की संस्कृति की तारीफ के शब्द निकलते हैं। वे कहते हैं कि बस्तर की संस्कृति बहुत समृद्ध है। कारण, वे गाँवों का भ्रमण करते हैं और पाते हैं कि आज भी गाँव-देहात में आत्मीयता है। वहाँ की संस्कृति में माटी की सोंधी महक है। प्रकृति के प्रति लगाव और जुड़ाव है। देवी-देवताओं पर आस्था और विश्वास है। यह सब तो ठीक है किन्तु हममें जो सबसे बड़ी कमी है वह है अपनों और दूसरों की सही पहचान न कर पाने की कूवत। हम बस्तरवासी

अपने लोगों को औरों के बहकावे में आकर पराये समझ बैठते हैं और परायों की चिकनी-चुपड़ी बातों में आकर उन्हें अपना सबसे बड़ा हितैषी। यही कारण है कि हम आज तक अपना और अपने अंचल का यथोचित विकास नहीं कर पाए हैं। लोग हमें लूट रहे हैं और हम अपनी लूट से या तो बिल्कुल अन्जान बने हुए हैं या फिर जान-बूझकर आँखें मूँदे बैठे हैं।

कार्यवाहक राष्ट्रपति बी.डी. जत्ती के हाथों राष्ट्रीय पुरस्कार प्राप्त करते हुए, 1977

अपनी अस्वस्थता के विषय में जयदेव भाई बताते हैं कि उन्हें 14 नवम्बर 2009 को स्थानीय डॉक्टर डी. भन्ज के क्लिनिक में भर्ती कराया गया। वे उस समय कोमा में चले गए थे। उसी अवस्था में उन्हें रायपुर के रामकृष्ण केयर अस्पताल ले जाया गया। शुगर की वजह से उनकी एक टाँग काटनी पड़ गई। यह बताते हुए वे विचलित नहीं होते बल्कि उनके चेहरे पर पूरे आत्मविश्वास तथा अदम्य जिजीविषा का भाव ही दिखाई देता है। वे अपने स्वास्थ्य को लेकर चिंतित नहीं दीखते किन्तु कला को लेकर वे अवश्य ही चिन्ता किया करते हैं। इसी संदर्भ में वे अपनी भावी योजनाओं के विषय में कहते हैं कि उन्होंने जो खेती की जमीन खरीदी थी उसे उन्होंने बेच दिया और घर को नए सिरे से बनवाया। एक नई गाड़ी खरीदी। वे चाहते हैं कि उनके दादा, पिता और स्वयं उनका तथा बस्तर के अन्य महत्त्वपूर्ण शिल्पियों का जो भी महत्त्वपूर्ण कार्य उनके संग्रह में है, उसे प्रदर्शित करने के उद्देश्य से एक संग्रहालय और एक छोटी-सी कला-दीर्घा घर में ही बनवाएँ और उसमें उन कलाकृतियों को रखें। इसके साथ ही वे चाहते हैं कि स्वयं द्वारा बनाई गई अपनी

पारम्परिक और समकालीन कृतियों को भी उस संग्रह में रखें, ताकि आने वाली पीढ़ी उन्हें देख सके। वे बताते हैं कि उन्होंने पारम्परिकता और समकालीनता को मिलाकर कलाकृतियाँ बनाना शुरू किया, जिसे कला-जगत में पर्याप्त सराहना मिली। उनके काम में अन्य लोगों के काम की तुलना में हल्की-सी भिन्नता है। पारम्परिकता के साथ समकालीनता को भी स्थान देने के पीछे वे कारण बताते हैं कि पारम्परिकता का महत्त्व अपने अंचल में है किन्तु

जयदेव बघेल परिवार सहित। प्रसेनजित दासगुप्ता कलकत्ता द्वारा खींची गई तस्वीर।

पारम्परिकता और समकालीनता के मेल से बनी कलाकृति का महत्त्व सम्पूर्ण कला-जगत में है। दोनों के मेल से बनी कलाकृतियाँ अद्‌भुत हैं। यही कारण है कि वे दोनों को साथ लेकर चल रहे हैं। वे बताते हैं कि 1972 से वे कला-दीर्घाओं में ही अपनी कृतियाँ प्रदर्शित करते रहे हैं। उनकी योजना है कि संग्रहालय में केवल प्रदर्शन के उद्देश्य से कृतियाँ रखी जाएँगी जबकि कला-दीर्घा में प्रदर्शन-सह-विक्रय के उद्देश्य से। विक्रय से जो आय होगी वह नई कृतियों के निर्माण और जीवन-यापन में सहायक होगी। पहले सोना-चाँदी के जेवरात सामान्य तबके के लोग नहीं खरीद पाते थे। वे बेलमेटल से बने आभूषण ही पहनते थे। वे सभी आभूषण और विभिन्न प्रकार के बर्तन एवं अन्य उपयोगी वस्तुएँ जयदेव भाई ने बहुत ही सम्हालकर रखे हुए हैं, जिन्हें वे संग्रहालय में रखना चाहते हैं।

जीवन-यापन सम्बन्धी चर्चा के ही बीच में मुझे याद आता है कि अभी एक दिन पहले यानी 12 फरवरी, 2013 को जयदेव भाई से फोन पर जब बात हो रही थी तब उन्होंने

कलाकारों को शासकीय तौर पर पेंशन दिए जाने की चर्चा की थी। मैं बात को बीच में ही रोककर उनका ध्यान उस पेंशन प्रकरण की तरफ दिलाता हुआ उस पर चर्चा करता हूँ। वे बताने लगते हैं कि छत्तीसगढ़ हस्तशिल्प मंडल की ओर से राज्य के कुल 11 राज्य एवं राष्ट्रीय स्तर पर पुरस्कृत कलाकारों को पेंशन दिए जाने का आदेश पारित हुआ है, जिसकी सूचना उन्हें मिली है। यह राज्य शासन की ओर से है। केन्द्रीय शासन द्वारा भी पेंशन दिए जाने की बात है।

वर्ष 1976 में उन्हें जो राज्य स्तरीय पुरस्कार प्राप्त हुआ उसके सम्बन्ध में वे बताते हैं कि वस्तुतः उनकी कृति का चयन राज्य स्तरीय प्रथम पुरस्कार हेतु 1973 में हो गया था किन्तु वित्तीय कारणों से वह पुरस्कार उन्हें उस वर्ष नहीं दिया जा सका था। उन्होंने पुनः 1975 में अपनी प्रविष्टि पुरस्कार हेतु भेजी, जिसका चयन 1976 के राज्य स्तरीय पुरस्कार हेतु हुआ और इस तरह उन्हें 1976 में राज्य स्तरीय प्रथम पुरस्कार प्राप्त हुआ। इससे पहले जयदेव भाई को यह अंदाजा नहीं था कि पुरस्कार के रूप में क्या दिया जाता है? जब उन्हें पुरस्कार के रूप में सिल्वर मैडल, प्रमाण-पत्र और पाँच सौ रुपए नगद मिले तो उन्हें मालूम हुआ कि इसे पुरस्कार कहते हैं। वे इस बात को बताते हुए बहुत हँसते हैं। वे इससे

जयदेव बघेल अपने ग्रुप के साथ। प्रसेनजित दासगुप्ता कलकत्ता द्वारा खींची गई तस्वीर।

बहुत प्रसन्न हो गए। घर वापस आकर माता-पिता के चरण-स्पर्श किए और गाँव-मोहल्ले के कुछ लोगों को घर बुलाकर उन्हें मिठाई खिलाई। इसके बाद 1976 में उन्होंने अपनी प्रविष्टि 1977 के राष्ट्रीय पुरस्कार के लिए भेजी। इस प्रविष्टि में उन्होंने 'धनकुल' को प्रदर्शित किया था। निर्णायक मंडल ने अपने निर्णय में इस बात का उल्लेख किया कि

प्रस्तुत प्रविष्टि 'धनकुल' एक नए विचार और तकनीक से बनाई गई अनूठी कलाकृति है। इस प्रविष्टि पर उन्हें 1977 में राष्ट्रीय पुरस्कार प्राप्त हुआ। पुरस्कार हेतु चयन की सूचना उन्हें तार द्वारा मिली थी। वह तार भी पूरे एक पृष्ठ का था। पत्र बाद में आया था। दुर्भाग्य से राष्ट्रीय पुरस्कार वितरण समारोहं के पूर्व ही तत्कालीन राष्ट्रपति फखरूद्दीन अली अहमद का निधन हो गया और इस तरह समारोह उस समय नहीं हो सका। किन्तु बाद में उप राष्ट्रपति बी. डी. जत्ती जब कार्यवाहक राष्ट्रपति बने तब मई में यह समारोह हुआ और पुरस्कार दिया गया। उससे सम्बन्धित पत्र और फोटो के विषय में बताते हुए जयदेव भाई कहते हैं कि वह फोटो यहाँ पुराने घर की दीवार पर टँगा हुआ था किन्तु उसे दीमकों ने चट कर डाला। दीमकों की वजह से ही उन्हें उस पुराने घर को तोड़कर नया घर बनवाना पड़ा अन्यथा उन्हें उनके मिट्टी के उस पुराने घर से बहुत ही मोह था और वे नहीं चाहते थे कि उसे तोड़ा जाए। किन्तु दीमकों द्वारा लगातार नुकसान किए जाने के कारण उन्हें उसे तोड़ना पड़ा। बहुत से पुराने लोग जब अभी आते हैं तो वे सब भी उस मकान की याद करते हैं और उसे तोड़ने के लिए अफसोस जताते हैं।

1977 में उन्हें प्रदान किए गए राष्ट्रीय पुरस्कार के साईटेशन में लिखा गया है,

क्राफ्ट म्यूजियम, प्रगति मैदान, दिल्ली में एग्री एक्सपो के अवसर पर निर्मित ग्राम झाँकी 1977 में तत्कालीन प्रधानमंत्री मोरारजी देसाई एवं उप प्रधानमंत्री चौधरी चरण सिंह।

"श्री जयदेव बघेल मध्य प्रदेश के बस्तर क्षेत्र के घड़वा जन जाति के सदस्य हैं। धातु पर कलात्मक काम घड़वा जन जाति का एक महत्त्वपूर्ण पारम्परिक उद्यम है। श्री जयदेव बघेल घड़वा पिछले दस वर्षों से इस हस्तशिल्प की सेवा कर रहे हैं। उन्हें उनके पिता श्री सिरमन घड़वा

ने इस शिल्प में दीक्षित किया। श्री जयदेव ने ढोकरा ढलाई की तकनीक और कार्य विधि पर पूरी कुशलता प्राप्त कर ली है। अपने पूर्वजों की तकनीक का प्रयोग करते हुए अपनी कृतियों में नए डिजाइन और नमूने शामिल करके उन्होंने इस शिल्प की रचनाओं की सुन्दरता में चार चाँद लगा दिए हैं।"

फिर इसी कड़ी में वे 1975-76 की उस घटना का जिक्र करते हैं जिसमें दिल्ली के आर्ट्स कॉलेज से आए विद्यार्थियों द्वारा उनकी कला को केवल 'क्राफ्ट' कहा जाकर उनकी खिल्ली उड़ाई गई थी। वे इसे विस्तार से बताते हुए कहते हैं कि उसमें सफलता मिलने के बाद वे प्रति वर्ष राष्ट्रीय कला प्रदर्शनी के लिए अपनी प्रविष्टि भेजते रहे और उनका चयन प्रदर्शन हेतु तो होता रहा किन्तु पुरस्कार नहीं मिला करता था। निर्णायक-मंडल में बहस होती थी कि यह तो 'क्राफ्ट्समैन' है, इसे पुरस्कार कैसे दिया जा सकता है? पुरस्कार तो किसी 'आर्टिस्ट' को ही दिया जाएगा। इस तरह 'क्राफ्ट्समैन' और 'आर्टिस्ट' को अलग-अलग मानने के फेर में उन्हें पुरस्कार मिलता ही नहीं था। 1978 में मण्डी हाउस में राष्ट्रीय कला मेला की शुरुआत हुई। उस मेले में एक पूरा का पूरा स्टाल जयदेव भाई को मिला जबकि उन विद्यार्थियों के पूरे ग्रुप के लिए महज एक। वे वहाँ आए और जयदेव भाई के स्टाल को देखकर उनसे कहने लगे कि यह कैसे हो गया? तब जयदेव भाई ने कहा कि इसके बारे में वे क्या कह सकते हैं, जो कुछ कहना है वह आयोजक ही कह या बता पाएँगे। उन्होंने कहा कि वे तो काम करना जानते हैं किन्तु यह नहीं जानते कि यह पारम्परिक है या समकालीन, या क्राफ्ट है या आर्ट!

जयदेव भाई कहते हैं कि बैंक ऑफ इंडिया के संचालक मंडल का सदस्य मनोनीत होने के बाद उनकी भाषा-बोली, पहनावे-ओढ़ावे, रहन-सहन आदि में कुछ फर्क पड़ा। कारण था, बड़े-बड़े अधिकारियों और उद्योगपतियों के साथ बैठना-उठना हुआ करता था। राजेन्द्र लोढ़ा जैसे अन्तर्राष्ट्रीय ख्याति के चार्टर्ड एकाउन्टेन्ट और जे. के. जैन जैसे उद्योगपति भी उस संचालक मंडल के सदस्य थे।

जयदेव भाई का कहना है कि व्यक्ति को वही काम करना चाहिए जो उसे अच्छा लगे। दूसरों के बहकावे में आकर कोई काम कर लेना अपना नुकसान करने के अलावा कुछ नहीं है। यदि कोई भी व्यक्ति अपना भला-बुरा समझते हुए काम करेगा तो उसकी प्रगति को कोई भी नहीं रोक सकता। वे चाहते हैं कि वे फिर से शिल्पी ग्राम का काम शुरू करें। शुरू इसलिए करना चाहते हैं ताकि शिल्पियों का विकास हो। एक लम्बे अंतराल के कारण शिल्पी वापस पहले वाली स्थिति में पहुँच गए हैं अतः उन्हें फिर से विकास की धारा में लाना उनका उद्देश्य है। इसके लिए वे कार्य-योजना बना भी रहे हैं। किन्तु इस बार वे सतर्क हैं और संस्था में ऐसे ही लोगों को लेंगे जिन पर उनका भरोसा हो और जो लोग संस्था के हित में काम कर सकें।

14 फरवरी, 2013 की एक दोपहर। मैं जब प्रतिदिन की तरह जयदेव भाई के घर

पहुँचा तो वहाँ एक विदेशी पहले से पहुँचे हुए थे और जयदेव भाई उनसे अंग्रेजी में बातें कर रहे थे। वे उन्हें बता रहे थे कि वे न तो कभी स्कूल गए और न कॉलेज किन्तु अंग्रेजी बोलने का प्रयास इसीलिए करते हैं ताकि लोगों से संवाद कायम किया जा सके। वे बताने लगे कि 1971 में स्विट्‌जरलैंड से दो शिल्पी युगल उनके घर कोंडागाँव आए थे और यहाँ छह महीने रहे थे। चूँकि जयदेव भाई का घर छोटा था इसीलिए उन लोगों ने अपने रहने के लिए दो कमरों का एक घर बना लिया था। उनसे जयदेव भाई ने कहा था कि वे लोग जरूर ही बहुत पढ़े-लिखे और पैसे वाले होंगे तभी तो इतनी दूर आए हैं। तब उन लोगों ने कहा था कि न तो पढ़ा-लिखा होना आवश्यक है और न ही पैसे वाला होना। यदि मन में लगन हो, काम करने की चाहत और परिश्रम करने का माद्दा हो तो कोई भी व्यक्ति ऊँचाइयों तक पहुँच सकता है। उनकी बात जयदेव भाई को अभी भी याद है। उन्होंने उनसे कहा था कि यदि आप ईमानदारी के साथ कठोर परिश्रम करते हैं तो आपके विकास में कोई रोड़ा नहीं आ सकता। कठिनाइयाँ अवश्य आएँगी किन्तु उनका सामना करते हुए अपने लक्ष्य की ओर बढ़ने का साहस आपमें होना चाहिए, परिश्रम में कमी नहीं होनी चाहिए और पूरी ईमानदारी होनी चाहिए। बस! आपकी मंजिल आपसे दूर नहीं होगी। अच्छी सोच और अच्छा काम, इन दोनों का ही परिणाम अच्छा होता है। जयदेव भाई कहते हैं कि उन्होंने सपने में भी नहीं सोचा था कि वे प्रगति के इतने सोपान तय कर पाएँगे और विश्व के अनेक देशों की यात्राएँ कर पाएँगे। किन्तु यह सही है कि अच्छी सोच, कठोर परिश्रम और लगन से यह सब सम्भव हो पाता है। वे उन्हें बताने लगते हैं कि पन्द्रह वर्ष की आयु से वे चौकीदारी का काम किया करते थे। किन्तु उनसे भेंट होने के बाद उनके मन में अपनी पारम्परिक कला के प्रति रुझान बढ़ा और उन्होंने चौकीदारी की नौकरी छोड़कर पूरी निष्ठा के साथ इस काम को अपनाया। वे बताने लगे कि जब वे 1987 में स्विट्‌जरलैंड गए तो उन्होंने उन दोनों की वहाँ खोजबीन की। किन्तु उनसे मुलाकात नहीं हो सकी। उनकी माँ एवं बहन ने बताया कि वे अब स्विट्‌जरलैंड छोड़कर कनाडा में बस गए हैं।

सूरजकुण्ड मेले की शुरुआत हुई थी 1986 में। इसमें केवल राष्ट्रीय पुरस्कार प्राप्त शिल्पियों को आमन्त्रित किया गया था जिनकी संख्या भारत में कुल मिलाकर 100 के आसपास थी। इसमें जयदेव भाई भी आमन्त्रित किए गए थे। 1986 के बाद से सूरजकुण्ड मेले की चर्चा होने लगी और इसका रूप वृहद होता गया। जयदेव भाई लगातार उस मेले में आमन्त्रित किए जाते रहे। 1998 में शिल्पियों की 7-8 कलाकृतियों का चयन किया जाना था 'कलाश्री' पुरस्कार के लिए। इसमें जयदेव भाई की एक कृति का चयन हुआ। उस समय हरियाणा के राज्यपाल थे महावीर प्रसाद। वह पुरस्कार उन्हीं के हाथों प्रदान किया गया था। जयदेव भाई इस सम्बन्ध में कहते हैं कि हमें ऐसी कलाकृतियों का निर्माण और प्रदर्शन करना चाहिए जो लोगों के मन को भा सके। तभी उसकी सार्थकता है। उसी समय

सुप्रसिद्ध चित्रकार एम. एफ. हुसैन के चित्रों की भी प्रदर्शनी वहाँ लगी थी। दिल्ली की एक चित्रकार वहाँ थीं उस समय। उनका नाम है अल्पना कौर। वे आईं और उन्होंने बताया कि हुसैन की प्रदर्शनी का उद्घाटन होने वाला है। वे जयदेव भाई को अपने साथ उस प्रदर्शनी में ले गईं।

झिटकू-मिटकी : 1990

1977 में जयदेव भाई को राष्ट्रीय पुरस्कार प्राप्त हुआ । उसी समय प्रगति मैदान में पहली बार 'एग्री एक्सपो 77' का भी आयोजन हुआ था। उस आयोजन में देश भर के चुने हुए शिल्पियों को कार्यशाला और प्रदर्शनी के लिए बुलाया गया था। इसके बाद यह आयोजन प्रतिवर्ष होने लगा। उसी समय वहाँ 'नेशनल क्राफ्ट म्यूजियम' का भी निर्माण हुआ। उस संग्रहालय में भारत के विभिन्न हिस्सों के ग्रामीण अंचलों के रहन-सहन, वेश-भूषा, संस्कृति, आवास आदि को प्रदर्शित किया जाता था। उस समय जयदेव भाई ने भी वहाँ बस्तर के तीन ग्रामीण घरों का निर्माण कराया था। ये तीनों ही घर मिट्टी से बने हुए थे। एक घर था घड़वा परिवार का, दूसरा घर था लोहार परिवार का और तीसरा घर था कुम्हार परिवार का। उस समय प्रधानमंत्री थे मोरार जी देसाई। वे भी उन घरों का अवलोकन करने आए थे। बस्तर की लौह और मिट्टी शिल्प का सबसे पहली बार प्रदर्शन वहीं से शुरू हुआ। उस मेले में जयदेव भाई के साथ बंजोड़ा (मुनगापदर) के पास के एक लौह शिल्पी थे टिनू। मिट्टी शिल्पी थे एड़का (नारायणपुर) के देवनाथ। लौह शिल्पी टिनू ने लामन दिया बनाया था। ये तीनों वहाँ लगभग तीन महीने रहे। वापसी में प्रत्येक शिल्पी को चार-चार हजार रुपए दिए गए मानदेय के रूप में। इससे सभी प्रसन्न थे। इसके बाद प्रगति मैदान में होने वाले प्रत्येक एग्री एक्सपो में लगभग प्रतिवर्ष उन्हें आमन्त्रित किया जाने लगा था। दिल्ली से वापस होने के बाद लौह शिल्पी टिनू जयदेव भाई को लगातार अपने घर आमन्त्रित करता रहा। अन्ततः एक दिन जयदेव भाई उसके घर गए। तब वहाँ टिनू के गुरु मुनगापदर निवासी गागरू लोहार से उनकी मुलाकात हुई। उन्होंने उसका काम देखा

और प्रभावित हो गए। फिर उनसे उन्होंने लौह शिल्प की कई कलाकृतियाँ तैयार करवाईं। जयदेव भाई ने उसकी सारी कलाकृतियाँ अपने लिए खरीद लीं और विभिन्न कलाकृतियाँ प्रदर्शनियों के लिए बनवाईं। इसके बाद उन्होंने उन्हें दिल्ली, बम्बई, कलकत्ता आदि महानगरों में आयोजित प्रदर्शनियों में सम्मिलित भी किया। इसके साथ ही उन्होंने काष्ठ शिल्प की कलाकृतियों की ओर भी लोगों का ध्यान आकृष्ट कराया।

डी.लिट्. की उपाधि से पं. रविशंकर शुक्ल विश्वविद्यालय, रायपुर द्वारा अलंकृत : 2003

जयदेव भाई कहते हैं कि 1998 के बाद से उन्होंने समकालीन कला के क्षेत्र में भी ध्यान देना आरम्भ किया। लेकिन इसका यह अर्थ नहीं था कि उन्होंने पारम्परिकता को छोड़ दिया हो। उन्होंने पारम्परिकता और समकालीनता का संतुलन कुछ इस तरह बनाया कि उनकी कलाकृतियाँ अनूठेपन का अहसास दिलाने लगीं। यही कारण था कि उनकी कलाकृतियों की माँग दिन पर दिन बढ़ती चली गई। वे पारम्परिक के साथ-साथ समकालीन कला के क्षेत्र में भी बहुत अच्छे से पहचाने जाने लगे।

इससे बहुत पहले 1979 में जयदेव भाई की भेंट हुई थी बम्बई में रोशन कलापेशी से। वहाँ चल रही एक प्रदर्शनी में वे भी आई थीं। वे उस समय विभिन्न समाचार पत्रों में कला सम्बन्धी आलेख लिखा करती थीं। इसके साथ ही वे क्राफ्ट काउन्सिल ऑफ वेस्टर्न इंडिया नामक संस्था के लिए भी लिखा करती थीं। उन्होंने जयदेव भाई का साक्षात्कार लिया और उनके विषय में लिखा। उन्होंने जयदेव भाई को उनकी कलाकृतियों को बड़े आकार में प्रस्तुत करने भी सलाह दी। उन्हीं की सलाह पर जयदेव भाई ने अपनी कृतियों का आकार

बड़ा करना शुरू किया। 1984-85 में बम्बई के आकाशगंगा बिल्डिंग में एक गैलरी में जयदेव भाई की कृतियों की प्रदर्शनी चल रही थी। उस प्रदर्शनी का उद्घाटन किया था कमलादेवी चट्टोपाध्याय ने। उसमें जयदेव भाई की अन्य कलाकृतियों के साथ ही ढाई-तीन फीट ऊँची 'सल्फी का पेड़' शीर्षक कृति भी थी। जयदेव भाई ने इसकी कीमत आठ-नौ हजार रुपए रखी थी। इस पर रोशन कलापेशी ने कहा कि कीमत में बढ़ोत्तरी कर उसकी कीमत पचीस हजार रुपए रखें। इससे जयदेव भाई डर गए कि इतनी अधिक कीमत रखने पर कोई भी कृति नहीं बिकेगी। किन्तु रोशन कलापेशी और उस गैलरी के मालिक ने भी जयदेव भाई को सलाह दी और अन्ततः उसकी कीमत पचीस हजार रुपए ही तय की गई। और जयदेव भाई को तब आश्चर्य हुआ जब वह कृति पचीस हजार रुपए में बिक भी गई। वह कृति पहले तो गैलरी के मालिक ने ही खरीदी किन्तु तभी एक और ग्राहक आ गया और उसने वह कृति उसे देने को कहा। इस पर गैलरी मालिक तैयार हो गया और इस तरह वह कृति उस दूसरे ग्राहक ने खरीद ली। इससे जयदेव भाई को अन्दाजा हो गया कि कला की कीमत उसके आकार से नहीं लगाई जाती। कला-प्रेमी कला की परख करना जानते हैं इसीलिए वे उसकी मुँहमाँगी कीमत भी देना जानते हैं। विशेषतः बम्बई के लोगों के पास कला की परख और समझ भी है और पैसे भी। वे मोल-भाव नहीं करते। 1988 से उनकी कृतियों की प्रदर्शनियाँ जहांगीर आर्ट गैलरी, बम्बई में लगभग प्रति वर्ष आयोजित होने लगीं। उस समय गैलरी का एक दिन का किराया था एक सौ रुपए। आज उस गैलरी का किराया है छह हजार रुपए प्रतिदिन। बुकिंग की स्थिति यह है कि यदि वहाँ गैलरी बुक करवाना है तो छह साल बाद की तिथि के लिए आज एडवान्स बुकिंग करवाना पड़ेगा।

जयदेव भाई कहते हैं कि इसके बाद से उन्होंने बड़े आकार की कलाकृतियाँ बनाने की ओर ध्यान दिया। वे अब भिन्न-भिन्न विषय-वस्तु पर काम कर रहे हैं, जिनमें पारम्परिकता के साथ-साथ समकालीनता का भी संतुलित समावेश है। वे कहते हैं कि बस्तर के निवासी आदिवासी संस्कृति से परिपूरित हैं, भले ही वे जाति से आदिवासी न हों। उनकी संस्कृति में कहीं न कहीं आदिवासी संस्कृति झलकती ही है। यही समावेशी संस्कृति बस्तर के आदिवासी एवं गैर आदिवासियों के बीच बहुत महत्त्वपूर्ण कड़ी का काम करती आ रही है। उदाहरण के लिए बस्तर के आदिवासियों एवं गैर आदिवासियों के देवी-देवताओं में कोई विशेष अन्तर नहीं है। इसी तरह जन्म से लेकर मृत्यु तक के कई रीति-रिवाजों में भी बहुत फर्क देखने में नहीं आता।

जयदेव भाई की विभिन्न कलाकृतियों में 'माँ (मदर)', 'किसान महिला', 'एकता (युनिटी)', 'जीवन-वृक्ष', 'धनकुल', 'वन-देवी' आदि बहुचर्चित रही हैं। इन कृतियों की माँग आज भी यथापूर्व बनी हुई है। थोड़ी-सी चर्चा इनमें से चन्द कलाकृतियों पर।

'जीवन-वृक्ष (ट्री ऑफ लाइफ)' कलाकृति के विषय में वे कहते हैं कि इस कृति में उन्होंने महुआ के पेड़ का चित्रण किया है। महुआ का पेड़ बस्तर के ग्रामीण जन-जीवन में

जीवन-वृक्ष की भूमिका निभाता है। मनुष्य के जन्म से लेकर अंतिम संस्कार तक इस पेड़ की उपयोगिता आरम्भ से ही बनी रही है। महुआ के पेड़ के नीचे की माटी विवाह के अवसर पर चुलमाटी के रूप में लाई जाती है। विवाह-मण्डप में महुआ की ही डाल गाड़ी जाती है। बच्चे का जन्म होने पर महुआ से बनी दारू धरती माँ को अर्पित की जाती है। विवाह के अवसर पर, देवी-देवताओं की पूजा-अर्चना में भी मदिरा का उपयोग किया जाता है। महुआ के फूल को एकत्र कर उसे बाजार में बेचा जाता है। यदि किसी वर्ष धान की फसल नहीं हुई तो महुआ के सूखे फूल, साल के बीज और एक और फल घोटफल को उबालकर खाते हैं। इस तरह यह भोजन के रूप में भी खाया जाता है।

'वन-देवी' कृति बनाने के पीछे पर्यावरण पर बढ़ते खतरे की चिन्ता थी। वनों के विनाश से पर्यावरण पर बढ़ रहे खतरे को भाँपकर बनाई गई कृति 'वन-देवी' के पाँच मुख दिखाए गए हैं। वन-देवी अपने विनाश से न केवल चिन्तित है बल्कि वह क्रुद्ध भी है। अपने ऊपर हो रहे प्रहारों और अत्याचारों से कुपित होकर वन-देवी पंचमुखी रूप धारण कर मानव-समाज को चेतावनी देती है कि वह उसका विनाश करना रोक दे अन्यथा वह अपने पाँच मुखों से सारी धरती का विनाश कर देगी।

'धनकुल' कृति का आधार बस्तर के जन-जीवन को आप्लावित करने वाले एक बहुआयामी लोकोत्सव है। इस लोकोत्सव के अन्तर्गत महिलाओं द्वारा शिव-पार्वती और बाली गौरा की आराधना की जाती है। दो गायिकाएँ, जिन्हें गुरुमायँ कहते हैं, 'धनकुल' नामक अलिखित लोक महाकाव्य का गायन करती हैं। गायन में वे 'धनकुल' नामक अद्भुत लोक-वाद्य का वादन करती हैं। इस लोकहितकारी लोक महाकाव्य में वृक्षारोपण, जलाशयों के खनन आदि के विविध प्रसंग आते हैं, जिनका सीधा सम्बन्ध पर्यावरण से है। जयदेव भाई को उनकी इसी अनुपम कृति के लिए 1977 का राष्ट्रीय पुरस्कार प्राप्त हुआ था।

बस्तर के ग्रामीण जन-जीवन को बहुत ही बारीकी से चित्रित करने वाली उनकी कलाकृतियों में कोमलता का स्पर्श है। उनमें हमें दोनों तरह के स्वाद का अहसास होता है। एक ओर यदि कठिन जीवन-संघर्ष है तो दूसरी ओर जीवन का मधुर आनन्द भी उसी प्रभावशाली ढंग से रूपायित हुआ है। उसमें यथास्थान भाव-प्रवणता दिखाई देती है। वे वास्तविकता के साथ-साथ काल्पनिकता का भी सहारा लेते दिखाई देते हैं।

कुल मिलाकर कहा जा सकता है कि पारम्परिकता के साथ आधुनिकता के सम्मिश्रण ने इन सभी कृतियों को अनूठा बना दिया है और अविस्मरणीय भी। यदि तकनीक और सामग्री पारम्परिक है तो सोच आधुनिक। उन्होंने आधुनिकता को स्वीकारते हुए भी पारम्परिकता का साथ नहीं छोड़ा। कारण, पारम्परिकता उन्हें विरासत में मिली है और उनकी रग-रग में समाई है। उनकी कृतियाँ यह भी दर्शाती हैं कि कलाकार केवल कला के लिए ही कला का सृजन नहीं करता बल्कि समाज के प्रति अपने गुरुतर दायित्वों का भी सजग रहते हुए निर्वहन करता है। भाई जयदेव बघेल की इन कलाकृतियों को

देखकर यह धारणा और भी बलवती होती है। और यही उनकी कला के सफल होने का राज भी है। जयदेव भाई का कहना है कि वे अपनी कला के माध्यम से बस्तर अंचल के ग्रामीण जीवन-चक्र को, यहाँ की संस्कृति को, यहाँ के तीज-त्यौहारों आदि को कला-जगत के सामने रखना चाहते हैं। और इसमें दो राय नहीं कि वे अपने इस उद्देश्य में सफल रहे हैं।

'**शिल्पगुरु**' शीर्षक अपने एक आलेख में **जसलीन धमीजा** जयदेव भाई के विषय में लिखती हैं, "Jaidev Baghel was born in Kondagaon in Bastar district in 1950 in the family of metal casters, who created the deities for the tribal communities. They also created the jewellery used by the local people, as well as their ritual objects. He learnt the art of casting of brass objects from his father Sirman Baghel. The community of casters lived in the fringes of society and they bought old broken brass utensils, which they melted, to caste their images.

"Jaidev was closely linked with Shri Sukhchand Ghadwa of Bastar, who won the National Award in 1970 for his exquisite work in casting with metal. Sukhchand came to regard Jasleen Dhamija as his mentor and he began to come to Delhi along with Jaidev to find a market for his pieces. While in Delhi they stayed with Dhamija. Visiting the National Museum and the Zoo and looking at books. This opened new horizons for them.

"In 1972 Jaidev participated in an exhibition, Asia'72 and was discovered by the Regional Design Centre of Kolkatta, where Prabhas Sen, the Director, had been working with the Bengal School of Dhokra since 1963.

"Under the Directorship of Shri J. Swaminathan, Bharat Kala Bhawan, Jaidev found himself attending the workshop with sculptors from different Art Colleges. He studied their methods of casting and saw with amazement their creative work, which was very different to his

पं. रविशंकर शुक्ला विश्वविद्यालय, रायपुर के दीक्षान्त समारोह में प्रदत्त डी.लिट्. की मानद उपाधि, 12.05.2003

own vision of his art form. He too demonstrated his skills, which they appreciated greatly. Working along side with them where they inter-related, had a deep influence on him and he began to experiment with new forms and introduce innovations.

"During one of the workshops he met with an ethnographer from the Australian National University, who became deeply interested in the traditions of the Ghadwa community of Bastar and he came to Bastar to study their traditions. Jaidev and Sukhchand were his contacts and informants. Later he invited Jaidev to Canberra. Jaidev began to demonstrate his art to the students and work with the National Gallery of Art, as well as the students of Canberra School of Art. The ease, with which Jaidev created his objects of art with the minimum of equipment, was a cause of great astonishment to all.

"Jaidev was open to new influences, but he always retained a deep involvement with his own traditions. In 1976 he won the first prize in the State Award of Madhya Pradesh Government. In 1977 he received the National Award for Master Craftsmen from the President of India. After that he received innumerable awards.

"The Indian Art World discovered Jaidev and he participated in a group show at Rabindra Bhawan in Bhopal. In 1980 the Kamala Nain Bajaj Art Gallery, Bombay exhibited his work, as did the Jehangir Art Gallery. In 1989 he had a solo show at the India International Centre Gallery in New Delhi and Alternative Art Gallery in Kolkatta.

"He has also exhibited in Museums and Galleries all over the world.

"Shri Jaidev lives in his village and is involved in a research project with the Australian National University, Canberra on the study of the language of his community. He is also involved in community programmes for the welfare of the people of Bastar especially the artist community.

"What is most important is that over the years his technical abilities have been honed and his vision has evolved. He creates sculptors derived from his own tradition as well as those from what he has been exposed to. In his exhibition at Art Consult, Jaidev created an extraordinary image of Jesus Christ with Mary seated on his lap. He created a 6 ft. high Jagat Mukhi tree with myriads of people around it. Each piece was distinct and extraordinary in its balanced aesthetic quality and many of the pieces manifested a strong sense of repose and inner strength and vibrancy."

क्राफ्ट काउन्सिल ऑफ वेस्टर्न इंडिया नामक संस्था की याद करते हुए जयदेव भाई बताने लगते हैं कि यह संस्था बहुत दिनों तक कार्य करती रही किन्तु आगे चलकर इसका विघटन हो गया और तब रोशन कलापेशी आदि कुछ कलाकारों ने मिलकर 'विश्व कारीगर' नामक एक नई संस्था का गठन किया। लेकिन इस संस्था का कार्य-क्षेत्र इतना विस्तृत था कि इसकी सफलता पर प्रश्न-चिन्ह लगने लगे। तब इस संस्था का भी विघटन कर इसकी जगह एक और नई संस्था 'पारम्परिक कारीगर' नाम से 1981-82 में गठित की गई। उस समय इस संस्था के कुल सात सदस्य हुआ करते थे। तब इस नवगठित संस्था के अध्यक्ष हुए कलमकारी पेंटिंग के कलाकार गुरुप्पा चेट्टी और उपाध्यक्ष धातुशिल्पी जयदेव बघेल। जयदेव भाई इस संस्था के सदस्य लगातार रहे हैं। किन्तु इधर अपने स्वास्थ्य के चलते वे इसकी बैठकों में नियमित रूप से भाग नहीं ले पा रहे हैं। अभी इस संस्था के सैकड़ों सदस्य हो गए हैं। 1999 से इस संस्था द्वारा कमलादेवी चट्टोपाध्याय राष्ट्रीय पुरस्कार दिए जाने की शुरुआत की गई। पहला पुरस्कार 1999 में गुरुप्पा चेट्टी को और 2000 में जयदेव भाई को दिया गया। यह पुरस्कार था लाइफटाईम एचिवमेन्ट फार आर्ट एण्ड क्राफ्ट के लिए। इसके बाद 2002 में शिल्प गुरु सम्मान विकास आयुक्त (हस्तशिल्प) वस्त्र मंत्रालय द्वारा दिया गया। वे बताते हैं कि शिल्प गुरु सम्मान 55 वर्ष की आयु के बाद के ही शिल्पियों को दिए जाने का प्रावधान है।

2003 में पण्डित रविशंकर विश्वविद्यालय, रायपुर द्वारा डी. लिट्. की मानद उपाधि से विभूषित किया गया। इस सम्बन्ध में जयदेव भाई कहते हैं कि उनके द्वारा न तो कोई शोध किया गया और न ही कोई डिग्री ही हासिल की गई है किन्तु उनके काम के लिए जब उन्हें डी. लिट्. की मानद उपाधि प्रदान की गई तो उन्हें बहुत ही प्रसन्नता हुई। डी. लिट्. मिलने के बाद भी जयदेव भाई अपने नाम के आगे डॉक्टर लिखने में संकोच किया करते थे किन्तु बहुत से लोगों द्वारा बारम्बार कहने के बाद वे अब लिखने लगे हैं और अपने लेटर हैड पर भी इसे छपवा लिया है और विजिटिंग कार्ड पर भी।

जिस दिन उन्हें डी. लिट्. की उपाधि से सम्मानित किया जाना था उसके एक दिन पहले वे विकास आयुक्त (हस्तशिल्प) वस्त्र मंत्रालय के नई दिल्ली स्थित कार्यालय में एक बैठक में थे। उनसे कहा गया कि वे अगले दिन दोपहर तक रायपुर पहुँच जाएँ। कारण, अगले दिन डी. लिट्. की उपाधि दी जानी है। जयदेव भाई अगले दिन नई दिल्ली से रायपुर पहुँचे और उपाधि वितरण कार्यक्रम में सम्मिलित हुए। उस समय पण्डित रविशंकर विश्वविद्यालय में कुल सचिव थे श्री मिंज। वे पहले कोंडागाँव में एस.डी.एम. रह चुके थे। जब वे यहाँ एस.डी.एम. थे उसी समय घड़वा शिल्पी सोसायटी के लिए भवन-निर्माण हेतु सम्भागायुक्त बस्तर द्वारा आर्थिक सहायता दी गई थी। उस समय मध्यप्रदेश के वित्त सचिव सम्पतराम बस्तर के सम्भागायुक्त होकर आए थे। जब जयदेव भाई ने भवन-निर्माण की बात कही तो सम्पतराम जी ने तत्काल उनसे लिखित में आवेदन

पं. रविशंकर शुक्ला विश्वविद्यालय, रायपुर के दीक्षान्त समारोह में प्रदत्त डी.लिट्. की मानद उपाधि का प्रमाण-पत्र प्राप्त करते हुए, 12.05.2003

लिया और दो लाख दस हजार रुपए स्वीकृत किए। जब भवन बनकर तैयार हो गया तब मध्यप्रदेश हस्तशिल्प मंडल द्वारा उस भवन को अधिग्रहित किए जाने के प्रयास हो रहे थे किन्तु जयदेव भाई के पुरजोर विरोध के कारण वह भवन अधिग्रहित होने से बच गया।

वृत्त चित्र एवं टी. वी. फिल्में

जयदेव भाई 1978 में जब मास्को से वापस आए थे, उसी समय छन्दिता मुखर्जी आईं और उन्होंने कहा कि वे फिल्म्स डिविजन के लिए बस्तर पर केन्द्रित एक वृत्त चित्र का निर्माण करने जा रही हैं। निर्माण के पूर्व उन्होंने लगभग पूरे बस्तर का 15-20 दिनों तक भ्रमण किया और देखा-परखा। अन्ततः वे वापस कोंडागाँव आईं और कहा कि वे जयदेव भाई को ही केन्द्र में रखकर फिल्म का निर्माण करेंगी। उस समय भेलवाँपदर पारा में बिजली नहीं थी। तब उन्होंने कलेक्टर से अनुमति लेकर यहाँ तक विशेष रूप से बिजली पहुँचवाई। यह पहला मौका था जब इस मोहल्ले में बिजली आई और जयदेव भाई के घर बिजली के लट्टू जल उठे। शूटिंग लगभग आठ-दस दिनों तक चली। प्रायः रात में ही शूटिंग की जाती थी। कारण, दिन में लोगों की भीड़ लग जाया करती थी। इससे फिल्म-यूनिट को परेशानी का सामना करना पड़ता था। उस फिल्म में सिरमन राम जी को भी काम करते दर्शाया गया था। इसी तरह जयदेव भाई के बड़े भाई सोनारू राम जी भी उस फिल्म के कुछ दृश्यों में थे। जगदलपुर के मानिक घड़वा को भी उसमें सम्मिलित किया गया था। केन्द्रीय भूमिका भाई जयदेव बघेल जी की थी। फिल्म पूरी हुई और उसे राष्ट्रीय पुरस्कार के लिए भेजा भी गया किन्तु पता नहीं किन कारणों से उसका चयन नहीं हो सका।

डिस्कवरी टीवी चैनल की शूटिंग के दौरान जयदेव बघेल : 2006

1982 में लंदन में चल रहे भारत महोत्सव के समय भी एक वृत्त चित्र का निर्माण हुआ। उसी समय बी.बी.सी. ने भी वृत्त चित्र बनाया। वह चित्र काफी विस्तृत था। 1987 में स्विट्जरलैंड के बाजल फोक आर्ट म्यूजियम में घटी एक घटना का जिक्र जयदेव भाई करते हैं। वे बताते हैं कि जब वे 1987 में फोक आर्ट म्यूजियम, बाजल (स्विट्जरलैंड) गए तो वहाँ उन्हें उनके पिताजी का काम देखने को मिला। उन कलाकृतियों की संख्या लगभग 35 थी। वहाँ उनके पिताजी का बड़ा-सा चित्र भी रखा हुआ था। जयदेव भाई ने देखा तो वे पहचान गए और बोले कि ये सब काम तो उनके पिता का है। वहाँ के लोगों को इस बात पर भरोसा नहीं हुआ तब जयदेव भाई ने अपना एलबम दिखाया जिसमें वे अपने पिता सिरमन राम जी के साथ काम करते दिख रहे थे। तब कहीं वहाँ के लोगों को उनकी बातों पर विश्वास हुआ। तब वहाँ के अखबार 'बाजल टाइम्स' में जयदेव भाई के ऊपर आलेख प्रकाशित हुआ। भारत महोत्सव के अन्तर्गत वे वहाँ एक महीने रहे। इसके बाद वे वेल्स स्टेट के कार्डिफ शहर गए, वहाँ से स्कॉटलैंड के ग्लासगो शहर फिर एडिनबरा और सफिल। किन्तु वे सफिल में अधिक दिनों नहीं रह सके और लंदन वापस हो गए। फिर वहाँ से वे स्विट्जरलैंड के ज्यूरिख शहर आए। वहाँ वे मॉडर्न आर्ट के म्यूजियम 'रीडबर्ग म्यूजियम' में गए। वहाँ भी अपने काम का प्रदर्शन किया। वहाँ के डायरेक्टर बारबरा फिशर का एक आलेख 1982 में प्रकाशित पुस्तक 'शिल्पकार' में है। उसी पुस्तक में जयदेव भाई, पुपुल जयकर, ज्योतिन्द्र जैन, कमलादेवी चट्टोपाध्याय के भी आलेख हैं। उस म्यूजियम का गेस्ट हाउस, जिसमें जयदेव भाई ठहरे थे, एक पुराने किले की तरह बना हुआ है। उस महोत्सव का उद्घाटन किया था भारत के तत्कालीन राष्ट्रपति आर. वेंकटरामन जी ने। तीजन बाई भी उस महोत्सव में सम्मिलित थीं। जब तीजन बाई के पँडवानी गायन का कार्यक्रम हो रहा था तब एक स्विस युवती मंच के सामने कुछ दूरी पर एक पेड़ के नीचे तीजन बाई की ही तरह नृत्याभिनय करने का प्रयास कर रही थी। वहाँ के लोग कभी तीजन बाई को देखते तो कभी उस स्विस युवती को। वह युवती तन्मय होकर नृत्याभिनय में मगन थी। ज्यूरिख के बाद वे गए जिनेवा। ज्यूरिख में जयदेव भाई कास्टिंग का काम नहीं दिखा पाए थे। कारण था, वहाँ की जमीन का गीलापन। किन्तु जिनेवा के सिटी म्यूजियम में स्थान ठीक था अतः वहाँ पर उन्होंने कास्टिंग का प्रदर्शन किया। वहाँ की एक घटना बताते हुए जयदेव भाई कहते हैं कि वहाँ कुछ लड़के-लड़कियाँ रात के समय कहीं से एक मुर्गा पकड़ लाए और म्यूजियम के बाहर गार्डन में आग जलाकर उस मुर्गे को भून रहे थे। यह पहली घटना थी इस तरह की। जयदेव भाई स्विट्जरलैंड में तीन महीने रहे। उस समय स्विट्जरलैंड से सीधे भारत के लिए प्लेन की सुविधा नहीं थी। इसलिए उन्हें पहले रोम आना पड़ा और फिर रोम से दिल्ली। जिनेवा में लोग फ्रेन्च बोलते हैं जबकि ज्यूरिख में फ्रेन्च और जर्मन। बाजल में जर्मन बोली जाती है। स्विट्जरलैंड के कुछ गाँवों में स्विस भाषा बोली जाती है। किन्तु यह भाषा लगभग समाप्त

हो चुकी है। इसी तरह स्कॉटलैंड में भी वहाँ की स्थानीय भाषा लुप्त हो चुकी है। स्कॉटलैंड की अंग्रेजी शेष ब्रिटेन की अंग्रेजी से अलग है।

1990 में सिद्धार्थ काक के टी.वी. सीरियल 'सुरभि' के लिए जयदेव भाई पर एक एपिसोड बना। डायरेक्टर थे सुमित बोस। जयदेव भाई बताते हैं, 'सुरभि' की शुरुआत बस्तर से ही हुई थी। धान-कटाई का समय था। उस एपिसोड में घड़वा शिल्प के साथ-साथ खेती-किसानी और पारिवारिक प्रसंगों को भी सम्मिलित किया गया था। 1990 में ही जापान की जे.के.टी.वी. की टीम आई थी। उन्होंने भी जयदेव भाई पर केन्द्रित वृत्त चित्र तैयार किया। इसी तारतम्य में जे.के.टी.वी. ने जयदेव भाई को 1998 में जापान आमन्त्रित किया था। वे अपने जापानी मित्र तदासी के विषय में बताते हैं कि उन्हें जब मालूम हुआ कि जयदेव भाई जापान में हैं तब वे अपने पन्द्रह-बीस मित्रों के साथ जयदेव भाई से मिलने पहुँच गए और उन्हें अपने साथ ले गए। वे उनके घर जो नारा नामक स्थान में है, लगभग एक महीने रहे। उसी बीच वे लोग उन्हें 'टेनकोवा' नामक पर्यटन-स्थल पर ले गए। वहाँ नदी के बीचोबीच कुछ कॉटेज बने हुए थे। वहाँ उन लोगों ने लगभग दस दिनों का कैम्प लगाया था। नदी का पानी इतना साफ था कि बड़ी-छोटी मछलियाँ स्पष्ट दिखाई देती थीं। वे लोग नदी में मछलियाँ पकड़ते। उसके वे तीन भाग करते। बड़ी, मँझली और छोटी। जब वे मछलियाँ पकड़ते थक जाते तो बड़ी और मँझली मछलियों को वापस नदी में छोड़ देते और सबसे छोटी मछलियों को तलकर खाते थे। अगले दिन फिर वही क्रम। रात में भोजन के साथ-साथ देर रात तक गपशप होती। वे लोग जापानी गाने गाते और जयदेव भाई से भी गाने को कहते। जयदेव भाई हल्बी के गीत सुनाते। जयदेव भाई बताते हैं कि वहाँ के प्रत्येक घर में 'किचन गार्डन' अवश्य ही होता है। गाँवों में ईमानदारी इतनी कि किसी के घर से कोई भी व्यक्ति किसी भी वस्तु की चोरी नहीं करता। यहाँ तक कि घर के बाहर पड़ी कीमती से कीमती वस्तु की भी चोरी नहीं होती। खेती-किसानी आधुनिक उपकरणों से की जाती है। तदासी और उनके परिजनों तथा मित्रों ने जयदेव भाई की बहुत खातिरदारी की। टोकियो आदि शहर तथा आसपास के गाँवों का भ्रमण भी करवाया। गाँवों के भ्रमण के दौरान जयदेव भाई ने पाया कि वहाँ के गाँवों में भी अतिथि-सम्मान की भावना भारत के गाँवों की ही तरह है। वे लोग प्रायः 'ग्रीन टी' के लिए बहुत ही सम्मान के साथ आमन्त्रित करते हैं। जापान की संस्कृति के विषय में जयदेव भाई कहते हैं कि वहाँ की संस्कृति बहुत ही अच्छी है किन्तु वहाँ महँगाई बहुत है। उनका कहना है कि जापान और स्विट्जरलैंड दुनिया के सबसे महँगे देश हैं। जापान के शहरों के होटल के कमरे रेल के डिब्बों की तरह होते हैं। बिस्तर एक के ऊपर एक लगा होता है। टायलेट आदि भी बहुत छोटे होते हैं जबकि गाँवों के घरों में पर्याप्त स्थान होता है। नारा सिटी में चीतल और सांभर बहुत अधिक संख्या में देखने में आए। कुछ इस तरह, जैसे हमारे देश के कस्बों और गाँवों में गाय-बैल यहाँ-वहाँ घूमते नजर आते हैं। वापसी के समय तदासी और उनके मित्रों ने टी-शर्ट पर जयदेव भाई के फोटो छापकर उन्हें भेंट किया था।

1998 में जापान से वापसी के समय जयदेव भाई बैंकाक में पन्द्रह दिनों के लिए ठहरे। उन्होंने वहाँ के एआईटी विश्वविद्यालय में अपनी कला का प्रदर्शन किया।

1999 में जयदेव भाई की प्रदर्शनी थी हैदराबाद में। वहाँ उनके एक मित्र हैं, जगदीश मित्तल। वे प्रोफेसर होने के साथ-साथ चित्रकार भी हैं। वे हैदराबाद के 'सालारजंग संग्रहालय' से जुड़े हुए हैं। वे जनजातीय क्षेत्रों की कलाकृतियों का संग्रह करते हैं। निफ्ट के प्रोफेसर एवं विद्यार्थियों ने हैदराबाद विश्वविद्यालय में जयदेव भाई को एक प्रदर्शनी आयोजित करने के लिए कहा। इसी सन्दर्भ में जयदेव भाई ने प्रदर्शनी के लिए हामी भरी। सरोजनी नायडू के हैदराबाद स्थित बंगले को आर्ट गैलरी का रूप दिया गया है। उसी गैलरी में प्रदर्शनी आयोजित थी। उस प्रदर्शनी में जयपाल रेड्डी के साथ जगदीश मित्तल भी आए थे। प्रदर्शनी के उद्घाटन के बाद जगदीश मित्तल जयदेव भाई को अपने बंगले ले गए। वहाँ उन्होंने अपने संग्रह जयदेव भाई को दिखाए।

उसी प्रदर्शनी में मनमोहन दत्त भी आए थे। वे एन.टी.रामाराव के बहनोई हैं। वे हैदराबाद स्थित जवाहरलाल नेहरू विश्वविद्यालय में प्रोफेसर होने के साथ-साथ चित्रकार और फिल्मकार भी हैं। उन्हें उनकी फिल्मों के लिए राष्ट्रीय एवं अन्तर्राष्ट्रीय पुरस्कार प्राप्त हो चुके हैं। उनसे जयदेव भाई की मुलाकात 1981-82 में मद्रास में ललित कला अकादमी के अतिथि-गृह में हुई थी। बहरहाल, मनमोहन दत्त ने जयदेव भाई के सामने बस्तर और विशेषतः घड़वा कला पर फिल्म बनाने का प्रस्ताव रखा। उस समय जयदेव भाई अपनी जीप लेकर गए थे। मनमोहन दत्त ने कहा कि वे उन्हीं के साथ कोंडागाँव तक जीप पर ही जाएँगे और इस तरह एक दृश्यावलोकन भी हो जाएगा। इसके बाद वे फिल्म की टीम लेकर पहुँचेंगे। इस तरह वे जयदेव भाई के साथ जीप पर ही हैदराबाद से कोंडागाँव तक आए। कुछ दिन यहाँ रहकर उन्होंने वातावरण का अध्ययन किया और स्क्रिप्ट भी तैयार कर ली और फिल्म्स डिविजन से आर्थिक अनुदान लेकर फिल्म का काम शुरू किया। फिल्म का नाम था, 'ए जर्नी टू बस्तर'। इस फिल्म में उन्होंने हैदराबाद से कोंडागाँव तक की यात्रा का सजीव चित्रण किया। बस्तर की आदिवासी एवं लोक संस्कृति को रूपायित किया और शिल्पियों की स्थिति को भी बहुत ही अच्छे ढंग से उभारा। उन्होंने पारम्परिकता से लेकर तब तक यानी 1999 तक बस्तर में हुए परिवर्तन को भी बखूबी दिखाया। पारम्परिकता के अन्तर्गत उन्होंने जयदेव भाई तथा अन्य शिल्पियों को परम्परागत ढंग से अपना काम करते हुए दिखाया तो वहीं जयदेव भाई को, जो उसी समय जापान से लौटे थे और अपने साथ फैक्स मशीन तथा कॉर्डलेस फोन लाए थे, उनका उपयोग करते हुए भी दिखाया। इसी फिल्म में किबई बालेंगा के घोटुल का भी फिल्मांकन किया गया। डाही पद्धति से की जाने वाली खेती के भी सजीव दृश्य उसमें फिल्माए गए। फिर सामान्य ढंग से की जाने वाली खेती-किसानी के भी दृश्यों को उस फिल्म में स्थान दिया गया। गीदम-दन्तेवाड़ा और सुकमा-कोन्टा क्षेत्र की भी संस्कृति का उस फिल्म में समावेश किया गया।

2006 में डिस्कवरी चैनल के द्वारा एक फिल्म बनाई गई जिसके केन्द्र में था छत्तीसगढ़। छत्तीसगढ़ पर बनाई जाने वाली किसी भी फिल्म में या लिखे जाने वाले किसी आर्टिकल में बस्तर का उल्लेख न होना एक कमी माना जाता। कारण, बस्तर छत्तीसगढ़ का हृदय है। प्राण-वायु है। इसी बात को ध्यान में रखकर बस्तर के शिल्पियों तथा विभिन्न क्षेत्रों के विशिष्ट व्यक्तित्वों से साक्षात्कार पर आधारित थी यह फिल्म। इसमें जयदेव भाई का साक्षात्कार घड़वा शिल्प और बस्तर की संस्कृति को लेकर सम्मिलित किया गया था।

'सुरभि' के फिल्मांकन और प्रसारण के कुछ वर्षों बाद 2008 में जब जयदेव भाई की प्रदर्शनी जहांगीर आर्ट गैलरी में चल रही थी, उस समय 'सुरभि' की टीम के कुछ सदस्य उस गैलरी में आए थे। तब उनसे बात होने के बाद वे 'सुरभि' का कैसेट लेने के लिए सिद्धार्थ काक के अँधेरी (बम्बई) स्थित आफिस गए थे। उस समय उन्होंने अपने बच्चों से भी जयदेव भाई की मुलाकात करवाई थी और कहा था कि वे फिर से कोई फिल्म बनाना चाहते हैं। उसी तारतम्य में उन्होंने ही 2009 में नीलांजलि बोलटाकुर नाम की निर्देशक को जयदेव भाई के पास भेजा। उस यूनिट में केवल युवतियाँ थीं। सम्भवतः लाईटमैन एक युवक था। वे सभी विद्यार्थी रहे होंगे। उन्होंने घड़वा शिल्प तथा बस्तर की आदिवासी एवं लोक संस्कृति को केन्द्र में रखकर फिल्म बनाई जिसका प्रसारण नेशनल ज्योग्राफी टी.वी. ग्रुप के फोक चैनल द्वारा किया गया।

जयदेव भाई से उपर्युक्त दोनों विवरण सुनकर मुझे याद आ रहा है कि इसी समय यानी 2006 एवं 2009 में मेरे पास भी यही टीमें आई थीं, जिन्होंने बस्तर की संस्कृति तथा यहाँ की वाचिक परम्परा और विभिन्न शिल्पों, विशेषतः घड़वा शिल्प आदि के विषय में मेरा भी साक्षात्कार लिया था। मेरे पूछने पर 2006 में आई टीम ने बताया था कि यह किसी टीवी प्रसारण के लिए नहीं अपितु शासकीय डाक्यूमेन्टेशन के लिए है जबकि दूसरी टीम ने जिसमें युवतियाँ ही थीं, बताया था कि अभी यह तय नहीं है कि यह फिल्म किस चैनल पर और कब प्रसारित होगी। किन्तु उन युवतियों ने यह अवश्य ही कहा था कि जब भी और जिस भी चैनल पर इसका प्रसारण होगा, वे मुझे सूचित करेंगी। मैंने भी उनकी बात को सही मान लिया। किन्तु अब मेरी समझ में आ रहा है कि मैंने बिना पूछताछ किए ही उन्हें अपना साक्षात्कार देकर गलती कर डाली। किन्तु इन पंक्तियों के लिखे जाने के साथ ही यह तय करना होगा कि भविष्य में बिना पूछताछ के किसी को भी अपना साक्षात्कार नहीं दिया जाना है। बल्कि इसके लिए जरूरी होगा कि लिखित में उनसे लिया जाए कि वे किस उद्देश्य से और किस के लिए साक्षात्कार ले रहे हैं और इसका क्या उपयोग होगा? इतना ही नहीं अपितु यदि बनाई जा रही फिल्म से निर्माता-निर्देशक को किसी भी तरह का आर्थिक लाभ होता हो तो यह भी आवश्यक होगा कि साक्षात्कार तथा समय देने के लिए वे हमें पर्याप्त मानदेय का भी भुगतान करें।

2010 में छत्तीसगढ़ पर्यटन मंडल द्वारा कहा गया कि वे छत्तीसगढ़ पर्यटन को अलग ढंग से प्रस्तुत करने के लिए फिल्म बनाना चाह रहे हैं। इसी सन्दर्भ में किम नामक फिल्म निर्देशक को भेजा गया। वे अपनी टीम के साथ आईं और घड़वा शिल्प पर फिल्मांकन किया।

परिवार एवं सामाजिक सरोकार

जयदेव भाई अपने परिवार के विषय में बताते हैं कि उनके परिवार में चार बहनें और दो भाई थे। बड़े भाई का नाम था सहदेव लेकिन उन्हें सोनारू के नाम से जाना जाता था। उनसे बड़ी बहन का नाम था गोदनिन। गोदनिन से बड़ी का नाम था सोनमती और उनसे भी बड़ी का नाम था सुकमती। सबसे बड़ी बहन की मृत्यु बहुत पहले हो गई थी। उनका नाम याद नहीं। जयदेव भाई सबसे छोटे हैं। जयदेव भाई कहते हैं कि उन्होंने न तो अपने दादा-दादी

अपनी पत्नी, बच्चों तथा अन्य परिजनों के साथ जयदेव बघेल सबसे पीछे दाएँ से बाएँ दूसरे क्रम पर। घर की दीवार पर उनके माता-पिता की एक कनेडियन चित्रकार द्वारा बनाई गई तस्वीरें : 1991

को देखा था और न नाना-नानी को। दादा का नाम नवल था और दादी का नाम था इकटी। नाना-नानी का नाम उन्हें नहीं मालूम। चूँकि जयदेव भाई सबसे छोटे थे इसीलिए वे सभी भाई-बहनों में दुलारे थे। जयदेव भाई के पिता सिरमन राम जी शिल्पी के साथ-साथ वैद्य का भी काम किया करते थे और देवी के पुजारी भी थे। अपनी माँ के विषय में वे बताते

हैं कि वे भोजन बहुत अच्छा पकाती थीं। उस समय मोहल्ले में उनकी ख्याति इसी कारण थी।

जयदेव भाई अपने विवाह के विषय में बताते हैं कि उनके बड़े भाई का स्वभाव कुछ दूसरे किस्म का था। वे माता-पिता की ओर ध्यान नहीं दिया करते थे। माता-पिता वृद्ध थे। भाई-बहनों का विवाह हो चुका था। माता-पिता की देख-भाल करने के लिए जयदेव भाई के अलावा और कोई नहीं था। अतः जयदेव भाई को भय था कि विवाह हो जाने के बाद दूसरे लोगों की तरह वे भी अपने माता-पिता से अलग हो जाएँगे। इससे वे अपने माता-पिता की देख-भाल नहीं कर पाएँगे। यही कारण था कि जयदेव भाई अपने विवाह के विषय में सोचते ही नहीं थे किन्तु माता-पिता का दबाव था कि वे विवाह में विलम्ब न करें। कारण, उनकी उम्र भी विवाह के लायक हो गई थी। बाद में उम्र अधिक हो जाने पर वधू मिलने में भी कठिनाई होती है। किन्तु जयदेव भाई की एक समस्या यह भी थी कि परिवार की आय बहुत कम थी। मजदूरी और शिल्प-कर्म से परिवार का पालन-पोषण हुआ करता था। कुल मिलाकर आय के सुनिश्चित साधन नहीं थे। इस तरह इस कम एवं अनिश्चित आय में एक और सदस्य का बोझ उठाना इस परिवार के लिए उस समय सम्भव नहीं था। किन्तु जयदेव भाई के पिताजी ने जयदेव भाई को बताए बिना ही ग्राम बरकई के एक स्वजातीय मस्सूराम सोनवानी से जयदेव भाई के विवाह के सम्बन्ध में कह रखा था। इस बीच 1978 में जब जयदेव भाई रूस की यात्रा पर गए थे तब मस्सूराम जी अपनी पत्नी पाँचो बाई के साथ गए थे कनेसर। वहाँ से कुछ ही दूर गाँव था घटुला। वहाँ रहते थे बालाराम बघेल। वे जंगल विभाग में वनपाल के पद पर थे। उनकी बेटी थीं लता। तो मस्सूराम जी ने वहाँ बात चलाई और माहला की रस्म भी कर दी। न तो जयदेव भाई ने देखा था लता जी को और न लता जी ने ही जयदेव भाई को देखा था। जब जयदेव भाई रूस से वापस लौटे तो उन्हें इसकी जानकारी दी गई। जानकारी मिलने पर जयदेव भाई ने अपने पिता और मस्सूराम जी की बात रख ली। फिर पूरा परिवार घटुला गया और देखने-दिखाने की रस्म पूरी की गई। इस तरह उनका विवाह 03 मई, 1981 को हुआ। इसके बाद पहली सन्तान भूपेन्द्र का जन्म हुआ 15 अप्रैल, 1982 को। यों तो उनके परिवार में 21 दिनों से लेकर एक महीने तक नवजात शिशु का छठी (नामकरण) संस्कार नहीं किया जाता किन्तु चूँकि जयदेव भाई को एक सप्ताह के भीतर ही भारत महोत्सव में भाग लेने के लिए लंदन जाना था इसीलिए छठवें दिन छठी की रस्म पूरी कर ली गई और 23 अप्रैल को जयदेव भाई लंदन के लिए प्रस्थान कर गए। दूसरी सन्तान धनंजय का जन्म हुआ 27 फरवरी, 1984 को। तीसरी सन्तान संजय का जन्म हुआ 21 नवम्बर, 1985 को। इसके बाद पूनम और पूर्णिमा दो जुड़वाँ पुत्रियों का जन्म हुआ 28 अप्रैल, 1989 को। जब बच्चे बड़े हो गए तो सन् 2000 में जयदेव भाई अपनी पत्नी लता को साथ में भूटान की यात्रा पर ले गए।

भूटान में जयदेव बघेल श्रीमती लता बघेल और श्रीमती कलावती के साथ : 1999

जयदेव भाई बताते हैं कि उनके तीनों पुत्र उनकी विरासत को आगे बढ़ा रहे हैं किन्तु भूपेन्द्र की रुचि बाकी दोनों में से अधिक है। इतना ही नहीं वरन उनकी पत्नी लता बघेल भी उनके काम में हाथ बँटाती हैं। भूपेन्द्र को राज्य पुरस्कार तथा राष्ट्रीय स्तर पर मेरिट पुरस्कार मिल चुका है। वह भी 2005 में दक्षिण अफ्रीका और 2007 में फ्रान्स की यात्रा कर चुका है। अभी फिलहाल उसे स्पेन, फ्रैंकफर्ट और लंदन जाने के लिए पत्र आया है। भूपेन्द्र का विवाह हो चुका है और उसके दो बच्चे हैं, खेलेश्वर और देवांशु। बड़ी बेटी पूनम का विवाह भी हो चुका है।

अपने पिता के काम को जयदेव भाई ने आगे बढ़ाया और न केवल उनका नाम रोशन किया बल्कि अपना भी परचम लहराया। इसी तरह वे चाहते हैं कि उनकी सन्तान भी इस विरासत को आगे बढ़ाए। वे चाहते हैं कि बच्चे जो काम करें वह उनके काम से कुछ हटकर हो जिससे प्रत्येक पीढ़ी की पहचान बन सके।

वे बताते हैं कि बस्तर विश्वविद्यालय में ढोकरा कला संकाय की स्वीकृति हो चुकी है। फिलहाल सर्टिफिकेट और डिप्लोमा कोर्स को स्वीकृति दी गई है। उन्होंने कुलपति को सुझाव दिया है कि ढोकरा कला के साथ-साथ अन्य लोक कलाओं तथा वाचिक परम्परा पर भी शिक्षण की व्यवस्था बस्तर विश्वविद्यालय में होनी चाहिए। इसके साथ ही इन विधाओं में डिग्री कोर्स होना चाहिए। इससे शिक्षा प्राप्त करने वाले विद्यार्थी स्वरोजगार पैदा कर सकते हैं। वे कहते हैं कि बस्तर अंचल में एक कला-संग्रहालय की आवश्यकता है, जिसमें बस्तर अंचल की समस्त आदिवासी एवं लोक-कलाओं का संग्रह रखा जाए।

उनका कहना है कि परम्परा को नहीं छोड़ा जाना चाहिए। बस्तर की जो आदिवासी एवं लोक कलाएँ हैं, वे पूरी दुनिया में महान हैं। कला एवं संस्कृति के मामले में बस्तर अंचल अत्यन्त समृद्ध है।

बच्चों को विद्यालय भेजने के लिए तैयार करती माँ : 1992 कृति के साथ श्रीमती लता बघेल।

जयदेव भाई कहते हैं कि उनकी उत्तरोत्तर प्रगति में जहाँ माता-पिता और इष्ट मित्रों का सहयोग मिला वहीं उनकी पत्नी का भी भरपूर सहयोग मिला। वे कहते हैं कि इन सभी के सहयोग के बिना उनकी प्रगति सम्भव नहीं थी। आज की स्थिति में पूरे विश्व में बस्तर आर्ट के नाम से घड़वा कला की पहचान बन चुकी है। प्रगति के लिए आवश्यक है कि आदमी लगन, निष्ठा और ईमानदारी के साथ परिश्रम करे। एकजुटता भी आवश्यक है। वे कहते हैं कि उनका परिवार घास-फूस की छत वाली झोपड़ी में रहा करता था। अपने माता-पिता के साथ उन्होंने स्वयं भी ईंट बनाने का काम किया। चौकीदारी की। जयदेव भाई कहते हैं कि उनकी पूँजी थी सिर्फ 100 रुपए। वे बताते हैं कि उन्होंने अपनी माँ की बाली उनसे माँग कर और पूछकर 100 रुपए में बेची और इस शिल्प के काम को शुरू करने के लिए कच्चा माल खरीदा और काम शुरू किया। वे कहते हैं कि वे उन 100 रुपयों को कभी भी नहीं भूल सकते। कारण, उन्हीं सौ रुपयों की वजह से उनका काम शुरू हुआ और इतना आगे बढ़ा। वे कहते हैं कि वह सौ रुपया तो एक प्रतीकात्मक पूँजी है किन्तु वास्तविक पूँजी यदि कहा जाए तो वह है निष्ठा, लगन, ईमानदारी और कठोर परिश्रम। कारण, यदि पूँजी के रूप में आपके पास करोड़ों रुपए भी हों किन्तु यदि उन रुपयों का सही उपयोग करने में आपसे जरा-सी भी चूक हो जाती है तो सर्वनाश से कोई भी नहीं बचा सकता। सही सोच, वचनबद्धता, नीयत, लगन, परिश्रम, ईमानदारी आदि सभी मिलकर किसी भी व्यक्ति की दशा एवं दिशा निर्धारित करते हैं।

घड़वा समाज ही नहीं बल्कि सभी समुदायों की सामाजिक स्थिति के विषय में जयदेव भाई कहते हैं कि यहाँ के घड़वा, लोहार, कुम्हार, पारधी आदि जितने भी समुदाय हैं, उन सब की सामाजिक स्थिति में पहले से काफी परिवर्तन आया है। लगभग पचास प्रतिशत परिवर्तन हुआ है। प्रत्येक समाज के लोग एक-दूसरे समाज के साथ भेद-भाव बरता करते थे किन्तु आज इस स्थिति में सकारात्मक परिवर्तन हुआ है। छुआछूत और जातिगत भेद-भाव काफी दूर हुआ है। वर्ग-भेद की भावना का दूर होना एक अच्छी बात है। इस स्थिति परिवर्तन में 'पारम्परिक बस्तर शिल्पी परिवार' की अहम भूमिका रही है, इस बात से इंकार नहीं किया जा सकता। किन्तु कस्बों और शहरों में सकारात्मक परिवर्तन के बावजूद अभी भी गाँवों में स्थिति जस-की-तस है। यह इस देश की प्रगति में एक बहुत बड़ी बाधा है। जिस दिन इस देश से छुआछूत और जाति तथा वर्ग-भेद की बुराई दूर होगी उस दिन भारत की प्रगति को रोक पाना किसी के भी वश की बात नहीं होगी।

बच्चों को विद्यालय भेजने के लिए तैयार करती माँ : 1992

जयदेव भाई के पुत्र भूपेन्द्र बघेल कहते हैं कि उनके पिता जयदेव जी ने उन्हें कला के क्षेत्र में एक गुरु की तरह मार्गदर्शन दिया। वे नए विचार भी देते हैं और काम के तरीकों के विषय में विस्तार से बताते भी हैं। वे एक अच्छे कलाकार के साथ-साथ एक अच्छे पिता भी हैं। अपने परिवार के किसी भी सदस्य की किसी भी सदिच्छा का विरोध कभी नहीं किया। दरअसल वे घर पर बहुत ही कम रहा करते थे। उनका अधिकांश समय घर से बाहर नगरों, महानगरों और विदेशों में गुजरता रहा है। वे जब भी घर में होते और परिवार

के लोगों को किसी भी वस्तु की आवश्यकता होती तो वे मना नहीं करते थे। आज भी मना नहीं करते। किसी से कभी कोई गलती हो जाती तो वे डाँटते भी नहीं। सभी का सहयोग करते थे किन्तु अभी 2009 में जब उनका एक पाँव काट दिया गया तब से उनके स्वभाव में थोड़ा-सा परिवर्तन हुआ है। वह परिवर्तन भी उनके अपने स्वास्थ्य को लेकर है। वे कभी-कभी डॉक्टर की सलाह के विपरीत भोजन आदि कर लिया करते हैं। कभी-कभी

जयदेव बघेल अपनी पत्नी श्रीमती लता बघेल, दो पुत्रों चि. भूपेन्द्र और चि. धनंजय बघेल के साथ : 1986

दवाई भी समय पर नहीं लेते या फिर भोजन ही नहीं करते। अपने पिता को कला-यात्रा के शिखर पर देखकर उन्हें गर्व होता है। वे बताते हैं कि जब कभी वे लोग बाहर जाते हैं और अपना परिचय देते हैं तो लोगों के व्यवहार में उनके प्रति बदलाव स्पष्ट नजर आता है। जयदेव भाई की खुशी के विषय में बताते हुए वे कहते हैं, "जब मुझे सन् 2000 में राज्य स्तरीय पुरस्कार और सन् 2001 में नेशनल मेरिट प्राप्त हुआ तब मैंने उन्हें सबसे अधिक प्रसन्न देखा था। वे बहुत खुश हुए थे। इसके साथ ही परिवार में विवाह अथवा कोई त्यौहार हो तो उनकी खुशी दुगुनी हो जाती है।" वे कहते हैं कि कई त्यौहारों के मौकों पर जयदेव भाई का घर से बाहर रहना परिवार के लोगों को तकलीफ देता रहा है किन्तु उनकी विवशता को भी समझना पड़ा है। कारण, वे घर से बाहर रहते थे तो इसके पीछे भी परिवार की भलाई की ही भावना रहती थी। क्योंकि उन्हें जो कुछ मिलना है वह आखिर में परिवार के ही खाते में जाना है। यही सोचकर परिवार के लोग अपने आप को दिलासा देते रहे हैं।

एक प्रश्न के उत्तर में कि उन्होंने अपने जीवन-काल में जयदेव भाई को सबसे अधिक दुखी कब पाया है, वे कहते हैं कि जब उनके विरोध में प्रदर्शन हुए तब वे दुखी हुए थे। उनका दुःख पूरे परिवार का दुःख बन गया था और परिवार के सारे लोग बैठकर रोया करते थे। वे कहते हैं कि इस दुःख के लिए भले ही उनके माता-पिता अपने विरोधियों को क्षमा कर दें किन्तु वे व्यक्तिगत रूप से उन्हें क्षमा नहीं कर पाएँगे।

भूपेन्द्र कहते हैं कि वे और उनके घर के सभी सदस्य इस कला-यात्रा में साथ हैं। सभी कला-साधना करने में लगे हैं। उन्हें गर्व है कि वे जयदेव भाई के पुत्र हैं और उनके दिखाए मार्ग पर चलते हुए सफलता की सीढ़ियाँ चढ़ते जा रहे हैं।

जयदेव भाई की पत्नी श्रीमती लता बघेल कहती हैं कि जब उनका विवाह जयदेव भाई से तय हुआ तब उन्हें उनके विषय में कुछ नहीं मालूम था और उन्होंने कुछ जानने का प्रयास भी नहीं किया। माता-पिता की इच्छा से यह विवाह हुआ था। कारण, उस समय ऐसा ही होता था। माता-पिता जिसके साथ विवाह तय कर दें, उसी से विवाह होता था। विवाह के बाद जब उन्हें जयदेव भाई की कला-साधना और उनकी प्रसिद्धि का पता चला तो उन्हें बहुत गर्व हुआ था। वे कहती हैं कि विवाह के बाद से और उसके पहले भी जयदेव भाई प्रायः घर से बाहर रहा करते थे उस समय उन्हें अकेलेपन का अहसास तो होता था किन्तु उनकी कला-यात्रा में सहभागी बनने का जज्बा उनके भीतर भी था। इसीलिए उन्होंने कभी कोई शिकायत नहीं की। वे कहती हैं कि इसी तरह आज तक उन्हें भी जयदेव भाई से कभी कोई शिकायत नहीं हुई। वे घर से बाहर रहते हुए भी अपने पारिवारिक कर्तव्यों के प्रति कभी लापरवाह नहीं रहे। उनकी अनुपस्थिति में लता जी ने पारिवारिक दायिंत्वों का सफलतापूर्वक निर्वहन किया। इसी तरह घर से बाहर होने के बावजूद जयदेव भाई ने हमेशा एक पारिवारिक व्यक्ति के दायित्वों का निर्वहन पूरी गम्भीरता और उत्तरदायी ढंग से किया है। वे कहती हैं कि उनके पति आज भी ठीक वैसे ही हैं जैसे पहले थे। उनके स्वभाव में कोई परिवर्तन नहीं आया है। उनकी सबसे अधिक खुशी के विषय में कहती हैं कि जब-जब उन्हें कोई पुरस्कार या सम्मान प्राप्त होता है वे खुशी से झूम उठते हैं। उन्हें सबसे अधिक दुःख दो बार हुआ था। पहली बार तब, जब उनके विरुद्ध कुछ विघ्नसंतोषी लोगों ने प्रदर्शन किया था। उस समय उनका दुःख केवल उनका नहीं रह कर पूरे परिवार का दुःख बन गया था। उसके बाद 2009 में जब उनका एक पाँव काट दिया गया तब। उस समय तो वे फूट-फूटकर रोया करते थे।

लता जी स्वयं भी कला-साधना से जुड़ी हुई हैं। हालाँकि उनके माता-पिता के घर में यह काम नहीं हुआ करता था किन्तु विवाह के बाद यहाँ आने पर उन्हें भी इस काम को सीखने का मौका मिला और वे स्वयं भी कलाकृतियाँ रचती हैं। 2002 में जब नवजोत अल्ताफ यहाँ 'शिल्पी ग्राम' परिसर में कुछ महीनों के लिए रहीं तब लता जी भी अन्य महिलाओं के साथ मिलकर नवजोत जी के साथ यह काम किया करती थीं। वे आज भी

इससे जुड़ी हैं और घरेलू काम के बाद जो समय बचता है, उस समय का उपयोग वे इस काम में करती हैं। उन्होंने भी राष्ट्रीय पुरस्कार के लिए कुछ वर्षों पहले अपनी कृति प्रविष्टि के रूप में भेजी थी किन्तु उसका चयन नहीं हुआ। वे इससे हतोत्साहित नहीं हैं। वे कहती हैं कि वे फिर से प्रयास करेंगी। फल का मिलना न मिलना भविष्य पर निर्भर करता है। उन्होंने एक कृति 'पृथ्वी' नाम से बनाई थी जो प्रदर्शनी में न केवल बहुत पसन्द की गई बल्कि वह तुरन्त बिक भी गई। 'पृथ्वी' कृति की विषय-वस्तु के विषय में वे विस्तार से बताती हैं, 'पृथ्वी' शीर्षक कृति प्राणिमात्र के पृथ्वी से अन्योन्याश्रित सम्बन्ध को रेखांकित करती है। इसमें पेड़-पहाड़, नदी-नाले, समुद्र, विभिन्न प्रकार के जीव-जन्तु आदि का अद्‌भुत चित्रण है। एक संदेश है कि हमारी पृथ्वी कितनी प्यारी है और कितने प्यारे हैं यहाँ के सभी जीव-जन्तु, पशु-पक्षी, पेड़-पौधे, जंगल-पहाड़ और नदी-नाले। हमें इस प्यारी पृथ्वी से प्यार करना चाहिए और इसकी सुन्दरता को बनाए रखना चाहिए। 'पृथ्वी पर जीवन' पर केन्द्रित यह कृति अपने-आप में अनूठी बन पड़ी थी। पृथ्वी पर लगातार छाते जा रहे संकट की स्थिति को भी बहुत ही कलात्मकता के साथ प्रदर्शित किया गया था। मैं उनकी बात सुनकर सोचने लग जाता हूँ कि क्या नारी स्वयं पृथ्वी का प्रतिनिधित्व नहीं करती? और क्या लता जी के मन में 'पृथ्वी' कृति रचने के पीछे भी यही कारण जाने-अनजाने नहीं रहा होगा? बहुत गहराई से देखें तो पता लगता है कि वास्तव में नारी का दूसरा नाम पृथ्वी और पृथ्वी का दूसरा नाम नारी होना चाहिए। कारण, जिस तरह पृथ्वी अपनी सभी सन्तान का पालन-पोषण एक समान ममत्व-भाव से करती है, उसी तरह का व्यवहार नारी भी माँ, बहन, पत्नी, बेटी आदि के रूप में करती रही है। वह दया का सागर है, ममता की पराकाष्ठा है; ठीक पृथ्वी की तरह। लता जी की कृतियों की भी प्रदर्शनियाँ दिल्ली, बम्बई और अहमदाबाद में हो चुकी हैं। वे कहती हैं, "भूपेन्द्र और धनंजय दोनों भाई भी काम करते हैं। दोनों का ही काम अच्छा है।"

वे जयदेव भाई की नाराजगी के विषय में कहती हैं कि वे प्रायः नाराज नहीं हुआ करते किन्तु कभी-कभी परिस्थितियाँ नाराजगी पैदा करने वाली हो ही जाएँ तो वे नाराज होते हैं किन्तु उनकी नाराजगी कुछ ही पलों के लिए होती है और फिर बाद में सब-कुछ सहज और सामान्य। छोटी-मोटी बातों को छोड़कर उन दोनों के बीच कभी ऐसी कोई लम्बी तनातनी नहीं हुई जिससे पारिवारिक अशान्ति पैदा होने का खतरा रहा हो। कभी ऐसी कोई बात नहीं हुई कि जिससे दोनों में से किसी का भी मन बहुत दुखी हुआ हो। घर में ढेरों बर्तन होते हैं, उनमें टकराहट होती है और उस टकराहट से आवाज भी पैदा होती है किन्तु ऐसा नहीं हुआ कि स्थिति यहाँ तक पहुँची हो कि बर्तन ही टूट कर बिखर गए हों।

लता जी की नजरों में जयदेव भाई के अच्छे मित्रों में कलकत्ता के पी. दास गुप्ता, ऑस्ट्रेलिया के क्रिस ग्रेगोरी हैं और स्थानीय मित्रों में वे मेरा और मेरे अनुज खेम वैष्णव का नाम लेती हैं। वे कहती हैं कि और भी मित्र थे किन्तु उन्होंने दुश्मनी मोल ले ली। वे

कहती हैं कि उनके इन चारों मित्रों के विषय में पति-पत्नी दोनों ही आपस में कभी-कभी बातें करते रहते हैं।

द्वारिका प्रसाद सिन्हा पिछले 14 वर्षों से जयदेव भाई के वाहन चालक हैं। मैंने उन्हें वाहन चालक के रूप में कम और उनके मित्र के रूप में, उनके परिवार के सदस्य के रूप में अधिक देखा है। वे भी कहते हैं कि उन्होंने उन्हें वाहन चालक कम और अपने परिवार का सदस्य अधिक माना है। यही कारण है कि उनके मन में भी जयदेव भाई और उनके पूरे परिवार के प्रति आत्मीयता बनी हुई है। उनके करीबी होने के कारण उन्हें भी वही सम्मान प्राप्त होता है जो स्वयं जयदेव भाई को। उनके साथ-साथ उनका परिवार भी इस बात से गौरवान्वित होता है कि वे जयदेव भाई जैसे नामी-गिरामी कलाकार के यहाँ काम करते हैं। जयदेव भाई उन पर इतना विश्वास करते हैं कि प्रदर्शनी, कार्यालयीन या बैंकिंग आदि के महत्त्वपूर्ण काम भी उन्हें सौंपते हैं और वे उन सौंपे गए कार्यों को पूरी जिम्मेदारी के साथ करते हैं। यहाँ तक कि कई बार जब जयदेव भाई स्वयं प्रदर्शनी में नहीं जा पाते तब उनके पुत्र भूपेन्द्र और द्वारिका प्रसाद ही जाते हैं और सफल प्रदर्शन करते हैं। वहाँ वे सेल्समैन का काम भी कर लेते हैं। वे कहते हैं कि जब कभी पत्रकार आदि प्रदर्शनी-स्थल पर आकर उनसे बातचीत करना चाहते हैं तब वे स्वयं कुछ कहने की बजाय भूपेन्द्र को प्राथमिकता देते हैं। जयदेव भाई की वजह से उनका परिचय देश के बड़े-बड़े कलाकारों, अधिकारियों और उद्योगपतियों से हो सका है, बड़े-बड़े होटलों में ठहरने का मौका मिलता रहता है, जो अन्य परिस्थितियों में उन जैसे वाहन-चालक के लिए सम्भव ही नहीं था। जयदेव भाई की खासियत के विषय में वे कहते हैं जब कभी कहीं जाते हैं तो जयदेव भाई उनका परिचय एक वाहन-चालक के रूप में न कराकर अपने सहयोगी और मित्र के रूप में कराते हैं। स्वयं जिस तरह के कमरे में ठहरते हैं ठीक उसी तरह का कमरा वे द्वारिका के लिए भी बुक करवाते हैं। जैसा भोजन वे करते हैं, ठीक वैसा ही भोजन उन्हें भी करवाते हैं। यानी कहीं कोई छोटा या बड़ा होने की कोई भावना उनके मन में कभी नहीं आई। यह एक बहुत बड़ी बात है, जो उनके लिए मन में सम्मान की भावना जगाती है। वे द्वारिका को इतना सम्मान और महत्त्व देते हैं कि यदि कभी बीमार पड़ गए और किसी अस्पताल में भर्ती करने का मौका आ गया तो वे 'अटेन्डेन्ट' के रूप में परिवार के किसी सदस्य की बजाय द्वारिका का नाम बताते हैं। ऐसे में जब डॉक्टर उन्हें दी जाने वाली दवाई और पथ्य तथा परहेज आदि के विषय में बताते हैं तब द्वारिका द्वारा जयदेव भाई को उसी के अनुसार बताया जाता है। तब ऐसे में कभी-कभी जयदेव भाई उन पर नाराज हो जाते हैं कि वे अपने अनुसार दवाई और पथ्य आदि लेंगे, परहेज करेंगे या उनके बताए अनुसार। किन्तु जब उन्हें घर के लोगों द्वारा भी समझाया जाता है तब वे मान जाते हैं। वे कहते हैं कि वैसे किसी और कारण से जयदेव भाई उन पर कभी भी नाराज नहीं हुए हैं। घरेलू मामलों में भी जयदेव भाई और उनका पूरा परिवार द्वारिका को शामिल करता है। उन्होंने जयदेव भाई

को किसी पर नाराज होते नहीं देखा। उन्होंने उन्हें सदा सौम्य, सहज और सरल स्वभाव का ही देखा है। लेकिन उनके सीधेपन का नाजायज फायदा उठाते हुए उन्हीं की बिरादरी के लोगों ने और उन लोगों ने भी जिन्हें जयदेव भाई ने अपने काफी करीब समझा था, उनका बहुत विरोध किया था। और वह विरोध केवल स्वार्थवश किया गया था। हाँ कभी-कभी वे कई पारिवारिक मामलों में जहाँ उन्हें कोई बात उचित नहीं लगती वहाँ वे उसे परिवार के हित में मानने से इंकार भी कर देते हैं। वे कहते हैं कि विश्व स्तरीय कलाकार होने का घमण्ड तो उन्हें छू भी नहीं सका है।

एक बुरे अनुभव के विषय में द्वारिका कहते हैं कि 2009 में जब जयदेव भाई का एक पाँव काट दिया गया था उसके बाद वे बंगलोर गए थे प्रदर्शनी में। वहाँ अचानक उनकी तबीयत खराब हो गई तब होटल का मैनेजर उन पर बहुत बिगड़ा था। ऐसे में बहुत परेशानी हुई थी। परेशानी विशेषतः भाषा को लेकर हुई थी। जयदेव भाई गैलरी में नहीं जा सके थे और होटल में उनके साथ बने रहने से लेकर प्रदर्शनी-स्थल की सारी जिम्मेदारी द्वारिका को ही सम्हालनी पड़ी थी। उसके बाद से उनकी सलाह पर जयदेव भाई अपने साथ परिवार के किसी न किसी एक सदस्य को अवश्य ही साथ ले जाते हैं।

मित्रों की निगाह में

अपने मित्रों के विषय में बात करते हुए जयदेव भाई कहते हैं कि विदेशों में तो कई मित्र हैं किन्तु बहुत वर्ष बीत गए उनसे सम्पर्क छूटे हुए। इसीलिए किसी खास मित्र के विषय में कुछ कहना सम्भव नहीं। वे अपने एक पुराने और घनिष्ठ मित्र कलकत्ता के पी. दास गुप्ता (प्रसेनजित दास गुप्ता) का जिक्र करते हैं। वे बताते हैं कि 1973 में प्रसेनजित दास गुप्ता बस्तर घूमने आए थे। उन्हें फोटोग्राफी का शौक था। जयदेव भाई उस समय माता मँडई

कलकत्ता चेम्बर ऑफ कामर्स आर्ट गैलरी, पार्क स्ट्रीट,
कलकत्ता में एकल प्रदर्शनी 1981-82 में जयदेव बघेल के पिता सिरमन राम बघेल का पोर्ट्रेट।

देखने के लिए बस से नारायणपुर जा रहे थे। बस में काफी भीड़ थी। प्रसेनजित दास गुप्ता बहुत देर तक बस में खड़े थे। तब जयदेव भाई ने उन्हें परेशान देखा तो अपनी सीट से उठ गए और उन्हें बैठने को कहा। इस पर वे बैठ गए। आपस में जान-पहचान हुई। फिर वे

दोनों नारायणपुर, छोटेडोंगर और ओरछा आदि घूमे। उस समय कोंडागाँव में एस.डी.एम. के पद पर एक आईएएस आफिसर थे जे.एल.बोस। वे प्रसेनजित दास गुप्ता के खास मित्र थे। जयदेव भाई से मुलाकात होने से पहले तक वे श्री बोस के ही बंगले में ठहरे थे किन्तु जयदेव भाई के साथ मित्रता होने के बाद उन्होंने बोस का बंगला छोड़ दिया और जयदेव भाई के घास-फूस की छत और मिट्टी की दीवारों वाले घर में आकर रहने लगे। इस तरह उनकी जयदेव भाई से घनिष्ठता बढ़ती चली गई। जयदेव भाई कहते हैं कि यदि

कलकत्ता चेम्बर ऑफ कामर्स आर्ट गैलरी, पार्क स्ट्रीट, कलकत्ता में एकल प्रदर्शनी 1981-82 में जयदेव बघेल के पिता सिरमन राम बघेल का पोर्ट्रेट।

वे किसी को अपना घनिष्ठ मित्र मानते हैं तो वे वही प्रसेनजित दास गुप्ता हैं। वे बताते हैं कि 1974 के बाद जब-जब भी कलकत्ता में उनकी प्रदर्शनी का कार्यक्रम बनता था वे दास गुप्ता को ही कह देते थे और वे वहाँ गैलरी बुक करा लिया करते थे। न केवल इतना बल्कि वे आर्थिक रूप से जयदेव भाई की सहायता भी उन प्रदर्शनियों के दौरान किया करते थे। उनके परिवार के लगभग सभी सदस्य उच्च शिक्षित और ऊँचे पदों पर आसीन थे। रुतबा भी काफी था। उनके बड़े भाई कलकत्ता इलेक्ट्रीसिटी बोर्ड के चेयरमैन थे और पिताजी चीफ इंजीनियर। लेकिन बहुत सादा जीवन जीने वाले। उनका पूरा परिवार ही सादा जीवन उच्च विचार के आदर्श का पालन करने वाला है। आज भी वे लोग वैसे के वैसे हैं। वे अंग्रेजी में आर्टिकल लिखते हैं। वे बंगाल चैम्बर्स ऑफ कामर्स के सचिव थे। अब वे रिटायर हो चुके हैं। अभी भी कोंडागाँव आते हैं। अभी कुछ वर्षों पहले जब जयदेव भाई की एक टाँग काट दी गई थी, तब भी वे उन्हें देखने के लिए आए थे।

जयदेव भाई बताते हैं कि एक बार जब वे सोनाधर विश्वकर्मा के साथ कलकत्ता गए,

उस समय प्रसेनजित दास गुप्ता के भांजे का विवाह सुप्रसिद्ध फिल्मकार बासु चटर्जी की बेटी से हुआ था। दास गुप्ता ने जयदेव भाई और सोनाधर विश्वकर्मा का परिचय बासु चटर्जी से भी करवाया और उन्हें भोजन पर उनके घर भी ले गए। उन्होंने बम्बई में रह रही अपनी गायिका बड़ी बहिन का भी पता जयदेव भाई को दिया था। जब 1978 में जयदेव भाई पहली बार बम्बई गए तो वे दास गुप्ता की बहन के घर पर ही ठहरे थे। उनके पति चीफ इंजीनियर थे। जयदेव भाई तीन-चार दिन उनके घर पर ठहरे थे। जयदेव भाई बताते हैं कि जब जयदेव भाई घर बना रहे थे तब भी उन्होंने उनकी आर्थिक सहायता की थी। पिछली बार जब जयदेव भाई दार्जिलिंग गए थे तब उन्होंने ही उनके लिए दार्जिलिंग में शासकीय गेस्ट हाउस बुक करवा दिया था। उसके पहले भी जब जयदेव भाई दार्जिलिंग गए थे तब भी दास गुप्ता का ही सहयोग रहा था। आज भी वे उसी तरह सहायता करते रहते हैं।

मैंने इससे पहले भी जयदेव भाई के मुँह से कई बार कलकत्ता के प्रसेनजित दास गुप्ता का जिक्र सुना था। सो मैंने जयदेव भाई से उनका सम्पर्क-सूत्र प्राप्त कर उनसे जयदेव भाई

कलकत्ता में आयोजित प्रदर्शनी, 1975-76

के विषय में उनकी राय इस पुस्तक के लिए माँगी। इसके लिए मैंने उन्हें एक प्रश्नावली दी जिसके उत्तर में उन्होंने अपने विचार निम्नानुसार ईमेल के जरिए लिख भेजे :

"I know him from 1973. It was a chance meeting - on a bus from Kondagaon to Narainpur. He was going to meet Shri M.R. Singh of the District Industries Office there. I was also going to Shri Singh (I had met him also by chance at Kondagaon bus stand in 1972). It has been a most remarkable journey. In 1973 he was making traditional dhokra pieces of

Khandakankalin, Burhadeo, horses, elephants, etc. He was taking these pices - may be six or eight - and trying to sell them to the District Industries Dept. which had some collection centres. He had at one time in 1970/71 sat in the Tibetan Market on Janpath in Delhi selling his work on the pavement. But his exposure to international art due to his participation in Festivals of India in Moscow, London, USA, etc. since 1979 made him aware of the possibilities of adapting the dhokra style to a more interpretive art and he has not looked back. He was also encouraged by people who saw the possibilities in him, such as Mrs. Pupul Jayakar and Sm Kalapesi. I think he is one of the warmest and finest friends I have got. He is still in part a traditionalist - and he has to make a living and look after his family by making and selling what his buyers want. And buyers in Mumbai, Delhi and Bangalore want figures of Shiva, Krishna and large-size free-standing horses, tigers, etc. or of Muria/Maria to decorate their houses. He has freely shared his knowledge of Bastar and we have shared many days and nights together between 1973 and 1984 (at times sleeping under the stars) together. He is deeply committed to his work and to his people of Bastar and has not ceased being deeply concerned about them. I would just say that he is an artist. Like any other artist or sculptor, he is in love with creation, in having his eyes and fingers create something that interests or motivates him. He has been able to adapt tradional dhokra "lost wax" process to contemporary life. The other such major artist was Sm. Meera Mukherjee who trained for a time under Jaidev's father, Sriman-ji at Kondagaon in 1964-66 in the "lost wax" process and came to gain national status as a sculptress. I would say art to him is creating or making something that he likes in the form of the "lost wax" process that he has learnt from his father. This is what he knows well and what he likes. Art is not an abstract thing - it deals with materials. Some work in paint and canvas, some in stone, some in wood - and they have to make a living out of it. Otherwise they would just starve. So Jaidev has built his art and life around the "lost wax" process. While I value his artistic output, to me his identity is more of a wonderful human being. He has done more to popularize dhokra art than government departments have. He has trained at least two generations of the local community in Bheluapadar Para in Kondagaon in the intricacies of the dhokra art form and given them hope that they also can make a living from this art. He had turned offers for high posts (including a Rajya Sabha seat) to remain close to his work and community. For me, that contribution to the community by Jaidev has been more important than his personal success as an artist."

– Prosenjit Das Gupta, Kolikata.

एक और मित्र का वे जिक्र करते हैं। वे मित्र हैं दिल्ली के। उनका नाम है राजेन्द्र नाथ कैकर। वे बस्तर महारानी स्व. वेदवती भंजदेव के परिवार से हैं। वे भी जयदेव भाई की बहुत मदद किया करते थे। स्थानीय मित्रों में वे मेरा, मेरे अनुज खेम वैष्णव तथा यशवंत गौतम आदि का नाम लेते हैं। दिल्ली में आईशर ट्रैक्टर की अनिता लाल, डी.सी.एम. की

खेम वैष्णव, यशवंत गौतम, हरिहर वैष्णव एवं जयदेव बघेल, कुसमा, 1978

मंजू भरतराम आदि कई मित्र हैं। कलकत्ता में प्रसेजनजित दास गुप्ता के साथ-साथ अनेक बंगला लेखकों एवं पत्रकारों से भी मित्रता रही है। उन लोगों ने जयदेव भाई के ऊपर लम्बे-लम्बे आलेख लिखे और प्रकाशित कराए। बम्बई में रोशन कलापेसी थीं। उन्हीं के सहयोग से जयदेव भाई को बड़े काम करने का मौका मिला। उनसे उनकी मुलाकात कमलनयन बजाज आर्ट गैलरी में चल रही जयदेव भाई की प्रदर्शनी के दौरान हुई थी। वे तब क्राफ्ट काउन्सिल ऑफ वेस्टर्न इंडिया की सचिव थीं। 1984 में अमेरिकन राजदूत को वे ही जयदेव भाई से मिलवाने के लिए कोंडागाँव लेकर आई थीं। बम्बई की अपनी मित्र सुप्रसिद्ध चित्रकार और मूर्तिकार नवजोत अल्ताफ के विषय में भी वे अक्सर बातें करते हैं। मद्रास में टी.वी.एस. कम्पनी की गीता राम भी मित्रों में से हैं। टाटा के एम.डी. कुमार कृष्णन ने भी जयदेव भाई का बहुत सहयोग किया। आन्ध्रप्रदेश के श्रीकालाहस्ती निवासी कलमकारी के कलाकार गुरुप्पा चेट्टी भी उनके मित्रों में से एक हैं। वे कहते हैं कि भारत के प्रायः सभी महानगरों में उनके कई मित्र हैं किन्तु उन्हें सभी के नाम याद नहीं हैं। कैनबरा (आस्ट्रेलियन नेशनल यूनिवर्सिटी, कैनबरा, ऑस्ट्रेलिया) के क्रिस ग्रेगोरी का नाम लेते हुए वे कहते हैं कि उन्होंने भी उनका पर्याप्त से अधिक सहयोग किया। वे कैनेडियन चित्रकार मित्र राडिशॉ का स्मरण करते हुए कहते हैं कि वे उनके घर में छह महीने रहे। वे एक अच्छे मित्र बन गए और जाते-जाते वे जयदेव भाई के माता-पिता के पोर्ट्रेट बना गए। वे अपने

सभी मित्रों के प्रति आभार व्यक्त करते हुए कहते हैं कि उनके प्रत्येक मित्र ने उनका यथाशक्ति सहयोग किया। किसी ने भी उनका अहित नहीं चाहा और न कभी किया।

सुप्रसिद्ध चित्रकार और मूर्तिकार नवजोत अल्ताफ की जयदेव भाई से पहली बार मुलाकात 1973 में हुई, जब जयदेव भाई की कृतियों की एकल प्रदर्शनी रबिन्द्र भवन गैलरी, नई दिल्ली में चल रही थी। वे जयदेव भाई के विषय में कहती हैं, "I have known Jaidev Baghel since 1973. Altaf and I met him at Rabindra Bhavan Gallery in New Delhi

नवजोत अल्ताफ एवं जयदेव बघेल, कोंडागाँव में, 2009

in 1973 where he was having his solo exhibition. We responded to his work and that's how the communication between us began... After that whenever he came to Bombay we met.

Being a son of a master craftsperson in bell metal, he learnt the craft from his father, but what I have observed over the years is that, learning the craft was not enough for the imaginative and ambitious young Jaidev, especially after he got an opportunity to meet the well-known cultural ambassadors such as Pupul Jaykar and Kamaladevi Chattopadhya and other significant government officials who had come to Kondagaon to felicitate his father for his outstanding creative work in the late 50's or early 60's. Their recognition of 'bell metal sculpture making tradition in Bastar' triggered off more interest and encouragement in Jaidev not only to pursue and master the technique but to recognize *adivasi* knowledge system as well. Since he got invitations to be part of significant art events in metro cities in India and abroad from the very young age, the exposure to the art world, art collectors, powerful government officials and interaction with contemporary artists such as Henry Moore, Shanku Chowdhary J. Swaminathan, Meera Mukherji and Ashok Vajpai amongst others also helped him realize his communicative skills. I found Jaidev extremely articulate even in the 70's, and now since he has travelled the world, he is a well-recognized and experienced artist, historically known for taking bell metal sculptures outside his region to exhibit in contemporary public and private galleries which was not common in the 60's. His vision to build an institution like 'Shilpi Gram' with the support of other local crafts practitioners from Kondagaon and neighbouring villages as a learning and interactive space for the local and global artists is really a significant contribution.

Jaidev is a generous, hospitable, creative and thoughtful person. I have learnt a lot about *adivasi* ways of life from him which if practiced consciously could lead to a culture of maintenance and sustainability...

He takes extreme pride in *adivasi* knowledge system and what he has learnt from his own experience as well. His Individual experience as a contemporary *adivasi* person and what he learnt from *adivasi* ways of life is expressed through his artistic output. His subject matter, most of the time evolves both from mythology and day to day life rituals in which human/ non-human and their relationships to one another or life's relationship with cyclical processes of nature and interconnectedness can be sensed.

Here I am not looking at the form of his art work or the material used by him to make the object, which may appear traditional. I as a feminist see in this - a*divasi* sensibility and understanding of the sustainability of the web of life .I believe in "Eco-feminist philosophy which stresses on notion of care and relationship with all life" which is the need of our contemporary times. Learning from plants, animals, soil and microorganisms has been the way of life for the *adivasis* for centuries , Jaidev's aesthetic sensibility according to me is a result of him being an *adivasi* at one level and contemporary at another as I feel that he certainly knows what politics of knowledge is and what he wants to express through his bell metal sculptures and whom he wants to identify and associate with... He is conscious of his position as an artist and as an *adivasi*...

Like I said before he is an extremely creative and thoughtful person, but while staying in Shilpi Gram for more than 5 years I also saw him as an organizer who had been organizing number of training programs for young *adivasi* girls and boys funded by both private and government schemes. But he is an artist / organizer. Not a technocrat /organizer. For example like technocrats who manage 'Sathi' who initially worked with

Jaidev at PBSP but laid a separate foundation of Kumharpada due to the differences between them. Their NGO 'Sathi' is a mediator between the artisans and the market, even though artisans continue working independently in their own homes and that production is mostly sold in weekly markets. The management of 'Sathi' works towards assuring livelihood to the artisans whereas Jaidev is a practicing artist. He should not be expected to be like technocrat organizers who do not have the anxiety of creating art works.

But Jaidev is a an experienced artist and is also a chair person of Shilpi Gram,who built the institution with the consent of local artists way back in the 80's, he also had the vision to build a museum and a showroom inside the Shilpi Gram compound. I feel that, to discourage middlemen to haggle with or force the local artists who have not reached Jaidev's stature, Shilpi Gram could have had an out let facility so that lesser known artists do not have to sell their production by the kilos, which Jaidev has never succumbed to.

Any institute, organization or a system has to constantly make efforts and fight against degeneration. Be attentive and look into elements which cause unstability. I personally believe that Shilpi Gram through proper action by well experienced Jaidev Baghel, an artist and organizer could be regenerated...It certainly has scope... I took up projects in Kondagaon because of the intentions with which an institution like Shilpi Gram was conceived and built by him and local artists' communities .

Jaidev is very conscious of his identity as an *adivasi* artist. According to me he is a professional. He is contemporary, conscious of his art practice and production, how and where he wants to take, exhibit or sell. Because of his exposure to the national and international art institutions he has knowledge of how the art world looks at 'Art' and 'Craft'. The difference and the categories which still exist.

As mentioned above, Jaidev takes extreme pride in *adivasi* knowledge system and culture, what he has learnt from his own rich lived experience as well. For him art is not segregated from living world. He believes in a wisdom of *adivasi* people which has been transmitted orally across generations. As we all know, he is also interested in documenting the *adivasi* myths and stories he has heard or he recalls from memory ...He writes his versions in his mind and narrates...So looking at his production whether in bell metal or in words I am reminded of John Dewey's insistence on the "significance of artistic expressions as articulating the significance of life for a certain culture...a manifestation, a record and celebration of the life ...means of promoting its development, the ultimate, their judgment upon the quality of a civilization, and what a society considers as a meaningful and satisfying life".

Despite knowing Jaidev as an artist before coming to Kondagaon in 1997, the process of being there, looking in and listening to him and others in the region, from different disciplines like gurumai Sukdai or people in Takraguda block fighting against land acquisition, or a visiting anthropologist Chris Gregory from Australia or you Harihar or some other NGOs from Dantewada, Raigarh and Korba or while interacting with Jaidev as one of the resource person in a project 'The self' with 7 *adivasi* women artists, supported by 'IFAD'(International Funds For Agricultural Development) that I was part of, produced the moments of interaction with him and others at another level. It helped opening myself to a range of experiences in a culture, different from where I had come from ...The debate on different knowledge systems or parallel ways of making art according to him made sense to him. But he was initially doubtful about our IFA (India Foundation for the Arts projects) kind of intervention in the public spaces in Kondagaon, because he could not place that kind of art making processes in the known sculpture making traditions... He is honest to accept it now and acknowledges it as art ...'Dialogue Centre' at Kopaweda was built because Shilpi Gram could not recognize our work in public space as art, and had asked us to leave, because they believed in encouraging art making processes which could be located within existing sculpture making traditions in that region...

As an artist and as a person Jaidev Baghel has been extremely generous to all those who come from any part of the world to Kondagaon and Shilpi Gram to meet with him or learn from him the technique of bell metal, or to interview him . It is interesting to see him experimenting with agricultural processes as well. Agriculture according to him had not been his family occupation ever before...

But throughout my association with him I have felt that despite being a conscious person and taking pride in his identity as an *adivasi*, the area he does not take interest or relate to is the concerns and engagement of the artists, the activists looking at issues from a larger socio-political, cultural and economic perspective, government agendas or policies effecting the *adivasis* in Bastar or in different parts of Chhattisgarh or in other States in India...How the ongoing conflict between the extreme left and the State and Centre on one hand, and on the other, the process of hazardous development projects such as, mining and other industries supported by the State Corporate and Multinationals have been imposing violence by forcibly acquiring or grabbing rural /

adivasi / forest land, territories and rights over natural resources, leading to destructions of forests, degradation of cultural and biotic diversity, and depletion of soils. Ultimately erasing their identities and centuries old knowledge to sustain, which is breaking the indigenous communities, their life world and nuanced understanding of ecology and sustenance. .. How both men and women involved in the long struggle are being strategically destroyed, thrown out of their land they have been living on for centuries in the most violent and inhumane manner. Jaidev is not critical of the system which is destroying the positive aspects of *adivasi* way of life …

Through travel in different parts of the State with my colleagues Rajkumar, Shantibai, Gessu and others, in last 15 years or so I have been exposed to the complexities of the community based culture that they practice, their close relationship and association with land and natural elements… Kokereng performance and Lachmi Jagar are examples. I feel the necessity to share our understanding and anxieties with thinking friends, including Jaidev … Anxieties concerning, how all kinds of force is being used in many parts of Chhattisgarh and other mineral rich areas, leading to forced, undesired displacement of large number of *adivasi* and rural population which has had adverse effects on their socio-cultural life in addition to affecting the physical environment and livelihood security. Coping with a new way of life that does not have forests or agriculture is not simple for them to compromise with … Artisans amongst the displaced who own no land and get no compensation under land acquisition act are in worst situation…

However in short, Jaidev is a wonderful and a generous friend if one accepts him as he is. He has worked hard to be where he is and his contribution to the art world is significant…"

आस्ट्रेलियन नृतत्वशास्त्री और मेरे तथा जयदेव भाई के अभिन्न मित्र डॉ. क्रिस ग्रेगोरी जयदेव भाई के व्यक्तित्व एवं कृतित्व के विषय में कहते हैं, "I first got to know Jaidev Baghel in 1982 when I first came to Bastar to undertake some post-doctoral research on the rural marketing system. I was living in Sargipalpara and he was living in a kacca house in Bhelwapadapara with his wife and young son. His English was very elementary at that time and so too was my Hindi but we established instant rapport thanks to Jaidev's effervescent personality and generous hospitality. I had seen Gadwa sculptures being sold in the market and I wanted to learn about how they were made. Jaidev showed us over this workshop and explained to my wife and me the wonders of the Gadwa lost-wax casting techniques. He also proudly showed us his awards, including the state award he won in 1976 and the Master Craftsmen National Award. His career was just beginning to take off then and I was struck by the contrast between the magnificent pieces he was making and cheap tourist pieces for sale in the market.

In 1982 his first article, entitled 'Of 'Devis' and 'Devas'', was published in a book on the arts and crafts of India Shilpakar: The Craftsman. I remember distinctly the day that I first saw his article because it introduced me for the first time to the religious mythology that informed the creation of Gadwa bronzes. My work up until this time had been focused on kinship and economy and his essay made me realise that I understood almost nothing about Bastar religion. I came to realise that Gadwa craftsmen were quite literally giving material form to their oral traditions. Jaidev's account of his father's career helped me understand the extraordinary changes that 'modernisation' of the Bastar economy had brought and the threat that this posed not just for the Gadwa but all traditional artisans in Bastar: they either had to adapt to the changing conditions or live in poverty as landless day-labourers. Jaidev's genius was to realise this and to exploit the opportunities that change presented. Not only did he adapt his own work towards the national and international art market, but he also established an institution, PBSP, to help all artisans to preserve their crafts and ensure a steady income for themselves and their families. Jaidev never gained fluency in English but he never had trouble communicating with foreigners because of his open friendly personality. This endeared him to foreigners the world over. He was a great ambassador for Bastar and was highly respected as a person and much.

I did not see Jaidev very much on my 1982-83 fieldtrip to Bastar because I spent most of my time traveling to weekly markets collecting data. But, thanks to Jaidev, I left Kondagaon in March 1983 with a new research project for the future, which was to learn more about the religious thought of the Halbi-speaking people of Bastar and the artisans in particular. I have been engaged on this project intensively for the past two decades and without Jaidev's initiative and collaboration it would never have happened. I remember clearly the beginning of this project. In 1985, when I was living in Canberra working at the ANU as a lecturer in Anthropology, I was shocked to receive a telephone call from Jaidev. 'Johar Chris. I am in Sydney with some craftspeople from India where we have exhibiting our work.' When my Professor heard about this he arranged from Jaidev and a fellow Bastarian stone carver to pay a visit to ANU to demonstrate their craft to students and staff. The visit was a great success. The Anthropology Department purchased all Jaidev's tool and sculptures in different stages of completion. They were installed in a glass display case in 1986 and are still there today, some 28 years later. This was the beginning of a long collaboration between PBSP and ANU. Jaidev and I arranged another cultural exchange visit to Canberra in 1991. Jaidev suggested that Harihar Vaishnav, a Bastar-based folklorist, be invited along as well so that he and I could work on the transcription and translations of Jaidev's myths. Further projects followed. Jaidev and I have collaborated in developing an extensive archive of the oral traditions of the Gadwa: their oral epics, clan mythology, life-cycle and annual cycle rituals, kinship system and so on. I have made some 13 return trips to Bastar over the past 30 years. This has enabled me to get to know Jaidev extremely well as I always stay with him in his house. His family treats me as one of the family; Jaidev and I are now like brothers; our children are like siblings. We have shared the joys and sorrows that life brings to all families. We have both had our ups and downs but Jaidev's strong will and determination has enabled him to triumph over adversity. His kacca house is now pakka and he has made great sacrifices both for his own family and the Bastar Artisan family more generally. As such his family and the artisan family in general have been given opportunities that were beyond the wildest dreams of artisans in Jaidev's father's generation.

Jaidev is Bastar's most famous citizen today. Prime Ministers and President have honoured him with their respect and their awards. Jaidev's prestige and status has raised the status and prestige of the Gadwa community and the broader Bastar artisan community more generally. As such, Jaidev has given his community the greatest gift it is possible to give: he has shown them dignity as human beings and given.

The world economy has gone through enormous social, political and cultural changes over the past 50 years as the ex-colonised countries achieved independence and the world became more globalised and inter-connected through mobile phones and internet. One big change for traditional craftsmen has been the emergence of an international market for Aboriginal art. Australian Aboriginal art, for example, was traditionally painted for ritual purposes and often destroyed after the ritual was over. Some artworks were collected by anthropologists and deposited in museums. That has now changed completely. Aboriginal art is now valued highly on the international markets. Art galleries now pay millions for them and hang them in their galleries. This has led to a flourishing of traditional Aboriginal arts. The traditional arts and crafts of India have had a similar fate and Jaidev is a classic example of a successful Aboriginal artist. His bronzes are now highly valued as works of art.

There is no question that he is an artist of national and international renown. His bronzes fetch high prices. The same cannot be said of all artisans in Bastar. While some are trying to emulate Jaidev and producing creative pieces for sale to art galleries, many are still producing small, cheap craftwork for the tourist market. We must not judge this either good or bad because we all need money to survive; we all have different skill levels. Jaidev's bronzes have been getting bigger and more elaborate over the years and he has introduced changes into his casting methods. But changes of this kind have been happening to 'traditional' art and craft since the beginning of time. 'Tradition' does not mean 'unchanging'; it refers to variations on a theme. The Hindu religious tradition, for example, does not refer to a unified unchanging system of thought. Hinduism, like all religions, changes and develops over time and place. Temples in Tamil Nadu, for example, look very different to temples on the Gangetic plain but both are variations of a recognizable Hindu theme; the differences between them pale into insignificance when compared to, say, a Christian church. So it is with the Bastar tradition of lost-wax sculpting within which Jaidev works. Creativity means re-fashioning the techniques and designs of inherited from a previous generation. Craftsmen and artists have always been creative in this sense. Modern machine-produced objects, which turn out endless copies of exact replicas, are neither art nor craft because it is unchanging and not creative. Jaidev is a successful modern artist who works creatively in the Bastar folk tradition. He is proud of his cultural identity and his art is an assertion of his identity as an adivasi artist. Jaidev's father used to produce bronzes for temples in Bastar; many of Jaidev's works have found their way into museums and art galleries but it is interesting to note that he is now receiving commission to produce images for temples overseas. This is a return to 'traditional' practices but one that reflects the global world we all share together today. Bastar is no longer apart from the world; it is very much part of it and so is Jaidev. This capacity to adapt and change without ever losing his pride in his traditional craft and his respect for his ancestors is what sets Jaidev apart and makes him and his work so special."

मेरे अनुज, बस्तर अंचल के सुविख्यात लोक-चित्रकार, लोक-संगीतकार और छायाकार खेम वैष्णव कहते हैं, "यदि आज मैं बस्तर अंचल के एक लोक-चित्रकार के रूप में जाना-पहचाना जाता हूँ, तो इसका कमोबेश श्रेय जयदेव भाई को भी अवश्य जाता है। दरअसल मेरी विधा लोक-चित्र नहीं रही अपितु 'फाईन' थी। किन्तु सबसे पहले मेरे ननिहाल गाँव खोरखोसा

में आयोजित 'तीजा जगार' और फिर 'लछमी जगार' में मुझे लोक-चित्र बनाने की प्रेरणा मेरी माँ जयमणि वैष्णव और उस गाँव की जगार गुरुमायों ने दी। फिर मेरा रुझान इस विधा की ओर इस तरह हुआ कि मैंने इसे ही अपनी मूल विधा बना लिया। इसी बीच भाई जयदेव बघेल जी से हुई भेंट और उनके द्वारा किए गए उत्साहवर्धन ने मुझे इससे इतर कुछ भी सोचने से रोक लिया। मैंने उनके साथ कई प्रदर्शनियों में हिस्सा लिया। बस्तर में ही जन्मने-पलने और बड़े होने के बावजूद इस अंचल की उतनी समझ मुझ में नहीं के ही बराबर थी किन्तु जयदेव भाई के साथ रहकर बस्तर को और भी करीब से जाना-समझा, महसूसा, जिया। उनका सहज और सादगी-भरा स्वभाव, दर्पहीनता, किसी के प्रति कभी अपशब्दों का प्रयोग न करने के ये मानवोचित गुण उन्हें न केवल एक सच्चा कलाकार बनाते हैं अपितु एक सच्चा इंसान भी। मेरे लिए ऐसे व्यक्ति का मित्र होना बहुत ही गौरव का विषय है।"

समकालीन कविता के समर्थ एवं चर्चित कवि तथा उपन्यासकार श्री संजीव बख्शी जी अपनी संस्मरणात्मक पुस्तक 'खैरागढ़' (सत्साहित्य प्रकाशन मंदिर, मुम्बई, दिसम्बर 2013) के छठवें अध्याय 'बस्तर में उत्सवित होने के क्षण' के अन्तर्गत जयदेव बघेल जी के विषय में लिखते हैं, "कोंडागाँव, जगदलपुर से 76 कि.मी. काँकेर की ओर बसा हुआ है। यहाँ और आसपास के गाँवों में शिल्प का कार्य बड़े जोर-शोर से होता है। जयदेव बघेल का शिल्प-ग्राम है। जयदेव बघेल चीन और एक-दो देशों को छोड़कर पूरे विश्व का भ्रमण कर चुके हैं अपने शिल्प को लेकर। उनके शिल्प-ग्राम में हमेशा कोई-न-कोई विदेशी पर्यटक उन्हें ढूँढ़ते हुए पहुँच जाते हैं। इन सबके बावजूद जयदेव बस्तर की सरलता से, वहाँ के लोगों के सच बोलने के स्वभाव से, थोड़े भी नहीं डिगे। बेलमेटल जिसे 'घड़वा कला' भी कहते हैं, का काम होता है यहाँ। इन्हें बनाते हुए देखने का आनंद ही कुछ और है। जयदेव बघेल राष्ट्रपति से पुरस्कृत हैं। अपने बनाए हुए एक हाथी पर बैठी लक्ष्मी जी और छत्र का शिल्प उन्होंने जब मुझे भेंट में दिया तब मुझे शिल्प के साथ-साथ अपार स्नेह भी मिला, मैंने महसूस किया। एक दिन की बात है, जयदेव के शिल्प-ग्राम में जर्मनी से आए कुछ पर्यटक रुके हुए थे। उनको जयदेव मुझसे मिलाने लाए। सुबह का वक्त था। अगहन के माह के हर गुरुवार छत्तीसगढ़ में बड़े धूमधाम से लक्ष्मी-पूजा होती है। घरों के सामने सुंदर-सुंदर चौक पूरा जाता है। पानी में चावल को भिगा कर, पीस कर उस रोहन से कमरे के भीतर भी चौक-रंगोली और साँकल बनाकर लक्ष्मी के पैर बनाए जाते हैं। पर्यटकों के लिए ये 'चौक' कौतुक के विषय थे। अपने-अपने कैमरे में वे कैद करने में व्यस्त रहे। फिर इसके बारे में पूरी जानकारी लेते रहे। बीच-बीच में जब जयदेव उन्हें आधी अंग्रेजी और आधे अपने 'एक्शन' से समझाने लगते तो पर्यटक बड़े प्यार से उसे 'डान्सिंग लैंग्वेज' कहकर उनकी सरलता की प्रशंसा करते। "मौहा झाड़ को 'लाइफ ट्री' कहते हैं जयदेव बघेल बस्तर पर एक लम्बी कविता है और इस नाम से बस्तर की चुनी हुई कविताएँ प्रकाशित हुईं। जयदेव के बारे में इसमें चर्चा है।"

इसी अध्याय में 'कोंडागाँव बस्तर के जयदेव बघेल' शीर्षक से वे आगे लिखते हैं, "वर्ष 1982 मई के महीने की सुबह हल्की ठंड थी और पानी के छींटे पड़ रहे थे। लंदन के एलबर्ट हॉल के सामने हाईड पार्क के एक हिस्से में सरपेंटन आर्ट गैलरी में प्रदर्शनी का आयोजन था। वहीं बाहर पार्क के भीतर खुले हिस्से पर 'ढोकरा आर्ट' के लिए छत्तीसगढ़, कोंडागाँव का एक युवक भट्टी बनाने में लगा था। कहीं से लकड़ी, कहीं से ईंट.....। सीधे-सादे, भोले-भाले बस्तर के जयदेव बघेल को पता ही नहीं कि एक अंग्रेज सज्जन इस काम में मदद कर रहे हैं। ईंट, लकड़ी ला-लाकर रख रहे हैं। देखते-ही-देखते पत्रकारों, फोटोग्राफरों की एक तरह से भीड़ हो गई। लोग तरह-तरह से प्रश्न कर रहे थे। किसी ने जयदेव पूछा, "आप जानते हैं, ये सज्जन जो आपकी मदद कर रहे हैं, वे कौन हैं?" जयदेव स्वभाव से संकोची। जो व्यक्ति खुद को नहीं जान सका कि वह कौन है, क्या है अहमियत उसकी, वह भला एक अंग्रेज को कैसे जानता! सो उसके चेहरे की मुस्कराहट ने हाँ या ना, कुछ नहीं कहा। कुछ न कहकर भी उसके बस्तरिया भोलेपन ने नहीं में जवाब दे दिया सबको और उसकी ओर देखते रहे। ये सज्जन थे विश्वप्रसिद्ध मूर्तिकार हेनरी मूर। हेनरी मूर जयदेव को अपने घर ले जाते हैं लंच के लिए। उनका अपना स्टूडियो है। उसे दिखाते हैं। जयदेव क्या सोचते हैं, मैं नहीं जानता पर मुझे लगता है कि यह उनके जीवन का सबसे अहम सम्मान है। इस सम्मान के लिए उन्होंने न कोई आवेदन किया था और न कोई जूरी ही थी।"

श्री बख्शी इसी संस्मरण में आगे लिखते हैं, "जयदेव बघेल बताते हैं कि उन्हें राज्यसभा हेतु नामांकित करने के लिए विचार किया जा रहा था। मौखिक रूप से सहमति माँगी गई थी लेकिन उन्होंने सीधे-सादे शब्दों में 'मैं राजनीति नहीं जानता' कहते हुए अपनी भावनाओं से अवगत करा दिया था। जयदेव बघेल बताते हैं कि वे शुरुआती दौर में 3-4 साल तक साइकिल से रोजाना 70-80 किलोमीटर की यात्रा कर दूर-दूर फैले हुए शिल्पकारों को एक सूत्र में बाँधने का काम किया करते थे। ऑस्ट्रेलियन नेशनल यूनिवर्सिटी के लगभग 40 विद्यार्थियों को इंटरनेट के जरिए वर्ष 1999 से 2003 के बीच हिन्दी और हल्बी सिखाने का कार्य किया। जयदेव यह कहते हुए भावुक हो जाते हैं कि प्रोफेसर क्रिस ग्रेगोरी इनसे दूरभाष पर हल्बी में बातें किया करते हैं। मुम्बई के प्रसिद्ध जहांगीर आर्ट गैलरी में जहाँ सात साल के लगभग पहले नम्बर लगाने से अपना नम्बर आता है, वहाँ जयदेव बघेल की बनाई शिल्पों की प्रदर्शनी लगी थी। अभी उद्घाटन हुआ ही था कि दूसरे दिन कुछ ही कदम दूर ताज होटल में आतंकी हमला हो गया और एक हफ्ते की प्रदर्शनी क्या होती, खुद जयदेव बघेल वहाँ कैद हो गए। तीन ट्रकों में भरकर कोंडागाँव से मुम्बई ले जाया गया सामान व्यर्थ हो गया। जयदेव ने बताया कि सारा सामान वापस लाने की जरूरत नहीं पड़ी। एक मित्र ने वहाँ रखवा लिया। ताज होटल की सारी सजावट अब आग के हवाले हो गई थी। केवल जयदेव का बनाया मौहा झाड़ बचा हुआ था। ताज में शहीदों को

श्रद्धा-सुमन देने एक कार्यक्रम किया गया तो इसी मौहा-झाड़ को रखकर आसपास मोमबत्ती जलाकर श्रद्धांजलि दी गई। जयदेव यह बताते-बताते दुखी हो जाते हैं। कहते हैं इस वृक्ष का नाम ही उन्होंने 'लाइफ-ट्री' यानी 'जीवन-वृक्ष' रखा था। जयदेव बघेल के बारे में एक दिन पता चला कि वे रायपुर के रामकृष्ण केयर हॉस्पिटल में इलाज कराने रुके हुए हैं। मैं वहाँ उनको देखने के लिए पहुँचा तो देखता हूँ कि जयदेव, जो विश्व-भ्रमण कर चुके हैं, कई देशों की परिक्रमा कई-कई बार हो चुकी है; उनका एक पैर घुटने के नीचे से काटना पड़ा है। कारण, पैर में गैंगरिन बीमारी हो गई थी। यदि पैर नहीं काटा जाता तो यह बीमारी पूरे शरीर में फैल जाती। उन्होंने अपना पैर दिखाया किन्तु बोल नहीं पाए। उनके इस चुप संवाद को मैं और मेरे साथ रमेश अनुपम, दोनों ही समझ रहे थे। अभी भी जयदेव कह रहे थे कि उन्हें अगले माह तक ठीक हो जाना है, कहाँ-कहाँ जाना है। मैंने मना किया कि अभी उन्हें कहीं नहीं जाना है और ठीक होकर आराम करना है। जयपुर पैर लगा भी लेंगे तो उसमें चलने की प्रेक्टिस करने में समय लगता है। बेटा भी था और उनकी पत्नी भी थीं। उन्हें भी समझाया गया कि बिल्कुल ठीक होते तक कहीं नहीं जाना चाहिए। जयदेव बघेल बताने लगे कि पहली बार विदेश जाने का किस्सा सुनेंगे तो आप मुझे कोसेंगे। मैंने कहा, 'तो बताया जाए, क्या था किस्सा?' जब उन्होंने बताया तो सचमुच ही हम सब ने उन्हें लगभग कोसा ही। हुआ यूँ था कि जब दिल्ली से उनके पास बुलावे का पत्र आया, पत्र के साथ टिकिट आदि भी थे। उस समय उनकी शादी हुई ही थी और उन्हें तुरन्त जाना था। ऐसा कुछ किस्सा था। और दूसरी बार जब जाना था तो पहला बेटा होने वाला था। 'ड्यू डेट' पास ही था। ऐसे ही हाल में छोड़कर उन्हें जाना पड़ा। वापस लौटे तो बेटा दो या तीन माह का हो गया था। मैंने प्रश्न किया कि मना क्यों नहीं कर दिया उस समय आपने? तो जयदेव हँसने लगे, 'कहाँ फोन था साब उस समय!'

विदेश यात्राएँ

1977 में राष्ट्रीय पुरस्कार प्राप्त होने के बाद की बात है। मॉडर्न आर्ट से सम्बन्धित कला मेला मण्डी हाउस, दिल्ली में शुरू हुआ। उस राष्ट्रीय कला मेला 1978 में जयदेव भाई को स्टाल मिला था। ललित कला अकादमी एवं हस्तशिल्प विभाग के निदेशक आदि भी उस

लाउरे म्यूजियम में, 1987

मेले में आए थे। उसी समय उन्होंने जयदेव भाई का चयन रूस में होने वाले भारत महोत्सव के लिए किया। वहाँ वे तीन महीने रहे। दीपक पाराशर एवं उनका ग्रुप भी था। वे उस समय विमल कम्पनी के लिए मॉडलिंग किया करते थे। उनके भी कुछ कार्यक्रम उस महोत्सव में हुए थे। इन्द्रकुमार गुजराल वहाँ भारत के राजदूत थे। उस वर्ष का स्वतन्त्रता दिवस

जयदेव भाई ने वहीं के भारतीय दूतावास में मनाया था। वे बताते हैं कि वहाँ पानी की बड़ी समस्या थी। पानी के बजाय सोडा वाटर जैसी कोई चीज पीने को दी जाती थी। जब सात-आठ दिनों तक ऐसा ही चलता रहा तो एक दिन जयदेव भाई ने अपने होटल के नल में आने वाले ठण्डे और गरम पानी को मिलाकर पी लिया। इससे उनकी तबीयत बिगड़ गई। उन्हें समझाया गया कि अब वे इस तरह पानी न पिएँ। पानी की जगह सोडा वाटर जैसा जो तरल पदार्थ दिया जाता है वह पिएँ या फिर बीयर। तब मजबूरी में उन्हें बीयर पीनी पड़ी। वे बताते हैं कि मास्को से ढाई-तीन सौ किलोमीटर दूर एक स्थान था, जहाँ विभिन्न प्रकार की कलाकृतियाँ मशीनों की सहायता से बनाई जाती हैं। जयदेव भाई वहाँ भी गए। उस महोत्सव में रूस के तत्कालीन प्रधानमंत्री जे.के. कोसिगिन भी आए थे। वे सभी कलाकारों से गले मिले। राष्ट्रपति ब्रेझनेव के भी आने का प्रोग्राम था किन्तु खराब स्वास्थ्य के चलते वे नहीं आए थे। उसी समय एक वैज्ञानिक भी आए। उनका नाम जयदेव भाई को याद नहीं है। उन वैज्ञानिक ने उत्साहित होकर अपनी लगभग 100-150 वर्ष पुरानी पाकेट घड़ी जयदेव भाई को भेंट कर दी। भारत से एक कलाकार थे अनन्त मालाकार। उन्होंने ब्रेझनेव का चित्र बनाया था, जिसे उन्होंने उनके लिए कोसिगिन को भेंट किया। इससे प्रसन्न होकर कोसिगिन ने मालाकार को अपनी सोने की घड़ी भेंट कर दी। जयदेव भाई एक मजेदार घटना बताते हैं। सड़क के दोनों ओर सेब के पेड़ थे। उन पेड़ों पर सेब लदे हुए थे। जयदेव भाई अपने ग्रुप के साथ कहीं यूँ ही टहल रहे थे कि उनके साथ चल रहीं निर्देशक ने जयदेव भाई से कहा कि वे उनके लिए दो-चार सेब तोड़ दें। कारण, उस पूरे ग्रुप में जयदेव भाई ही सबसे कम उम्र के थे। जयदेव भाई उनकी बात मान कर एक पेड़ से सेब तोड़ने ही लगे थे कि एक गार्ड वहाँ आ गया और उसने धीरे से उन्हें समझाया कि इस तरह किसी भी पेड़ से कोई फल तोड़ना यहाँ मना है। यहाँ जिस वस्तु की आवश्यकता हो उसे दुकान से खरीदने का नियम है। उसने बताया इस देश की किसी भी तरह की सम्पत्ति की रक्षा करना सभी का कर्तव्य है। जयदेव भाई वापस आ गए।

1982 के आरम्भ में भारत में ब्रिटेन के राजदूत बस्तर आए थे। बस्तर-भ्रमण के दौरान वे जयदेव भाई के घर भी आए थे। उसी समय जयदेव भाई को शिखर सम्मान प्राप्त हुआ था। उसी सम्मान की खुशी में जयदेव भाई अपने घर-परिवार तथा परिजनों के साथ घर पर उत्सव मना रहे थे। तभी वे राजदूत आए। उनका भी यथोचित सम्मान किया गया। उन्होंने जयदेव भाई का काम देखा और बहुत प्रभावित हुए। जब 1982 में लंदन में भारत महोत्सव के आयोजन की बात चली तब उन्होंने ही जयदेव भाई का नाम प्रस्तावित किया था। इस तरह जयदेव भाई उस महोत्सव के लिए चुने गए थे। जब उन्हें ब्रिटेन जाना था उस समय उनकी पत्नी गर्भवती थीं। इसी कारण जयदेव भाई नहीं जाना चाह रहे थे। सौभाग्य से 15 अप्रैल को उनकी पत्नी ने पुत्र को जन्म दिया और जयदेव भाई 23 अप्रैल को रवाना हो गए। जब वे वापस आए तब तक उनका पुत्र भूपेन्द्र चार महीने का हो चुका था। लंदन

में सर्पेन्टाइन नदी के किनारे हाईड पार्क के 'सर्पेन्टाइन आर्ट गैलरी' में जयदेव भाई की कार्यशाला लगी थी। वहाँ का अनुभव बहुत ही अच्छा रहा। जयदेव भाई बताते हैं कि उस समय जब वे कास्टिंग की तैयारी करने लगे थे कि ग्रेट ब्रिटेन के सुप्रसिद्ध मूर्तिकार

लंदन, इंग्लैंड, सर्पेन्टाइन गैलरी, हाइड पार्क में प्रदर्शनी, 1982

हेनरी मूर भी वहाँ आए। जयदेव भाई उन्हें नहीं पहचानते थे। जब वे तैयारी कर रहे थे कि हेनरी मूर भी उनकी तैयारी में उनकी सहायता करने लगे। हेनरी मूर को देखकर वहाँ लोगों की भीड़ लग गई। जब जयदेव भाई ढलाई करने लगे तब हेनरी मूर भी उन्हीं की बगल में खड़े होकर कास्टिंग देखने लगे। जयदेव भाई ने सोचा कि लोगों की भीड़ उनके काम को देखने के लिए लगी थी जबकि वास्तव में लोग उनके काम के साथ-साथ हेनरी मूर को भी देखने आए थे। जब लोगों ने बाद में जयदेव भाई से उनके विषय में पूछा तो उन्होंने कहा कि वे नहीं जानते कि कौन हैं तब लोगों ने उन्हें बताया कि वे ग्रेट ब्रिटेन के ही नहीं बल्कि दुनिया के प्रख्यात मूर्तिकार हेनरी मूर हैं। जयदेव भाई बताते हैं कि उसके पहले उन्होंने उनका नाम नहीं सुना था। इसके बाद हेनरी मूर ने भारत महोत्सव में सम्मिलित सभी कलाकारों को अपने घर लन्च के लिए आमन्त्रित किया। जयदेव भाई बताते हैं कि हेनरी मूर के पास लगभग डेढ़ सौ प्रशिक्षार्थी थे जो उनसे प्रशिक्षण ले रहे थे।

लंदन के बाद यह ग्रुप कार्डिफ गया। वहाँ जयदेव भाई की मुलाकात प्रवीण भल्ला नामक एक भारतीय से हुई जो मूलतः दिल्ली के हैं किन्तु कार्डिफ में बस गए हैं। वे ही उस

ग्रुप के गाइड भी थे। जयदेव भाई बताते हैं कि 1978 में अहमदाबाद में हुई मॉडर्न आर्ट प्रदर्शनी में उनका और प्रवीण भल्ला का भी काम प्रदर्शित हुआ था और दोनों की आपस में मुलाकात भी हुई थी। बहरहाल, कार्डिफ में 10-12 दिन बिताने के बाद जयदेव भाई हैडलबर्ग विश्वविद्यालय (हैडलबर्ग, जर्मनी) में साऊथ एशियन स्टडीज प्रभाग के हेड गुन्थर सुल्थायमस के आमन्त्रण पर कुछ दिनों के लिए हैडलबर्ग, जर्मनी चले गए। वहाँ भी

कार्डिफ, वेल्स स्टेट, इंग्लैंड, वर्कशाप, 1982

उन्होंने अपनी कला का प्रदर्शन किया। वे बताते हैं कि उन्हें वहाँ जाने की अनुमति गुन्थर सुल्थायमस द्वारा जयदेव भाई के ग्रुप की निर्देशक को बारम्बार फोन करने के बाद बड़ी मुश्किल से मिली थी। कुछ दिनों तक हैडलबर्ग में रहकर जयदेव भाई ग्लासगो (स्कॉटलैंड) पहुँचे और अपने दल के सदस्यों से मिले। ग्लासगो स्कूल ऑफ आर्ट में कार्यक्रम था। जयदेव भाई को 1988, 1990 एवं 1992 में इस तरह कुल तीन बार चार-चार महीनों के लिए ग्लासगो जाने और वहाँ अपनी कला, तकनीक तथा प्रक्रिया के प्रदर्शन का अवसर प्राप्त हुआ। उस आर्ट स्कूल को योरोप का बहुत ही ऊँचा और अच्छा आर्ट कॉलेज माना जाता है। जयदेव भाई कहते हैं कि वे जहाँ भी गए वहाँ कास्टिंग का प्रदर्शन उन्होंने अवश्य ही किया ताकि लोगों को वास्तविकता से परिचित कराया जा सके। जयदेव भाई ग्लासगो के बाद वहाँ से लगभग 100 किलोमीटर की दूरी पर एडिनबरा शहर भी गए। वहाँ से सफिल चले गए। किन्तु जयदेव भाई सफिल में अधिक दिनों तक नहीं रहे। वे वहाँ से फिर जर्मनी चले गए। वहाँ के हैडलबर्ग म्यूजियम में उन्होंने फिर से कास्टिंग का प्रदर्शन किया।

वहाँ के विषय में वे बताते हैं कि वहाँ एक बहुत पुराना ओपन स्टेज है पहाड़ के ऊपर। वहाँ की दर्शक-दीर्घा में कम से कम पाँच हजार लोग बैठ सकते हैं। हैडलबर्ग से वे लन्दन चले गए।

1985 में जयदेव भाई ऑस्ट्रेलिया गए। उनकी यह यात्रा क्राफ्ट काउन्सिल ऑफ वेस्टर्न इंडिया द्वारा प्रायोजित थी। इस यात्रा में उनके साथ तीन और कलाकार थे। वहाँ सिडनी, कैनबरा और मेलबोर्न में वे एक महीने रहकर अपनी कला का प्रदर्शन करते रहे। वहाँ काफी कला-प्रेमियों से मुलाकात हुई। 1981 में क्रिस ग्रेगोरी कोंडागाँव में थे। उनसे अच्छी मुलाकात थी। जब उन्हें मालूम हुआ कि जयदेव भाई

इंडियन इन्स्टीट्यूट आफ हैडलबर्ग यूनिवर्सिटी के प्रोफेसर गुन्थर सुल्थायमस के साथ, 1981-82

ग्लासगो, स्काटलैंड में वर्कशाप, 1992

और काष्ठ शिल्पी सुखपाल धुरवा ऑस्ट्रेलिया आए हैं तो वे उन दोनों को अपने घर ले गए। वहाँ कैनबरा विश्वविद्यालय के अन्तर्गत स्कूल ऑफ आर्ट में अपनी कला का प्रदर्शन किया। वहाँ सिडनी में एक गैलरी थी, जिसका नाम था चौरंगी। उस गैलरी के मालिक के

लॉस एंजिल्स, यूएसए, ओलिम्पिक स्थल, फेस्टीवल 1982

पास वे अपना कुछ सामान विक्रय के लिए छोड़ आए थे। लगभग एक लाख बीस हजार रुपए की कलाकृति उसने हड़प ली। उन्हें पर्थ भी जाना था किन्तु मौसम ठीक नहीं होने के कारण वे वहाँ नहीं जा सके। ऑस्ट्रेलिया जाने के समय का टिकट था एयर इंडिया का। उसी समय एयर इंडिया का प्लेन अटलांटिक महासागर में गिर गया। तब उस प्लेन का टिकट कैंसिल करवाकर दस दिनों के लिए उन्हें गोवा भेज दिया गया। उसके बाद वे दूसरे प्लेन से ऑस्ट्रेलिया गए थे। वहाँ से वे जुलाई में भारत लौटे।

अक्टूबर 1985 में भारत महोत्सव में भाग लेने के लिए वे अमेरिका गए। इसके पहले उन्होंने बिड़ला साइन्स म्यूजियम, कलकत्ता में एक कार्यशाला की थी। उस कार्यशाला में बंगाल, बिहार, ओड़िशा आदि के कलाकार भी थे। उन्हें मधुमक्खी के मोम से काम करना नहीं आता था। जयदेव भाई ने उन्हें मधुमक्खी के मोम से काम करने का प्रशिक्षण दिया। उसी समय जयदेव भाई का चयन अमेरिका में होने वाले भारत महोत्सव के लिए किया गया। इसी दरम्यान बैंक ऑफ इंडिया के फारेन ब्रान्च के लिए जनरल मैनेजर की पदस्थिति हेतु संचालक मंडल के चयन-समिति की बैठक हुई थी। उस बैठक में जयदेव भाई भी सम्मिलित थे और श्री मुखर्जी का चयन फारेन ब्रान्च के जनरल मैनेजर के रूप में सर्वसम्मति से हुआ था। श्री मुखर्जी को मालूम था कि जयदेव भाई निकट भविष्य में अमेरिका जाने वाले हैं।

सो उन्होंने जयदेव भाई से कहा कि वे उधर जाएँ तो उनसे सम्पर्क अवश्य ही करें। उनकी पोस्टिंग हुई थी सानफ्रांसिस्को शहर में। जब जयदेव भाई अमेरिका में आयोजित भारत महोत्सव

इंडियन एसोसिएशन कैलीफोर्निया द्वारा सम्मान, 1985-86

में पहुँचे तो वे कैलीफोर्निया यूनिवर्सिटी, लॉस एंजिल्स में चार महीने रहे। वहाँ के भारतीय समुदाय द्वारा उनका अभिनन्दन किया गया। इसी तरह कैलीफोर्निया विश्वविद्यालय के द्वारा

फेस्टीवल आफ इंडिया, कैलीफोर्निया यूनिवर्सिटी द्वारा सम्मान, 1985-86

भी वे सम्मानित हुए। वहाँ उन्हें साइन्स म्यूजियम में कार्यशाला लगाने को कहा गया। विषय था कला, विज्ञान एवं संस्कृति। कार्यशाला-सह-प्रदर्शनी का अवलोकन करने वहाँ फिल्म कलाकार कबीर बेदी भी पहुँचे थे। वहाँ की कार्यशाला में चार महीने तक अपनी कला का प्रदर्शन करने के बाद उन्होंने श्री मुखर्जी से फोन पर सम्पर्क किया। उन्होंने उनका स्वागत

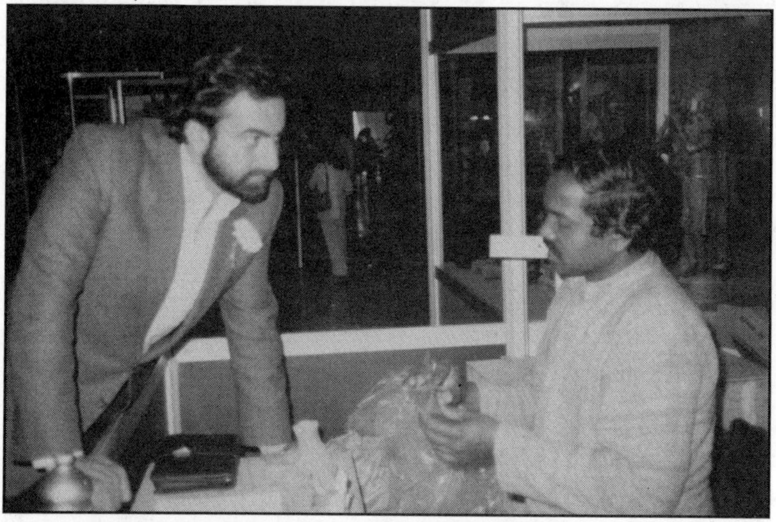

कैलीफोर्निया में लगी प्रदर्शनी में कबीर बेदी, 1985-86

किया और जब जयदेव भाई ने टोकियो जाने की अपनी मंशा जाहिर की तो उन्होंने जयदेव भाई का भरपूर सहयोग किया। उन्होंने टोकियो स्थित अपने ब्रान्च के अधिकारियों को फोन कर सूचित कर दिया कि जयदेव भाई और उनके एक मित्र वहाँ आ रहे हैं, अतः उनका ध्यान रखा जाए। इसी के साथ-साथ अमेरिका स्थित भारतीय दूतावास ने भी टोकियो स्थित भारतीय दूतावास को जयदेव भाई और उनके मित्र की जापान-यात्रा के विषय में सूचित करते हुए उनके लिए आवश्यक व्यवस्थाएँ करने के लिए कहा। जब जयदेव भाई टोकियो पहुँचे तो एयरपोर्ट पर भारतीय दूतावास और बैंक ऑफ इंडिया के अधिकारी उन्हें लेने आए। किन्तु बैंक ऑफ इंडिया के अधिकारियों ने कहा कि उनके द्वारा जयदेव भाई और उनके मित्र के ठहरने की व्यवस्था एशियन सेन्टर गेस्ट हाउस में पहले ही की जा चुकी है तब दूतावास वाले उन्हें उनके साथ जाने देने के लिए तैयार हो गए। जयदेव भाई अपने मित्र के साथ वहाँ आठ-दस दिन रहकर स्वदेश लौट आए।

इसके बाद 1986 में ही जापान में भारत महोत्सव का आयोजन हुआ। उस महोत्सव के लिए सुखचंद जी का चयन हुआ था किन्तु उनके पासपोर्ट की वैधता की तिथि समाप्त हो चुकी थी। उन्होंने बहुत प्रयास किया कि उनके पासपोर्ट का नवीनीकरण हो जाए किन्तु

ऐसा नहीं हो सका। इस स्थिति में तत्कालीन निदेशक ज्योतिन्द्र जैन ने जयदेव भाई को स्थिति बताई और उन्हें जापान जाने के लिए तैयार होने को कहा। किन्तु वह समय था नया त्यौहार का सो जयदेव भाई ने मना कर दिया। किन्तु ज्योतिन्द्र जैन ने दबाव बनाया और कहा कि उन्हें हर हाल में इस महोत्सव में जाना ही पड़ेगा। तब अन्ततः जयदेव भाई तैयार हो गए और जापान में आयोजित भारत महोत्सव में भाग लिया। उस महोत्सव में गढ़बेंगाल के पण्डी राम मण्डावी के पिता को भी मौका दिया गया। महोत्सव के दौरान जयदेव भाई ने टोकियो स्थित सत्तागियाँ नेशनल म्यूजियम में अपनी कला का प्रदर्शन किया।

1987 में स्विट्जरलैंड में आयोजित भारत महोत्सव के लिए जयदेव भाई का चयन हुआ। उन्होंने इस महोत्सव में भी शिरकत की। तीन महीने वहाँ रहे। उसी दरम्यान वे बाजल म्यूजियम गए जहाँ उन्होंने अपने पिता की 35 कलाकृतियाँ देखीं। बाजल से वे ज्यूरिख गए। वहाँ के रीडबर्ग म्यूजियम में अपनी कला का प्रदर्शन किया। वे लूजरन नामक नगर भी गए जहाँ

जिनेवा, स्विट्जरलैंड में एम.एफ.हुसैन के साथ, 1987।

उन्होंने 'ट्रान्सपोर्ट म्यूजियम' देखा। उस म्यूजियम में सभी वाहनों का संग्रह रखा हुआ है। जिनेवा की भी यात्रा की। रविवार का दिन था । सबेरे 8-9 बजे के आसपास सुप्रसिद्ध चित्रकार एम.एफ.हुसैन वहाँ पैदल घूम रहे थे। जयदेव भाई की उनसे पहले से मुलाकात थी। सो उन्होंने वहाँ उनसे भेंट की। जयदेव भाई ने भारतीय राजदूत से पेरिस जाने की बात कही तो उन्होंने उन्हें फ्रान्स के कुछ म्यूजियम के लिए कुछ काम बता दिया। इस तरह उनकी यह फ्रान्स यात्रा भी शासकीय हो गई थी। इस तरह जयदेव भाई जिनेवा से चले गए पेरिस। वहाँ भी

घूमे। वहाँ की घटना बताने लगे कि वे वहाँ के मेट्रो में फँस गए थे। कारण, वहाँ अंग्रेजी नहीं बोलते। केवल फ्रेन्च बोली जाती है। फिर एक बुजुर्ग ने उनकी परेशानी भाँपी और बाहर निकलने का रास्ता बताया।

एफिल टावर, पैरिस के सामने जयदेव बघेल, 1987

घड़वा कला के विषय में स्कॉटलैंड के विभिन्न कला महाविद्यालयों के विद्यार्थियों को जानकारी देने के उद्देश्य से वहाँ के शिक्षा विभाग की ओर से 1990 में जयदेव भाई को आमन्त्रित किया गया था। वे ग्लासगो स्कूल ऑफ आर्ट, बेलामेंट स्कूल ऑफ आर्ट और वुडलैंड स्कूल ऑफ आर्ट के विद्यार्थियों को कार्यशाला के माध्यम से घड़वा कला की पृष्ठ भूमि, तकनीक और प्रक्रिया आदि के विषय में लगातार चार महीने तक जानकारी देते रहे। उस समय वे एक प्रोफेसर अलेक्जेण्डर लेकी के घर में पेईंग गेस्ट के रूप में रह रहे थे। उन्हें जयदेव भाई के भोजनादि की व्यवस्था के लिए प्रति सप्ताह 200 पौण्ड का भुगतान शिक्षा विभाग की ओर से किया जाता था। वे प्रोफेसर स्कॉटलैंड आने से पूर्व ऑस्ट्रेलिया में 15 वर्षों तक प्रोफेसर रहे थे। चार महीने के प्रशिक्षण कार्यक्रम की समाप्ति के बाद जयदेव भाई को नेशनल आर्ट गैलरी ऑफ ग्लासगो में प्रदर्शनी लगानी थी। वहाँ की प्रदर्शनी के लिए कलाकृतियाँ तैयार करने में ही जयदेव भाई को चार महीने का समय लगा था। कारण था, वहाँ के मौसम में नमी का होना। चूँकि जयदेव भाई अपने साथ मिट्टी और मोम लेकर नहीं गए थे इसीलिए उन्हें वहाँ थोड़ी-सी परेशानी हुई। उन्हें मिट्टी के लिए आयरलैंड की सीमा तक जाना पड़ा था। वहाँ के समुद्र तट से दो बोरी महीन रेत लेकर आए। फिर रेत और वहाँ की मिट्टी को मिलाकर अपने काम के लायक चार प्रकार की मिट्टी तैयार की। इसी तरह मोम और मेटल भी यहाँ-वहाँ खोज कर लाना पड़ा। वहीं पर जयदेव भाई की मुलाकात पूना निवासी प्रोफेसर रमेश लेले से भी हुई थी। वे स्कॉटिश इंग्लिश समझने में जयदेव भाई की सहायता किया करते थे। उसी समय प्रिन्स चार्ल्स की छोटी बहिन का विजिट हुआ था उसी स्कूल में जिस स्कूल में जयदेव भाई का प्रशिक्षण-कार्यक्रम चल रहा था।

अविस्मरणीय घटनाएँ

जयदेव भाई बताते हैं कि उन्होंने अपने पिता को उनकी युवावस्था में नहीं देखा था। जब उन्होंने होश सम्हाला तो उनके पिता काफी अधिक उम्र के थे। यानी लगभग उनके दादा की उम्र के। कारण, जयदेव भाई अपने छह भाई-बहिनों में सबसे छोटे थे और भाई-बहनों

पिता सिरमन राम बघेल एवं एक ग्रामीण चिकारा वादक के साथ, 1960

के जन्म में काफी वर्षों का अन्तर भी था। परिवार की आर्थिक स्थिति ठीक नहीं थी। इसी कारण उन्हें महज 16 वर्ष की आयु में दण्डकारण्य परियोजना के अन्तर्गत चौकीदार की नौकरी करनी पड़ी थी। घास की छत और मिट्टी की दीवारों वाली एक छोटी-सी झोपड़ी

थी। उसी में वे छह भाई-बहिन और उनके माता-पिता रहा करते थे। बड़े भाई सोनारू की नौकरी चौकीदार के रूप में दण्डकारण्य परियोजना के अन्तर्गत माना कैम्प में लगी थी। जयदेव भाई को भी नौकरी की तलाश थी। सो जब दण्डकारण्य परियोजना में फिर से चौकीदार का पद रिक्त हुआ तब जयदेव भाई ने भी अपनी किस्मत आजमाई और 16 वर्ष के होने के बावजूद मजबूरी में अपनी उम्र 18 वर्ष बताई। उनका चयन हो गया और पहली पोस्टिंग हुई कोंडागाँव से लगभग 50 किलोमीटर दूर बालेंगा नामक स्थान में बने शरणार्थी शिविर में। इस तरह वे पहली बार माता-पिता को छोड़कर घर से बाहर निकले। कैम्प के चारों ओर घने जंगल थे। बीच-बीच में कुछ खेत भी थे। एक रात की बात है। एक गाय खेतों में घुस गई जिसे खेती की रखवाली कर रहे किसानों ने भगाया। उसी समय जयदेव भाई बाथरूम जाने के लिए अपने कमरे से बाहर आए थे। उस गाय ने देखा जयदेव भाई को और वह वहाँ से इधर-उधर भागने लगी। जयदेव भाई डर गए। उन्हें इसके पहले वहाँ के लड़कों ने बताया था कि वहाँ भूत-प्रेतादि निकलते हैं। उन भूतों के सिर कटे होते हैं और वे घोड़ों पर सवार होकर निकलते हैं। जयदेव भाई के मन में वही बात रह गई थी। वे मारे डर के वापस कमरे के भीतर भाग गए। दरवाजा बन्द किया और डर से काँपने लगे। थोड़ी देर ठहरकर वे फिर से बाहर निकले तो तब तक वह गाय फिर से वापस आकर उन्हीं के कमरे के पिछवाड़े की ओर चारा चर रही थी। जयदेव भाई के डर का ठिकाना न रहा। वे फिर से कमरे में वापस हो गए। थोड़ी देर बाद तीसरी बार वे फिर से बाहर आए। इस समय उनके हाथ में टॉर्च लाईट और एक डण्डा था। वे बाहर निकले। देखा तो वह गाय जहाँ की तहाँ थी। टार्च लाईट जलाई तो देखा, गाय है। तब जाकर जयदेव भाई का डर दूर हुआ। इस घटना के बाद से उनके मन से भूतों का डर जाता रहा। वे सोचने लगे कि पढ़ाई न कर पाने के कारण ही उन्हें चौकीदार की नौकरी करनी पड़ रही है। यदि पढ़ाई-लिखाई की होती तो शायद बेहतर नौकरी मिल सकती थी। वे कहते हैं कि पढ़ाई-लिखाई न कर पाने के पीछे गलती उनकी स्वयं की थी। इसमें उनके माता-पिता की कोई गलती नहीं थी। उनकी इस सोच ने उन्हें पढ़ाई के प्रति प्रेरित किया और वे उसी दिन से रात में दिया जलाकर पढ़ाई करने लगे। पहली कक्षा की पुस्तकें लीं और स्वयं से पढ़ाई करने लगे। वे याद करते हैं शम्भू सेठिया नामक एक लड़के की जो कभी-कभार उन्हें पढ़ाई में सहायता किया करता था। उसे गीत, विशेषतः कव्वाली गाने में बहुत रुचि थी। वे उन दिनों की याद करते हुए बताते हैं कि उन्हें फिल्में देखने का बहुत शौक था। उस शौक को पूरा करने के लिए वे लगभग 20-21 किलोमीटर दूर जगदलपुर किराए की सायकिल से जाया करते थे। रात के दोनों शो देखकर डेढ़-दो बजे रात में वे बालेंगा वापस लौटते थे। एक दिन रात में जब वे हमेशा की तरह वापस आ रहे थे कि बाकटी मोड़ के पास कुछ लोगों ने उन्हें रोकने की कोशिश की। जयदेव भाई को पहले से मालूम था कि उस जगह प्रायः चोर-उचक्के, विशेष तौर पर मानव-बलि देने के लिए लोगों को पकड़ने वाले सक्रिय रहा करते हैं। जब उन

लोगों ने जो संख्या में दस के आसपास थे जयदेव भाई को तम्बाकू माँगने के बहाने से रोकने की कोशिश की तो वे बिना रुके तेजी से सायकल चलाते वहाँ से भागे। बाकटी मोड़

कोंडागाँव, भेलवाँपदर पारा स्थित अपने निवास में अपने पिता सिरमन राम बघेल एवं बम्बई की एक फर्टिलाइजर कम्पनी के जनरल डायरेक्टर के साथ, 19775-76

से इधर बालेंगा की ओर ढलान है। इस ढलान का फायदा जयदेव भाई को मिला और उनकी सायकल बहुत तेजी से भागने लगी। किसी तरह जान बचाकर वे वापस लौटे। इस घटना ने उनके मन में पढ़ाई के प्रति ललक को और भी अधिक बढ़ाया ताकि पढ़ाई कर वे चौकीदारी की नौकरी की बजाय किसी और नौकरी में चले जाएँ। इसके लिए वे बालेंगा की माटी को बारम्बार प्रणाम करते हुए धन्यवाद देते हैं। वहाँ से उनका स्थानान्तरण बनियागाँव हो गया। बनियागाँव स्थानान्तरण होने पर वे भोजन के लिए 11 किलोमीटर कोंडागाँव आया करते थे। घर से भोजन के बाद बनियागाँव वापस हो जाया करते थे। इसके बाद वे स्थानान्तरण पर कापसी के पास खैरकट्टा कैम्प चले गए। खैरकट्टा कैम्प में रहते हुए जब वे कोंडागाँव मेले के लिए छुट्टी पर घर आए तो सुखचंद जी के सम्पर्क में आने के कारण उनका रुझान अपने मूल काम की ओर हुआ और अन्ततः उन्होंने चौकीदारी की नौकरी छोड़ दी और पूर्णकालिक कलाकार हो गए।

अपने आत्मविश्वास के विषय में जयदेव भाई कहते हैं कि चूँकि वे 16 वर्ष की आयु से ही घर से बाहर निकल गए थे इसीलिए उनमें परिस्थितियों के अनुसार आत्मविश्वास आता चला गया। वे बालेंगा कैम्प एवं बाकटी मोड़ में घटी घटना तथा खैरकट्टा आदि की घटनाओं को दुहराते हुए कहते हैं कि इन घटनाओं से उनके आत्मविश्वास में वृद्धि होती गई। इसके बाद जब कला के क्षेत्र में काम करने लगे तब पहली बार तो वे सुखचंद जी

के साथ दिल्ली गए थे किन्तु उसके बाद वे अकेले जाने लगे। वे बताते हैं कि उस समय दिल्ली जाने के लिए रायपुर से नागपुर, नागपुर से बीना या इटारसी और वहाँ से दिल्ली के लिए ट्रेन मिला करती थी। वे अकेले अपनी कृतियों के दो-दो बॉक्स लेकर दिल्ली जाया करते थे। उस समय उन्हें पुलिस वाले तंग किया करते थे किन्तु जयदेव भाई अपने आत्मविश्वास के चलते घबराए नहीं। अपने सामान और रुपए आदि की भी विशेष चिन्ता नहीं किया करते थे। वे कहते हैं कि डर के कारण दो चीजें होती हैं। पहला यह कि आदमी डरकर पीछे हट जाता है और दूसरा, डर का सामना करते हुए आगे बढ़ता है। जयदेव भाई के साथ दूसरी वाली बात हुई। वे डर कर पीछे नहीं हटे बल्कि आगे ही बढ़ते गए। उनके भीतर आत्मविश्वास बढ़ता चला गया। वे फटे-पुराने थैलों में सामान और पैसे भी छोड़कर इधर-उधर चल देते थे। फटे-पुराने थैलों को देखकर कोई भी उसे चुराता नहीं था। वे ऐसा जान-बूझकर किया करते थे। इस तरह कभी भी न तो उनके सामान की चोरी हुई और न कोई उठा कर ले गया। कारण, लोगों को लगता था कि फटे-पुराने थैलों में भला कोई कीमती सामान या पैसे कैसे रखे हो सकते हैं! इसके बाद तो वे देश के विभिन्न नगरों और महानगरों की यात्राएँ अकेले ही करने लगे। इतना ही नहीं बल्कि विदेशों की यात्राएँ भी अकेले ही की। आने को विदेश-यात्राओं के दौरान भी कई समस्याएँ आईं किन्तु वे उन समस्याओं से घबराने की बजाय उनका पूरे आत्मविश्वास के साथ सामना करते रहे। अपनी टूटी-फूटी अंग्रेजी से वे अपना काम चलाते रहे। उनकी अंग्रेजी सुनकर भारतीय लोग हँसा करते थे किन्तु विदेशी नहीं। जयदेव भाई ने किसी की हँसी या उपहास की कभी कोई चिन्ता नहीं की और अपना काम करते रहे। वे कहते हैं कि आम तौर पर कम पढ़े-लिखे भारतीय लोगों में लोगों की हँसी उड़ाने की आदत होती है किन्तु अधिक पढ़े-लिखे और विदेशियों में नहीं। वे कमी या खामी की ओर ध्यान नहीं देते। वे अपनी कमजोर अंग्रेजी के बावजूद अंग्रेजी के कई फॉर्म स्वयं भर लिया करते थे। आज भी वे टूटी-फूटी अंग्रेजी का उपयोग करते हैं और विदेशियों के साथ सीधे संवाद कायम करते हैं। विदेशी उनकी भाषा समझ लेते हैं और वे विदेशियों की। बस! इतना ही काफी है। उनका मानना है कि इंसान को इंसान पर भरोसा करना चाहिए और उनसे सीखना भी चाहिए। कभी-कभी इतने अच्छे लोग मिलते हैं कि क्या कहें! चाहे वह भिखारी ही क्यों न हो, बच्चा ही क्यों न हो या फिर कोई अमीर या सामान्य आदमी। यदि हम दूसरों पर विश्वास करेंगे तो बदले में हमें भी विश्वास मिलेगा। हम यदि दूसरों के प्रति अच्छा व्यवहार करेंगे तो दूसरे भी हमारे प्रति अच्छा व्यवहार करेंगे।

वे बताते हैं कि यद्यपि उन्होंने अपने पिता से यह शिल्प-कर्म सीखा किन्तु प्रतिमाएँ वे स्वयं की कल्पना से बनाया करते थे। जब कभी कोई प्रतिमा उन्हें उसके प्रारम्भिक चरण पर ही नहीं रुचती थी तो वे उसे तोड़ डाला करते थे। उनकी इस बात से मुझे याद आ रहे हैं बस्तर के वरेण्य साहित्यकार लाला जगदलपुरी के कहे गए वे शब्द कि जब उनकी कोई

रचना उन्हें किसी भी चरण में अच्छी नहीं लगती थी तो वे उसे फाड़कर फेंक देते थे। वे तब तक रचना को अन्तिम रूप नहीं देते थे जब तक कि उन्हें उससे आत्म-संतुष्टि नहीं होती थी। 15 नवम्बर, 1996 को मेरे और जगदीश दास द्वारा लिए गए एक साक्षात्कार में लालाजी ने कहा था, "मैं जो कुछ लिखता हूँ उस पर मैं सोचता हूँ लिखने के बाद कि मैंने क्या लिखा है और बड़ी आत्ममुग्धता की स्थिति आ जाती है कभी-कभी। तो स्तरीयता की पहचान हो जाती है। कोई रचना अगर हमें जँची नहीं उसको फाड़कर फेंक देते हैं। और किसी-किसी रचना की प्रसूति से इतनी प्रसन्नता होती है कि क्या कहें...!"

समकालीन कविता के समर्थ कवि और उपन्यासकार संजीव बख्शी अपने कोंडागाँव पदस्थापना के समय जयदेव भाई के सान्निध्य में आए और उन्होंने उनकी कलाकृति 'लाइफ ट्री' को केन्द्र में रखकर बस्तर पर केन्द्रित अपनी कविताओं के संकलन का शीर्षक ही रख दिया 'मौहा झाड़ को लाइफ ट्री कहते हैं जयदेव बघेल'। इस संग्रह के आरम्भ में जयदेव भाई अपनी बात 'लाइफ ट्री है महुआ पेड़' शीर्षक से इस तरह रखते हैं :

"मन को मोह लेने वाला महुआ पेड़ आदिवासी जीवन के हर पहलू से जुड़ा हुआ है। जैसे कि माँ जब बच्चे को जन्म देती है, तो उसी समय तुरंत शुद्ध महुआ की शराब आधा गिलास माँ को पिलाएँ तो वह दवाई की भाँति कार्य करता है और माँ के पेट का कचरा इत्यादि साफ होता है। इसके फल को एकत्रित करके उसे बाजार में बेचने पर रोजगार एवं आय प्राप्त होती है जो आदिवासियों की आजीविका का साधन है। और जब बारिश नहीं होती या अकाल की स्थिति होने पर इसके फल को उबालकर खाने से भोजन प्राप्त होता है। शादी-विवाह के उत्सव में भी बाजा-गाजा के साथ पुजारी के साथ महुआ पेड़ की टहनी को एवं उसी महुआ पेड़ के नीचे की चुल मिट्टी को लाकर विवाह-मण्डप में गाड़कर पूजा-अर्चना कर शादी-विवाह की रस्म को पूरा करते हैं एवं तेल-हल्दी महुआ पेड़ की टहनी में चढ़ाते हैं। महुआ का फल जिसे टोरा के नाम से जाना जाता है, उसे सुखाकर उससे तेल निकाला जाता है जिससे आदिवासी लोग सब्जी पकाकर खाते हैं या फिर इस तेल का उपयोग शरीर में लगाने में किया जाता है। यह ठंड के समय वेसलीन का भाँति कार्य करता है। इस महुआ फूल से बनी शराब को आदिवासी लोग सुख-दुःख दोनों में उपयोग करते हैं।"

और अब संजीव बख्शी की कविता '**मौहा झाड़ को लाइफ ट्री कहते हैं जयदेव बघेल**' के अंश :

"......मौहा झाड़ को 'लाइफ ट्री' कहते हैं जयदेव बघेल/देश-विदेश में ढोकरा का/ मौहा झाड़ ले जाते हैं और बताते हैं/बस्तर में मौहा का क्या है महत्त्व/आदिवासियों के जीवन में/कि उनके जन्म से लेकर अंत समय तक मौहा/का होता है साथ/बाजल में एक प्रसिद्ध फोक आर्ट म्यूजियम में/घूमते-घूमते जयदेव को दिख जाती हैं/पिता की बनाई पैंतीस शिल्प कृतियाँ/देवी-देवता की मूर्तियाँ, हाथी/पारम्परिक चीजें/पिता सिरमन बघेल

और माँ भुकई बाई अबूझमाड़ से निकल कर/भेलवाँपदर में/बनाने लगे थे ढोकरा की मूर्तियाँ/गहने/कान का खिनवा, गले का सूता, लुरकी/ शृंगार के/बर्तन/घुँघरू भी बनाते थे सिरमन/बताते हैं जयदेव कि/बच्चे जब नहीं पीते माँ का दूध/तो ध्यान बाँटने के लिए बच्चे के कमर में/काले धागे में यही घुँघरू बाँध दिया जाता था/हिलते-डुलते घुँघरू की आवाज आती तो बच्चे पीने लगते/माँ का दूध/इस तरह था रिश्ता ढोकरा का/आदिवासियों से/अब इसे कहते हैं बेल मेटल और/एक बेल मेटल के मौहा झाड़ को/होटल ताज में/मुम्बई ब्लास्ट के समय/आगजनी के बाद बचे/इक्के-दुक्के चीजों में होने का मिला श्रेय/और उसे रखा गया/श्रद्धांजलि देने के लिए जब हुए एकत्रित ताज में/जलाई गई मोमबत्तियाँ इस मौहा झाड़ के आसपास/और इस तरह सबने एक बार फिर कहा इसे लाइफ ट्री/ब्लास्ट के दिन पास ही/एक आर्ट गैलरी में लगी थी/ढोकरा की प्रदर्शनी जयदेव की/रह गई थी प्रदर्शनी खाली-खाली/लोगों ने देखा मौहा झाड़/तो देखा जलती मोमबत्तियाँ उसके साथ/आस्ट्रेलियन नेशनल यूनिवर्सिटी के क्रिस ग्रेगोरी/हल्बी बोलते हैं/जब वे जयदेव को फोन करते हैं/यूनिवर्सिटी में चालीस छात्र पढ़ते हैं/हल्बी/इंटरनेट के जरिए/पूरी दुनिया घूमने के बाद क्या मालूम था/जयदेव को/कि एक अस्पताल में उसका एक बीमार पैर/काट दिया जाएगा/अस्पताल में देखते आते हैं कुछ लोग/दिखाते हैं जयदेव उन्हें/राष्ट्रपति से मिले पुरस्कार/बस्तर की बात करते मुझे अभी होना था/कोटमसर गुफा में/उसमें नीचे उतर जाना था/अँधेरे में/अंधी मछलियों से बातें करना था/पूछना था इस समय उनसे उनका हाल/दुनिया भर से लोग यहाँ आकर/घूर-घूरकर तुम्हें निहारते हैं/कैसे लगते हैं तुम्हें ये लोग/क्या तुम सिर्फ सब के निहारने के लिए जिंदा हो/तुमने कभी उजाला नहीं देखा है/क्या तुम्हें अँधेरा सबसे ज्यादा प्रिय लगता है/अरे! मैं भी क्या पूछने लगा अंधी मछलियों से/और तब, जब यह मामला सिर्फ इन मछलियों का नहीं।"

जयदेव भाई दो और अविस्मरणीय घटनाओं का जिक्र करते हैं। दोनों ही का सम्बन्ध आतंकवादी घटनाओं से है। पहली घटना है 06 दिसम्बर, 1992 की। कलकत्ता के पार्क स्ट्रीट में जयदेव भाई एवं उनके ग्रुप की संयुक्त प्रदर्शनी होनी थी। जयदेव भाई और उनका ग्रुप जिस इलाके में ठहरा था, वह एक समुदाय विशेष-बहुल इलाका था। सबेरे लोग चाकू-छुरा, तलवार आदि हथियार और झण्डे लेकर सड़कों-गलियों में निकल पड़े थे और उन्मादी नारे लगा रहे थे। एकाएक जयदेव भाई और उनके साथियों की समझ में नहीं आया कि आखिर माजरा क्या है? पूछने पर जिस होटल में वे ठहरे थे उसके लोगों ने बताया कि बाबरी मस्जिद ढहा दी गई है और यह नारेबाजी और दंगा-फसाद उसी की वजह से हो रहा है। अब जयदेव भाई परेशान! होटल में सब-के-सब बन्द। ऐसे कठिन समय में जयदेव भाई ने बहुत बड़ा रिस्क लिया और चुपके से बाहर निकलकर यहाँ-वहाँ खाने की वस्तु तलाशने लगे। बड़ी मुश्किल से उन्हें कुछ मिला जिसे लेकर वे होटल लौटे और अपने साथियों के साथ खाया। इस तरह उनकी वह प्रदर्शनी नहीं हो सकी।

दूसरी घटना का सम्बन्ध भी आतंकी घटना से ही है। 26 नवम्बर, 2008 को जब जहाँगीर आर्ट गैलरी, मुम्बई में जयदेव भाई की एकल प्रदर्शनी चल ही रही थी कि देर रात सुप्रसिद्ध ताज होटल में आतंकी हमला हो गया और होटल धू-धूकर जल उठा। जब आग पर काबू पाया गया तो देखा गया कि वहाँ की सारी वस्तुएँ तो आग के हवाले हो गई थीं किन्तु जयदेव भाई की बनाई कलाकृति 'लाइफ-ट्री' भर बची रह गई थी। तब इस भयावह घटना में शहीदों को इसी 'लाइफ-ट्री' के आसपास मोमबत्तियाँ जलाकर श्रद्धांजलि दी गई।

साक्षात्कारों में

मेरे द्वारा समय-समय पर विभिन्न अखबारों के लिए जयदेव भाई से साक्षात्कार लिए जाते रहे हैं। पहले प्रस्तुत है वह साक्षात्कार जो नवभारत (रायपुर) में 1981 में 'घड़वा कला : शिल्पकार जयदेव बघेल प्रश्नोत्तर की परिधि में' शीर्षक से प्रकाशित हुआ था :

श्री जयदेव बघेल आज न केवल राष्ट्रीय स्तर पर वरन विश्व स्तर पर ज्ञात सुप्रसिद्ध धातु शिल्पी हैं। आपका जन्म सन् 1949 में कोंडागाँव (बस्तर) में एक घड़वा परिवार में हुआ। श्री जयदेव के पिता श्री सिरमन राम बघेल भी अपने समय के सुपरिचित एवं सुविख्यात शिल्पी रहे हैं। पारम्परिक व्यवसाय होने के कारण स्वाभाविक रूप से श्री जयदेव भी अपने अन्य परिवार जनों की ही तरह इस व्यवसाय से बचपन से ही जुड़ गए। आर्थिक रूप से विपन्न होने के कारण शिक्षा पाने से वंचित रहे। दण्डकारण्य परियोजना के अंतर्गत बालेंगा, बनियागाँव और परलकोट कैम्पों में चौकीदारी की नौकरी भी की किन्तु नौकरी रास नहीं आई तो फिर वापस लौट पड़े अपने व्यवसाय की ओर। कुछ कर गुजरने की तमन्ना लिए जुटे रहे। फलतः 1972 में मध्यप्रदेश हस्तशिल्प मंडल, भोपाल द्वारा

'जतरा' : 1976-77

आयोजित संयुक्त प्रदर्शनी में हिस्सा लिया। 1974 में अखिल भारतीय हस्तशिल्प मंडल,

जगदलपुर द्वारा बंबई में आयोजित प्रदर्शनी में भाग लिया। 1975 में पुनः भोपाल में आयोजित प्रदर्शनी में हिस्सा लिया। अब तक वे केवल प्रदर्शनियों में भाग लेते रहे और राष्ट्रीय पुरस्कार हेतु अपनी कृतियाँ भेजते रहे किन्तु सन् 1975 तक सफलता नहीं मिली। तब निराश होकर राष्ट्रीय पुरस्कार की आश छोड़ दी। इसी बीच हस्तशिल्प मंडल के शीर्षस्थ अधिकारी बस्तर के दौरे पर आए। उन्होंने आपको प्रोत्साहित किया। 1976 में आपको म.प्र. राज्य स्तरीय प्रथम पुरस्कार प्राप्त हुआ। सन् 1977 में आपको राष्ट्रीय पुरस्कार से सम्मानित किया गया। इसके बाद जगदलपुर, भोपाल, दिल्ली, हैदराबाद, अहमदाबाद आदि जगहों में आयोजित प्रदर्शनियों में ससम्मान आमन्त्रित किए गए। सन् 1978 में सोवियत रूस में भारतीय कलाओं की अन्तर्राष्ट्रीय प्रदर्शनी में भारत का प्रतिनिधित्व किया। 1979 में आपको विशेष पुरस्कार तथा 1980 में प्रथम पुरस्कार महाकोशल कला परिषद्, रायपुर से प्राप्त हुआ। ललित कला अकादमी की प्रदर्शनी के अलावा आपने देश के लगभग सभी बड़े नगरों में एकल प्रदर्शनियाँ भी कीं। आपकी कृतियों के संग्रह एच.एच.ई.सी. एवं सी.सी.आई.सी. दिल्ली, कलकत्ता, मास्को, अमेरिका, जर्मनी, कनाडा, ऑस्ट्रेलिया, स्विट्जरलैंड आदि के राष्ट्रीय संग्रहालयों में उपलब्ध हैं। आप पर भारतीय ललित कला अकादमी, अखिल भारतीय हस्तशिल्प मंडल तथा फिल्म्स डिविजन ने क्रमशः 25 मिनट, 1 घंटा एवं 10 मिनट की डाक्यूमेन्ट्री फिल्में भी बनाई हैं।

बाघ पर सवार देवी दन्तेश्वरी : 1976

प्रस्तुत है उनसे की गई बातचीत :

प्रश्न : जयदेव भाई! आप-हम ढोकरा कला और विशेषकर आपकी साधना के विषय में बात करने बैठे हैं। सबसे पहले तो मैं यह जानना चाहूँगा कि ढोकरा कला है क्या?

उत्तर : ढोकरा कला बस्तर की पारम्परिक मूर्ति कला है, जिसे हम 'घड़वा कला' के

नाम से जानते हैं। अखिल भारतीय हस्तशिल्प मंडल ने इसे ढोकरा कला नाम दिया है।

प्रश्न : घड़वा या ढोकरा संज्ञा का अर्थ क्या है? इसके इतिहास के विषय में स्पष्ट कीजिएगा?

उत्तर : घड़वा शब्द घड़ना या गढ़ना से बना है। घड़ने का अर्थ है, बनाना। कल्पना से बनाना। पहले-पहल कुछ लोगों ने देवी-देवताओं की मूर्तियों का निर्माण कल्पना-शक्ति के आधार पर किया। इसी बात पर इस शिल्प का नाम 'घड़वा कला' हुआ है। घड़वा शब्द कालांतर में वर्ग या जाति विशेष का सूचक बन गया। इसका उद्भव कैसे हुआ, इसके विषय में हमारे बुजुर्गों का कहना है कि एक बार एक शिकारी शिकार की टोह में घूमता जंगल के काफी अन्दरूनी हिस्से में जा पहुँचा। एक चट्टान के पास पहुँचकर देखा कि चट्टान पिघली हुई है और उसमें से कोई द्रव निकलकर चट्टान के नीचे दीमक के टीले (डेंगुर बिल) में घुसा हुआ है। गौर से देखने पर मालूम हुआ कि टीले में शहद की मक्खियों का छत्ता (सतारू ओंडार) था और चट्टान से निकली धातु वहाँ गिरकर एक आकृति की शक्ल में सूख चुकी थी। उसने उस आकृति को उठाया और पुनः चट्टान के नीचे आग लगा कर वापस अपने गाँव चला आया। गाँव आकर उसने उस नई चीज को अपनी झोपड़ी में हिफाजत से रखा। उसके मन में उस वस्तु के प्रति स्नेह पैदा हुआ। कहते हैं कि उस दिन से उसकी स्थिति में परिवर्तन आने लगा। उसके इस परिवर्तन का राज गाँव वालों ने पूछा तो उसने सारी घटना बयान कर दी। फिर तो लोग उससे अपने लिए भी उस अद्भुत चीज की माँग करने लगे। दो-चार रोज के बाद वह फिर वहाँ गया और एक और आकृति उसे मिली। इस तरह उसने उन लोगों को बताया कि वह आकृति माँ की है, या फलाने देवी-देवता की है। यहीं से आदिवासियों की देवी-देवताओं के प्रति आस्था और देवताओं का प्रादुर्भाव भी महज कल्पना के आधार पर हुआ।

प्रश्न : वाकई, बड़ी दिलचस्प दास्तान है। अच्छा, यह बताइए कि इस कला के अंतर्गत विविध मूर्तियों के निर्माण के लिए कौन-कौन सी सामग्री उपयोग में लाई जाती है?

उत्तर : जहाँ तक प्रश्न पारम्परिक शब्द का है, तो मैं स्पष्ट कर दूँ कि पूरी सामग्री ही पारम्परिक है। हमने इसमें किसी 'मॉडर्न' सामग्री का न तो उपयोग किया है और न आगे करेंगे। बहरहाल, दीमक (डेंगुर) मिट्टी, काली मिट्टी, रुई मिट्टी (रेतीली मिट्टी) और चिकनी मिट्टी, धान का भूसा, मोम और पीतल का ही उपयोग इसमें किया जाता है।

प्रश्न : मूर्ति-निर्माण की प्रक्रिया?

उत्तर : सबसे पहले काली मिट्टी और धान का भूसा मिलाकर गूँथ लिया जाता है। इससे एक 'रफ' आकृति तैयार की जाती है। आकृति के सूख जाने पर रुई मिट्टी का पतला लेप इस पर लगाया जाता है। इस पर फिर से रुई मिट्टी का पतला लेप लगाकर पॉलिश किया जाता है। सूखने पर सेम के पत्ते का रस इस पर चिकनाहट लाने के लिए उपयोग किया जाता है। फिर मोम को गलाकर कपड़े से पानी भरे बर्तन में छाना जाता है। मोम ठंडा हो जाने पर उसे फिर से काट-काटकर पिघलाया जाता है। फिर आटे के समान गूँथकर 'पिचकी पारन (सिवई बनाने की मशीन जैसा ही एक उपकरण)' में डालकर तार निकाले जाते हैं। इन्हीं तारों को उक्त आकृति में लपेटकर डिजाइन, जैसा कि अपेक्षित है, बनाया जाता है। डिजाइन बनने के बाद उस पर पहले रुई मिट्टी का मोटा लेप फिर बाद में भूसा मिली काली मिट्टी का लेप लगाया जाता है। सूखने पर साँचे में छेद कर दिया जाता है। इसी छेद में गलाया हुआ पीतल डाला जाता है। मोम भाप बनकर उड़ जाता है और खाली स्थान में पीतल भरकर मूर्ति का रूप धारण कर लेता है।

प्रश्न : इसका मतलब बड़ी लम्बी-चौड़ी प्रक्रिया होती है?

उत्तर : जी हाँ। हम इसे विभिन्न 12 चरणों में बाँटते हैं। इन बारह चरणों से गुजरकर एक मूर्ति का निर्माण होता है। काफी मेहनत करनी पड़ती है।

प्रश्न : अच्छा, यह बताइये कि इस कार्य से कौन-कौन लोग संबद्ध हैं? क्या कोई वर्ग-विशेष ही या दूसरे वर्ग के लोग भी संलग्न हैं?

उत्तर : मूलतः घड़वा जाति के लोग ही इस कार्य से संबद्ध हैं। वैसे अब 'ट्रायसेम योजना' के अंतर्गत जो लोग ट्रेनिंग ले रहे हैं, उनमें से कुछ अवश्य दूसरे वर्ग के लोग हैं। बीच-बीच में विदेशों से कई लोग इसे सीखने के लिए यहाँ आते रहते हैं।

प्रश्न : आपका क्या ख्याल है कि क्या अन्य वर्ग के लोगों को इस कार्य से जुड़ना चाहिए?

उत्तर : अवश्य जुड़ना चाहिए। अन्य वर्ग के लोग भी आएँ, यह तो अच्छी बात होगी। इससे हमें कोई नुकसान होने का प्रश्न नहीं।

प्रश्न : इस कला के चलते आपका साबिका प्रायः सरकारी और गैर सरकारी संस्थानों से पड़ता है। घड़वा कला के प्रति शासकीय और अन्य दृष्टिकोण क्या है? आपने क्या महसूस किया है?

उत्तर : जहाँ तक इस कला के प्रति शासकीय और अन्य दृष्टिकोणों का प्रश्न है, मैंने यह महसूस किया है कि शासन की नीतियाँ इस कला की प्रगति के हित में

हैं किंतु बीच में अवरोध पैदा होता है नौकरशाही के कारण। मैं आपको बताऊँ, पूरे मध्यप्रदेश के लिए पहले केवल जगदलपुर में मुख्य कार्यालय था अखिल भारतीय हस्तशिल्प मंडल का। अभी हाल ही में इसकी एक शाखा जावत में खोली गई है। शासन की नीतियों के तहत इन कार्यालयों से, जितने भी शिल्पी हैं, उन्हें हर संभव मदद दी जानी है। मुख्य रूप से शिल्पियों को कच्चा माल सस्ते दर पर उपलब्ध कराना, बैंक से ऋण दिलाना, वर्ष में दो-चार बार देश में विभिन्न बड़े नगरों में प्रदर्शनियाँ आयोजित कर शिल्पियों की कलाकृतियों का प्रदर्शन करना, उन्हें उनकी कृतियों का बाजार दिलाना आदि इस मंडल के कार्य हैं किन्तु वस्तुतः ऐसा नहीं हो रहा है। होना यह चाहिए कि कुशल कलाकारों को विभिन्न प्रदर्शनियों में ले जाया जाए। किन्तु होता यह है कि अधिकारीगण नौसीखियों को ले जाते हैं। यानी इन नए-नवेड़ियों से काम चलाया जा रहा है। इसके अलावा म.प्र.राज्य हस्तशिल्प मंडल के क्षेत्रीय खरीदारी केन्द्रों में अनियमित खरीदारी होती है। नियमानुसार प्रति सप्ताह खरीदी की जानी है किन्तु ऐसा न होकर महीने-दो महीने में या कभी-कभी चार-पाँच महीने के अंतराल में खरीदारी की जाती है। सही कीमत भी नहीं दी जाती। कभी-कभी होता यह है कि पहले ऑर्डर दिया जाता है फिर सामान लाने पर घुमाया जाता है। हाथ-पाँव जोड़ने पर अधिकारी गण दया-भाव दिखाते हुए उसे ले लेते हैं। यानी शोषण खुलकर हो रहा है।

प्रश्न : आपका मतलब है कि शासन की नीतियाँ तो आपके हित में हैं किन्तु इन नीतियों का क्रियान्वयन संबंधित अधिकारीगण सही ढंग से नहीं कर रहे हैं?

उत्तर : जी हाँ। शासन की नीतियाँ तो वाकई हमारे हित में हैं।

प्रश्न : शोषण का संगठित विरोध क्यों नहीं किया जाता? चुप्पी क्यों साध ली जाती है? माफ कीजिएगा, कहीं ऐसा तो नहीं है कि नए लोगों को सामने न आने देने के लिए यह सुनियोजित षड्यन्त्र है?

उत्तर : षड्यंत्र जैसी कोई बात बिल्कुल ही नहीं है। दरअसल होता यह है कि भुक्तभोगी कलाकार मौखिक रूप से तो शिकायत करता है किन्तु लिखित रूप से वह नहीं देना चाहता। इसके पीछे भी कारण है। और वह यह कि उन्हें अपनी रोजी-रोटी छिन जाने का भय जो बना रहता है। और जहाँ तक प्रश्न है शोषण के विरुद्ध आवाज उठाने का, मैं कोशिश में लगा हूँ कि कलाकारों की समझौतावादी दृष्टिकोण वाली मानसिकता को दूर कर जागरुकता पैदा की जाए। किन्तु आप जानते हैं, मुझ अकेले से तो यह सब नहीं हो सकता। इसके लिए हमारे सभी कलाकारों को एक होना पड़ेगा। तभी बात बन सकती है।

प्रश्न : अच्छा, यह तो काफी लम्बी प्रक्रिया होगी। फिलहाल आप यह बताइए कि गैर सरकारी संस्थान भी ऐसे कोई हैं, जिनसे आपको सहयोग मिला हो?

उत्तर : अवश्य। क्राफ्ट काउन्सिल ऑफ वेस्टर्न इंडिया, बॉम्बे, क्राफ्ट काउन्सिल ऑफ इंडिया, मद्रास वगैरह गैर सरकारी संस्थाओं से मुझे काफी सहयोग मिला है। वस्तुतः हम अपनी कलाकृतियों के जरिये भारत के लिए काफी मात्रा में विदेशी मुद्रा भी अर्जित करते हैं।

प्रश्न : गैर सरकारी माध्यमों में धनाढ्य लोग हैं। क्या आपको ऐसा नहीं लगता कि आप आभिजात्य वर्ग या कहें कि सुविधा-सम्पन्न लोगों के मनोरंजन मात्र के लिए काम कर रहे हैं?

उत्तर : जी नहीं। ऐसा कुछ भी मैं महसूस नहीं करता।

प्रश्न : आपकी कलाकृतियों का खरीदार जन-सामान्य है?

उत्तर : जरूर। बस्तर का सामान्य जन अवश्य ही मेरी कलाकृतियों का खरीदार है। हाँ, जहाँ तक बस्तर से बाहर की बात है, वहाँ इसके खरीदार धनिक वर्ग के लोग ही अधिक हैं। इसके पीछे कारण यह है कि प्रायः ये कलाकृतियाँ काफी अधिक लागत से बनती हैं। अतः स्पष्ट है कि छोटी-मोटी चीजें कम लागत से बनी होने के कारण सामान्य आय का व्यक्ति ही इसे खरीदता है।

प्रश्न : आपकी कला का उद्देश्य क्या है? आप जानते ही होंगे, कला, कला के लिए नहीं होती। मेरा मतलब है कला या साहित्य को मूलतः समय-सापेक्ष होने के साथ-साथ जन सामान्य से भी जुड़ा होना चाहिए। आपके क्या विचार हैं? क्या आप कहीं इस माध्यम से जन-सामान्य से जुड़ रहे हैं?

उत्तर : वैसे मूलतः घड़वा कला पूर्ण रूपेण व्यावसायिक रही है। इसमें दो मत नहीं है। किन्तु इधर मैंने लगभग हर कृतियों में दिशा देने की कोशिश की है। जन-सामान्य की समस्याओं के साथ मैं कृतियों के माध्यम से अवश्य जुड़ा हुआ हूँ। मसलन, 'मदर', 'फ्लाईंग युनिटी', 'गेट टुगेदर', 'एकता', 'रनिंग अप' आदि कृतियों में यही सब उद्देश्य है।

प्रश्न : आपके शिल्प के विषय क्या होते हैं? कहीं ऐसा तो नहीं है कि आप भी आम कलाकारों की तरह बस्तर की संस्कृति को विकृत रूप में प्रस्तुत करते हों? मेरा मतलब है, यहाँ की स्त्रियों को अधनंगी चित्रित करते हों अपनी कृतियों में, जैसा कि कला के नाम पर आज का प्रायः हर कलाकार आदिवासियों की संस्कृति को भुना रहा है?

उत्तर : माफ कीजिएगा। मैं यहाँ प्रतिबद्ध हूँ। स्वयं भी चूँकि आदिवासी समाज का हूँ अतः यह प्रतिबद्धता और अधिक प्रखर है। न तो मैंने आज तक ऐसी विकृत

भावना का रूपांकन किया है और न भविष्य में करूँगा। प्रतीकात्मक रूपांकन मेरे शिल्प के प्रमुख विषय हैं। दरअसल कलाकार बँधा नहीं होता कि वह लोगों की विकृत मानसिकता के अनुरूप उन्हें वैसी ही कृतियाँ दे। वस्तुतः कलाकार तो लोगों की कुरुचि को बदल कर, परिष्कृत कर सुरुचि पैदा करने का सशक्त माध्यम होता है। अब यह अलग बात है कि दोनों की रुचि ही हीनतर हो गई है। समाज-निर्माण में कलाकारों की अहम भूमिका को कतई नहीं नकारा जा सकता।

प्रश्न : बाहर आपकी कृतियों के विषय में क्या प्रतिक्रिया होती है?

उत्तर : लोग पारम्परिक कृतियों को ज्यादा पसन्द करते हैं। प्रायः मुझे संवेदनशील कला-पारखियों की सोहबत मिली है।

प्रश्न : आप अभी हाल ही में म.प्र. आदिवासी लोक कला परिषद् के सदस्य मनोनीत हुए हैं। इस महत्त्वपूर्ण परिषद् के सदस्य होने के नाते आप आदिवासी लोक-कला के उत्थान के लिए क्या करना चाहेंगे?

उत्तर : यहाँ की आदिवासी लोक-कला यथा मूर्ति कला, चित्रकला आदि के क्षेत्र में प्रगति के लिए काम करना चाहता हूँ। जितना और जब भी अवसर मिलेगा, मैं पीछे नहीं रहूँगा।

प्रश्न : बस्तर के लोक कलाकारों की स्थिति कैसी है आपके अलावा?

उत्तर : काफी पिछड़े हुए हैं आर्थिक, सामाजिक आदि सभी क्षेत्रों में। इनकी स्थिति में सुधार लाने के लिए अधिकाधिक शासकीय सहायता की आवश्यकता है।

प्रश्न : क्या आप यहाँ किसी सरकारी समिति या परिषद् की स्थापना के बारे में सोचते हैं?

उत्तर : जी हाँ। एक परिषद् बस्तर लोक कला परिषद् या ऐसी ही सहकारी समिति, जो कलाकारों को आर्थिक सहायता दे, की स्थापना की दिशा में प्रयास जारी है। प्रारूप तैयार किया जा चुका है। आपको मालूम ही होगा। इसका प्रमुख उद्देश्य होगा कलाकारों को संगठित करना और उनकी प्रगति के लिए सतत प्रयत्न। किन्तु इसकी सफलता के लिए सबसे पहले कलाकारों में जागरूकता पैदा करने की आवश्यकता है।

प्रश्न : 'ढोकरा' या 'घड़वा' कला का भविष्य?

उत्तर : भविष्य सुधारा जा सकता है। किन्तु जैसा कि मैंने पहले ही कहा, संगठन की अतीव आवश्यकता है। लगता है कि सुनहरा भविष्य है। किन्तु प्रतिकूल आर्थिक परिस्थितियों में ठप भी हो सकता है। दरअसल होता यह है कि एक तो आम कलाकार आर्थिक दृष्टि से सुदृढ़ नहीं होता। ऐसे में कभी-कभी अधिक लागत से बनी कृति के न बिकने पर उसकी हालत और भी खराब

हो जाती है। इस स्थिति से सहकारी समितियों के माध्यम से ठोस उपाय कर निबटा जा सकता है। आज से पन्द्रह वर्ष पूर्व बाहर के लोग इस कला से परिचित नहीं थे और आज स्थिति यह है कि न केवल देश में बल्कि विदेशों में भी इस तकनीक के शिल्पों की माँग बहुत अधिक है।

प्रश्न : आपने संयुक्त एवं एकल प्रदर्शनियाँ बहुत की हैं। काफी पुरस्कार भी आपको प्राप्त हुए हैं। आगे आप कहाँ-कहाँ अपनी प्रदर्शनियाँ कर रहे हैं?

उत्तर : अभी नवम्बर में कलकत्ता में एकल प्रदर्शनी करने जा रहा हूँ। इसके अलावा दिसम्बर 1981 में गोवा में, जनवरी 1982 में बेंगलोर में तथा फरवरी 1982 में बम्बई में। क्राफ्ट काउन्सिल ऑफ वेस्टर्न इंडिया तथा अखिल भारतीय हस्तशिल्प मंडल की ओर से लंदन में आयोजित अन्तर्राष्ट्रीय प्रदर्शनी में भाग लेने के लिए आमन्त्रण आया है। फिर क्रमशः हॉलैंड, जर्मनी और ऑस्ट्रिया में मेरे कार्यक्रम निश्चित हो गए हैं।

प्रश्न : नए कलाकारों के लिए आप कोई संदेश देना चाहेंगे?

उत्तर : केवल इतना कि लोग लगन और हिम्मत से काम करें। परम्परा को बनाए रखें। इस क्षेत्र में यदि दूसरे वर्ग के लोग भी आएँ तो और अच्छी बात होगी। पर हाँ, ईमानदारी आवश्यक है। यदि स्वयं समर्थ हों तो विपन्न कलाकारों को सहयोग दें। इसके लिए मैं स्वयं भी प्रस्तुत हूँ। जितनी सहायता मुझसे बन सकेगी मैं हमेशा सहयोग के लिए तत्पर हूँ।

जयदेव भाई आरम्भ से ही शिल्पियों के शोषण के विरुद्ध आवाज बुलंद करते रहे हैं। 1987 में मैंने उनसे बातचीत के आधार पर एक रपट लिखी जिसका प्रकाशन 'अमृत संदेश' दैनिक (रायपुर) के दिनांक 14 अगस्त, 1987 के अंक में 'बस्तर के घड़वा कलाकार कब होंगे शोषण से मुक्त' शीर्षक से हुआ था। रपट इस तरह है :

बस्तर जिले का हमेशा से यह दुर्भाग्य रहा है कि उसके विकास के नाम पर शासन की तमामतर योजनाएँ बनती तो हैं किंतु उनमें से किसी भी योजना का क्रियान्वयन सही ढंग से नहीं हो पाता। निश्चय ही इसके लिए नौकरशाही जिम्मेदार ठहराई जा सकती है।

सरकार चाहती है कि लोगों का विकास हो, चहुँमुखी विकास हो। इसीलिए तो मध्यप्रदेश की सरकार ने बीसियों निगम रूपी हाथी पाल रखे हैं। इन्हीं में से एक है 'मध्यप्रदेश हस्तशिल्प विकास निगम' जो हस्तशिल्प का विकास-कार्य तो नहीं करता अलबत्ता शिल्पियों को परेशान करने और उनके हित में दिए गए शासकीय अनुदानों को झटकने में हमेशा अव्वल रहता है। इसके कर्मचारी शिल्पियों को दी जाने वाली सुविधाओं के मद की धनराशि से अपने लिए सुविधाएँ जुटाते हैं और 'स्व-विकास' की ओर दत्तचित्त हो कर बढ़ते चले जा रहे हैं। यह आरोप लगाया है आज के सुविख्यात घड़वा शिल्पी श्री जयदेव बघेल ने।

ढेर सारे ऐसे उदाहरण हैं, जिनसे निगम की अक्षमता और लापरवाही प्रकाश में आती है तथा उसकी निष्ठा एवं कार्यकुशलता पर प्रश्नचिन्ह लगते हैं। वर्ष 1970 में श्री जयदेव बघेल के अथक प्रयासों के बाद बस्तर जिले के सर्वेक्षण के उपरांत मध्यप्रदेश लघु उद्योग निगम से अलग मध्यप्रदेश हस्तशिल्प मंडल का गठन किया गया। म.प्र.ल.उ.नि. के एक अधिकारी श्री पी.पी. पिपाड़ा को इस नवगठित हस्तशिल्प मंडल का सचिव तथा श्री के.के.शर्मा को सहायक सचिव नियुक्त किया गया। बस्तर के श्री मानिक घड़वा (राष्ट्रपति पुरस्कार प्राप्त कलाकार) एवं श्री अरुण गुहा (संचालक, डांसिंग कैक्टस, जगदलपुर) को संचालक मंडल का सदस्य मनोनीत किया गया। आगे चल कर वर्ष 1977-78 में इस मंडल का नाम बदल कर इसे म.प्र.हस्तशिल्प विकास निगम कर दिया गया। इसका मूल केन्द्र बिन्दु था बस्तर और बस्तर की घड़वा कला।

माता मावली : 1976

वर्ष 1983-84 में बस्तर के तत्कालीन आयुक्त श्री जे.एस.कपानी के प्रयास से कोंडागाँव में, जो श्री जयदेव बघेल के कारण घड़वा कला का महत्त्वपूर्ण केन्द्र बन चुका है, घड़वा कारीगरों की सुविधा के लिए शेड व शो-रूम के निर्माण हेतु दो लाख दस हजार रुपए की स्वीकृति म.प्र.शासन के ग्रामीण विकास विभाग द्वारा 8 नवम्बर, 1983 को दी गई। इसी तारतम्य में जिला ग्रामीण विकास अभिकरण, जगदलपुर द्वारा उपर्युक्त धनराशि दो लाख दस हजार रुपयों का चेक विकास सहायक, म.प्र.हस्तशिल्प विकास निगम मर्यादित जगदलपुर को आवश्यक कार्यवाही हेतु संलग्न कर भेजा गया। हस्तशिल्प विकास निगम द्वारा तीस एवं साठ हजार रुपए खर्च कर दो भवन जिन्हें क्रमशः शो-रूम, सह-स्टोर-रूम एवं संग्रहालय भवन का नाम दिया गया है, कोंडागाँव में बनवा लिए गए हैं और एक लाख रुपए की लागत वाला शेड अभी तक अधूरा पड़ा है। इन पूर्ण/अपूर्ण भवनों को देख कर कोई भी जानकार बता सकता है इनके निर्माण में वस्तुतः कितनी लागत आई होगी। आदिवासी घड़वा कला सहकारी समिति, कोंडागाँव के संरक्षक श्री जयदेव बघेल का स्पष्ट आरोप है कि इस निर्माण में जम कर घपला हुआ है।

दरअसल खास मुद्दा है भवन के अधिग्रहण का। घड़वा कारीगरों और म.प्र.ह.शि.वि.नि. के बीच इस मुद्दे को लेकर खासा विवाद उठ खड़ा हुआ है। निगम का कहना है कि ये भवन उसकी मिल्कीयत हैं, जबकि घड़वा कारीगर उसे अपनी सुविधा के लिए शासन का उपहार समझ रहे हैं। वस्तुतः कागजात से तो यही स्पष्ट होता है कि ये भवन म.प्र.ह.शि.वि.नि. द्वारा अपनी देखरेख में बनाए जाकर घड़वा कारीगरों की उपर्युक्त समिति को सौंप दिए जाने चाहिए। कारीगरों का कथन है कि इसके विपरीत निगम के अधिकारी इन भवनों का इस्तेमाल विभागीय शो-रूम की तरह करने पर अड़े हुए हैं।

पिछले दिनों 2 अक्टूबर 1986 को म.प्र. शासन वाणिज्य मंत्रालय के उप सचिव एवं निगम के प्रबंध संचालक तथा निगम के चेयरमैन से कोंडागाँव में श्री जयदेव बघेल व अन्य घड़वा कारीगरों की बातचीत में भी निगम के प्रबंध संचालक ने यही दुहराया कि ये भवन निगम की सुविधा के लिए बनाए गए हैं और निगम की ही सम्पत्ति हैं। और यह भी कि इन पर घड़वा कारीगरों की किसी समिति का कोई हक नहीं बनता। जबकि 8 नवम्बर, 1986 के पत्र में ग्रामीण विकास विभाग ने स्पष्ट कर दिया है कि ये भवन आदिवासी घड़वा कारीगरों को कॉमन सुविधा प्रदान करने के लिए निर्मित किए जाएँगे। इतना स्पष्ट आदेश होने के बावजूद निगम का यह अड़ियल रवैया क्या यह सिद्ध नहीं करता कि वह कारीगरों को बेवजह परेशान करने पर तुला हुआ है? क्या इसी प्रकार की अड़ंगेबाजी को सुविधा प्रदान करना कहा जाता है?

श्री जयदेव बघेल ने म.प्र.ह.शि.वि.नि. पर यह आरोप भी लगाया है कि उसने वर्ष 1979-80 में उद्योग मंत्रालय द्वारा बस्तर के घड़वा कारीगरों के वर्कशाप हेतु शेड निर्माण के लिए स्वीकृत राशि 17 लाख रुपए भी डकार लिए। उल्लेखनीय है कि इस कार्य के लिए आवश्यक सर्वेक्षण का कार्य भी बस्तर जिले में पूरा कर लिया गया था, किंतु वह योजना कहाँ चली गई और रुपयों का क्या हुआ, पता नहीं। इसकी गहरी छानबीन आवश्यक है।

यह तो हुई बात कारीगरों की सुविधा के लिए कितना कुछ इस निगम द्वारा किया जा रहा है। अब देखें कि इसके द्वारा घोषित पुरस्कारों और पुरस्कृतों की क्या स्थिति है? वर्ष 1984-85 में राज्य स्तरीय द्वितीय पुरस्कार के लिए ग्राम आलवाही (तहसील जगदलपुर) के 22 वर्षीय घड़वा कारीगर गबदूराम की कृति निगम द्वारा चुनी गई। पुरस्कार की घोषणा हुई और गबदूराम को इस आशय का पत्र भी मिला। पत्र पाने के बाद गबदूराम पुरस्कार लेने के लिए निगम के जगदलपुर एवं भोपाल स्थित कार्यालयों के चक्कर लगाते रहे। पत्र भी लिखा किन्तु धन्य है म.प्र.ह.शि.वि.नि. जिसने पुरस्कार की घोषणा के बाद भी आज तक पुरस्कार वितरण नहीं किया है। भला वह इतनी जल्दी पुरस्कार क्यों दे दे, जब तक कि कलाकार मर-खप न जाए! अब यह भी कोई आवश्यक नहीं है कि आगे चल कर उन्हें या उनकी अगली पीढ़ी को यह पुरस्कार मिल पाए।

इसी तरह जगदलपुर के पदुमराम की बेलमेटल कृति को प्रथम पुरस्कार (राज्य स्तरीय)

देने की घोषणा निगम ने 1984-85 में की है और उन्हें भी यह पुरस्कार अब तक प्राप्त नहीं हो सका है और न कृतियों का मूल्य ही। एक और मजेदार बात यह है कि आज के सुपरिचित घड़वा कलाकार जयदेव बघेल की कृति भी इसी निगम द्वारा वर्ष 1973-74 में (तब इस निगम का नाम म.प्र.राज्य हस्तशिल्प मंडल था) राज्य स्तरीय प्रथम पुरस्कार हेतु चुनी और घोषित की गई थी किंतु आज तेरह वर्षों बाद भी उन्हें यह पुरस्कार अप्राप्त है।

एक घड़वा कारीगर ने, अपना नाम प्रकाशित न करने के अनुरोध के साथ यह बताया कि निगम के भोपाल स्थित गोदाम में ढेरों कलाकृतियाँ कूड़ों की मानिंद फेंक दी जाती हैं, जबकि कलाकार यहाँ बैठा-बैठा यह खुशफहमी पाल लेता है कि उसकी कलाकृतियों पर निगम ध्यान देता है। उल्लेखनीय है कि बेलमेटल की ये कलाकृतियाँ प्रायः एक हजार से ऊपर लागत की होती हैं, जिनका सही मूल्यांकन निगम द्वारा कभी भी नहीं किया जाता। जैसा कि गबदूराम की कलाकृति की कीमत छह सौ रुपयों से घटा कर चार सौ पचास रुपए करने हेतु निगम ने गबदूराम को दिनांक 21 फरवरी, 1984 को पत्र लिखा था।

निगम का कहना है कि उसके द्वारा कारीगरों को कच्चा माल सस्ते दामों में उपलब्ध कराया जाता है, किन्तु तथ्य इसके बिल्कुल विपरीत है। कारीगरों का स्पष्ट आरोप है कि निगम के जगदलपुर स्थित कार्यालय में उन्हें व्यावसायिक एवं ऊँची दरों पर कच्चा माल दिया जाता है। बताया गया है कि इस पर भी कच्चे माल की गुणवत्ता एकदम निकृष्ट होती है। मशीनों के पाट्र्स जिनका वजन 8-10 किलोग्राम होता है, इस कार्यालय द्वारा कारीगरों को मुहैया कराये जाते हैं। ये पाट्र्स आसानी से नहीं गल पाते और बेचारे कारीगर अपना माथा ठोंक लेने को विवश होते हैं। इसी तरह एक योजना के अन्तर्गत हर कारीगर को तीन-चार सौ रुपए के औजार निगम द्वारा दिए जाने थे। इस योजना में कारीगरों से औजार की कुल पच्चीस फीसदी कीमत वसूल की जानी थी, शेष पचहत्तर प्रतिशत की छूट थी। निगम के स्थानीय अधिकारियों ने औजार तो दे दिए किन्तु अधूरे और खराब। निगम की कृपा से आज उन औजारों में से कोई भी काम के लायक नहीं रह गया है।

जिस शिल्प के विकास के लिए यह निगम स्थापित है उसे यही नहीं मालूम कि जिले में कुल कितने घड़वा शिल्पी हैं। इस निगम को खामख्याली है कि बस्तर जिले में मात्र डेढ़ सौ कारीगर हैं। बड़ी ही हास्यास्पद स्थिति है। अभी एक-डेढ़ माह पूर्व तक की स्थिति के अनुसार केवल कोंडागाँव तहसील में तीन-चार सौ शिल्पियों के नाम और काम, दोनों ही प्रकाश में आए हैं। यह तथ्य 'पारम्परिक बस्तर शिल्पी परिवार' नामक संगठन द्वारा 'रूरल कम्युन्स', बम्बई के सहयोग से किए जा रहे सर्वेक्षण से सामने आया है। यह संगठन पूरे बस्तर जिले में सर्वेक्षण कर रहा है।

और फिर क्या यह भी आश्चर्य की बात नहीं कि निगम आज इतने वर्षों बाद भी अपने लक्ष्य में सफल नहीं हो सका है। इसकी खरीद का घोषित लक्ष्य आठ से दस लाख रुपए प्रति वर्ष है, किंतु वस्तुतः यह अपने लक्ष्य में कहाँ तक सफल हुआ है, यह तो निगम

के कर्ताधर्ता ही बता पाएँगे। जबकि कोंडागाँव की हस्तशिल्प उद्योग सहकारी समिति द्वारा प्रति वर्ष एक लाख रुपए की खरीद की जा रही है। निगम कारीगरों के हितों के प्रति कितना लापरवाह है और कितना शोषण उसके द्वारा हो रहा है, इसका अंदाजा 2 या 3 अक्टूबर, 1986 को निगम के प्रबंध संचालक द्वारा कोंडागाँव के कारीगरों से कही गई दोमुँही बातों से लगाया जा सकता है। प्रबंध संचालक ने हस्तशिल्प उद्योग सहकारी समिति कोंडागाँव के कारीगर सदस्यों से कोंडागाँव में कहा कि वे कलाकृतियों की खरीद साठ रुपए प्रति किलो करने एवं उस पर दस प्रतिशत अतिरिक्त देने को तैयार हैं किन्तु 3 अक्टूबर 1986 को नारायणपुर से वापस आने पर वे एक दिन पहले घोषित दर से मुकर गए और दर गिरा कर पचास रुपए प्रति किलो एवं उस पर पाँच प्रतिशत अतिरिक्त देने की बात कही। मजेदार बात यह कि इतने कम मूल्य पर खरीदी गई चीजें निगम सौ प्रतिशत लाभ लेकर अन्यत्र बेचता है। क्या यह कारीगरों का शोषण नहीं है? आखिर इस निगम का उद्देश्य क्या है? हस्तशिल्प का विकास या कुछ और? क्या निगम के अधिकारी उन सतरह लाख रुपयों का हिसाब देंगे? क्या वे भवन जो कोंडागाँव के घड़वा कारीगरों की कामन सुविधा के लिए बनाए गए हैं और जिनमें से एक अभी तक अधूरा पड़ा है, पूरा किया जाएगा और घड़वा कारीगरों को सौंपे जाएँगे? जगदलपुर स्थित कार्यालय के अधिकारी कब उचित मूल्य पर सही कच्चा माल इन्हें उपलब्ध कराएँगे और यह भी कि पुरस्कारों से वंचित कलाकारों की कभी सुध ली भी जाएगी अथवा नहीं?

ज्वेलरी बॉक्स : 1980

1991 में भाई जयदेव बघेल और मैं जब सांस्कृतिक आदान-प्रदान कार्यक्रम के तहत भारतीय सांस्कृतिक सम्बन्ध परिषद्, नई दिल्ली की ओर से 45 दिनों के लिए ऑस्ट्रेलिया

की यात्रा पर जा रहे थे तब उसके ठीक पूर्व भाई जयदेव बघेल से मेरे द्वारा लिया गया एक साक्षात्कार रायपुर से प्रकाशित 'अमृत संदेश' दैनिक में प्रकाशित हुआ था। प्रस्तुत है वह साक्षात्कार :

बस्तर के ख्यातिप्राप्त धातु शिल्पी जयदेव बघेल दूसरी बार ऑस्ट्रेलिया जा रहे हैं। वे ऑस्ट्रेलिया के विभिन्न शहरों में अपनी कला का प्रदर्शन करेंगे और लोगों को उससे परिचित कराएँगे। बस्तर की घड़वा कला को देश के बाहर अनेक देशों में सम्मान दिलाने

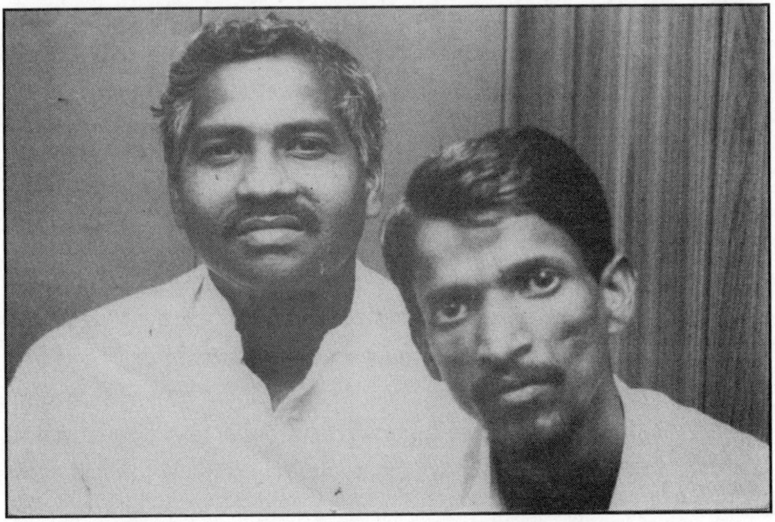

आस्ट्रेलिया जाने से पहले हरिहर वैष्णव और जयदेव बघेल, नई दिल्ली में, 1991

वाले जयदेव भाई को इस बात का दुःख है कि भोपाल में बैठे लोग इस कला को सम्मान दिलाने में बाधक बने हुए हैं। प्रस्तुत है, कला से जुड़े विभिन्न पहलुओं पर उनके विचार :

प्रश्न : जयदेव भाई! आपने अब तक विश्व के अनेकानेक देशों की यात्रा की है। वहाँ के लोगों का इस कला के प्रति क्या दृष्टिकोण है?

उत्तर : विदेशों में मैंने वहाँ के लोगों के मन में न केवल इस कला के प्रति अपितु भारत मात्र की संस्कृति और कलाओं के प्रति गहरी आत्मीयता पाई है। लोग हमारी संस्कृति को समझना चाहते हैं। सबसे बड़ी बात यह है कि उनका अवलोकन बड़ा सूक्ष्म होता है। छोटे से बच्चे से लेकर बड़े-बूढ़े तक बारीकी से समझना चाहते हैं। यहाँ के कलाकारों को बहुत सम्मानजनक नजरों से देखा जाता है।

प्रश्न : इस बार की आपकी ऑस्ट्रेलिया यात्रा के दौरान आप एडिलेड, कैनबरा,

सिडनी और मेलबोर्न नगरों में अपनी कला का प्रदर्शन करेंगे। क्या इसमें प्रशिक्षण देने जैसी भी कोई बात शामिल होगी?

उत्तर : जी हाँ। मुझे विभिन्न कला विद्यालयों में घड़वा कला पर व्याख्यान भी देना होगा। कार्य कर के दिखाना होगा। भाई हरिहर वैष्णव इस अवधि में बस्तर की हल्बी मिथकथाओं के अंग्रेजी अनुवाद में जुटे रहेंगे। इसी बात पर एक और बात का उल्लेख मैं यहाँ करना चाहूँगा। मुझे 1981 में मध्यप्रदेश आदिवासी लोक कला परिषद् का रत्न सदस्य मनोनीत किया गया था। आदिवासी लोक कला परिषद् ने अब तक विभिन्न लोक कलाओं पर मोनोग्राफ प्रकाशित किए हैं। कलाकारों पर भी। किंतु मेरे द्वारा बारम्बार कहे जाने पर भी घड़वा कला पर आज तक यह काम नहीं हुआ। कार्यकारिणी की हर बैठक में प्रस्ताव पारित किया गया, बजट भी पारित हो जाता था किन्तु प्रकाशन का काम नहीं हुआ।

प्रश्न : ऐसा क्यों?

उत्तर : ऐसा इसलिए कि परिषद् के भोपालवासी लोग अपने तरीके से, भोपाल में बैठ कर घड़वा कला पर लिखना चाहते थे। मैंने कई बार उनसे कहा कि मोनोग्राफ के लिए पर्याप्त सामग्री हम उपलब्ध कराएँगे किंतु वे कभी इससे सहमत नहीं हुए। वे उनके अपने लेखन को प्रामाणिक मानते हैं और हमारे द्वारा उपलब्ध कराई गई सामग्री को बेकार। यह तो ठीक ऐसे हुआ मानो मेरे घर के बारे में मैं कुछ नहीं जानता किंतु बाहर से एक दिन के लिए मेरे घर आया मेहमान सब कुछ जानता है। आज घड़वा कला विश्व के कोने-कोने तक पहुँच चुकी है किंतु इस कला पर अपने ही प्रदेश या देश की संस्थाओं द्वारा पर्याप्त काम का नहीं हो पाना क्या हमारे लिए अफसोस की बात नहीं है? आज देखिये, विश्व के जाने-माने विश्वविद्यालयों में से एक ऑस्ट्रेलियन नेशनल यूनिवर्सिटी बस्तर की बोली 'हल्बी' में प्रचलित मिथकथाओं के प्रकाशन में गहरी रुचि ले रही है। घड़वा कला पर विदेशों में ढेर सारी सामग्री प्रकाशित हो चुकी है।

प्रश्न : आप इन दिनों 'शिल्पी ग्राम' नामक परिसर के निर्माण-कार्य में जुटे हुए हैं। इसका विचार आपके दिमाग में कैसे आया?

उत्तर : 'शिल्पी ग्राम' हमारी संस्था 'पारम्परिक बस्तर शिल्पी परिवार' की एक महत्वाकांक्षी योजना है। यह योजना मेरे दिमाग में वर्षों पहले से थी। आप जानते ही हैं, बस्तर अंचल के लोक कलाकार बिखरे हुए हैं। उनमें एकता का अभाव है। आर्थिक रूप से बहुत कमजोर हैं। यही कारण है कि वे अपने परम्परागत शिल्प-कर्म को छोड़ दूसरे कामों में, मजदूरी आदि में अपना

समय लगाने को विवश हैं। स्पष्ट ही इससे इन शिल्प विधाओं के लुप्त हो जाने का भारी खतरा है। तो इन्हें लुप्त हो जाने से बचाने के लिए यह योजना आई। अब यह होगा कि इस परिसर में इन शिल्पों के वरिष्ठतम शिल्पी रहेंगे और इच्छुक लोगों को प्रशिक्षित करेंगे।

प्रश्न : आप अपने स्वयं के काम में व्यस्त रहते हुए भी इन कार्यों के लिए समय कैसे निकाल लेते हैं?

उत्तर : समय निकालना पड़ता है। हालाँकि इससे मेरे अपने व्यक्तिगत कार्यों पर असर तो पड़ता ही है किन्तु मैं इसे भी अपना उत्तरदायित्व मानता हूँ। जिन स्थितियों में हमने अपना समय बिताया है, उसकी पुनरावृत्ति न हो, इसलिए इस तरह के संगठनात्मक कार्यों में समय देना मैं निहायत जरूरी समझता हूँ। हमारी संस्था 'पारम्परिक बस्तर शिल्पी परिवार' लोक शिल्पियों के विकास और उनके संरक्षण के लिए सतत प्रयत्नशील है। इसका श्रेय हमारे सभी शिल्पी साथियों को जाता है।

प्रश्न : क्या आपके मन में कभी नहीं आता कि आप विदेश में बस जाएँ?

उत्तर : जी नहीं। मैं अपने गाँव और घर से बाहर बसने की कल्पना भी नहीं कर सकता। यह अलग बात है कि महीने या साल दो साल के लिए विदेश प्रवास पर रह लूँ किंतु स्थायी रूप से बाहर रहने में मेरी कोई दिलचस्पी नहीं।

प्रश्न : अभी पिछले दिनों आपने आदिवासी लोक कला परिषद् से त्याग-पत्र दे दिया। फिलहाल आप किन संस्थाओं से जुड़े हैं?

उत्तर : भारतीय सांस्कृतिक सम्बन्ध परिषद् का मैं मनोनीत सदस्य हूँ। अभी हाल ही में, भारत सरकार ने मुझे हस्तशिल्पियों के राष्ट्रीय पुरस्कार हेतु चयन करने वाली राज्य स्तरीय चयन समिति में भी सदस्य मनोनीत किया है।

प्रश्न : आपकी वर्तमान ऑस्ट्रेलिया यात्रा के लिए भारत सरकार से क्या सहयोग प्राप्त हुआ है?

उत्तर : आमंत्रण ऑस्ट्रेलियन नेशनल यूनिवर्सिटी, कैनबरा का है। वहाँ रहने, भोजन एवं आवास की व्यवस्था भी यही यूनिवर्सिटी कर रही है। भारत सरकार के भारतीय सांस्कृतिक सम्बन्ध परिषद् द्वारा हमें मार्ग व्यय उपलब्ध कराया जा रहा है। यह कार्यक्रम सांस्कृतिक आदान-प्रदान कार्यक्रम के अंतर्गत है।

प्रश्न : अंतिम प्रश्न। क्या अन्य शिल्पी या साहित्यकार भी इस कार्यक्रम के अंतर्गत विदेश जा सकेंगे?

उत्तर : सांस्कृतिक आदान-प्रदान का कार्यक्रम ही ऐसा है कि प्रत्येक प्रतिभावान कलाकार को इसका फल मिलेगा ही। सवाल यह है कि आप लगन से, निष्ठा और ईमानदारी से अपने कार्य में जुटे हैं या नहीं। और फिर केवल

विदेश की ही बात हम क्यों करें? विदेश जाना कलाकार का लक्ष्य तो नहीं है। यह अलग बात है कि आपकी कला आपको विदेश पहुँचा दे। किंतु यदि आप विदेश नहीं जा सके तो इसका यह अर्थ भी नहीं कि आप में प्रतिभा नहीं या आप ईमानदार नहीं अपनी कला-साधना के प्रति।

समीक्षकों की दृष्टि में

जयदेव भाई की कला-मीमांसा करना मुझ जैसे व्यक्ति के लिए जो कला का ककहरा भी नहीं जानता, कतई सम्भव नहीं है। इसीलिए मैंने उनकी कला के विषय में कुछ भी कहने का कोई प्रयास नहीं किया है। यदि करता तो 'नाच न जाने आँगन टेढ़ा' वाली कहावत ही चरितार्थ होती। यही कारण है कि मैंने यहाँ कतिपय कला-संवाददाताओं और कला-समीक्षकों द्वारा समय-समय पर देश के विभिन्न अखबारों में लिखे गए समाचारों तथा समीक्षाओं को, यद्यपि उनमें से कई अंग्रेजी में हैं, स्थान दिया है। मैं चाहता तो अंग्रेजी सामग्री का हिन्दी अनुवाद प्रस्तुत कर सकता था किन्तु सम्भवतः ऐसा करने पर मूल भाव-सरगम का बना रहना कुछ कठिन ही होता।

झिटकू-मिटकी : 1980

'हिन्दुस्तान टाइम्स' (नई दिल्ली) ने दिनांक 12 दिसम्बर, 1977 को **'एग्री एक्स्पो' 77 तमाशे में ग्राम शिल्पी'** शीर्षक से एक लेख प्रकाशित किया। लेख में यह बताया गया कि यह प्रदर्शनी महज 'तमाशे' के अलावा और कुछ नहीं है। हस्तशिल्पियों का सम्बन्धित राज्य के हस्तशिल्प मंडल किस तरह शोषण करते हैं, यह भी इस लेख में उद्‌घाटित किया गया है। लेख इस तरह है :

“एग्री एक्स्पो-77 के ग्राम झाँकी खंड में अपने परम्परागत उद्यमों और हस्तशिल्प का प्रदर्शन करने आए शिल्पी लगभग अगले सप्ताह मेला उठने पर अपने-अपने गाँव लौट जाएँगे। प्रदर्शनी के दौरान अपनी सवा महीने की राजधानी यात्रा के दौरान उन्होंने एग्री एक्स्पो-77 में अपनी कारीगरी का प्रदर्शन किया। लोगों ने देखा कि भारत के दूर-दराज गाँव में किसी तरह की सुविधाओं के बिना भी हमारे ग्रामीण हस्तशिल्पी कला की

चेस सेट : 1999

कितनी गौरवशाली विरासत को कायम रखे हुए हैं। प्रदर्शनी के 'ग्राम झाँकी' खंड में इन कुशल कारीगरों को काम करते देख कर कौतूहल होता है। लेकिन बात लगता है यहीं खत्म हो जाएगी। इन कारीगरों की यह यात्रा दिल्ली की चौखट पर चुनौती की दस्तक साबित नहीं हो सकी है। दिल्ली के इस मेले में निरपेक्ष दर्शकों को अपनी कला का तमाशा दिखा कर और खुद तमाशा बनकर ये कलाकार फिर अपने-अपने अंचलों के उसी माहौल में लौट जाएँगे, जहाँ उनके शिल्प को बढ़ावा देने के नाम पर खास कुछ नहीं हो रहा है। 'ग्राम झाँकी' मंडप में म.प्र. के बस्तर जिले का जयदेव बघेल छोटी-सी भट्‌टी जलाए पीतल की मूर्ति बनाता दिखाई देगा। मूर्तियों पर कला की छाप छोड़ने की शैली उसकी बिल्कुल परम्परागत है। बस्तर की घड़वा जनजाति के इस युवक शिल्पी को धातु की मूर्तियों में कला का सृजन करने के लिए गत मई में हस्तशिल्प का राष्ट्रीय पुरस्कार मिला था। उसके परिवार में पीतल की मूर्तियाँ गढ़ने का यह ढोकरा शिल्प बहुत पुराना है। लेकिन जयदेव बघेल ने नए डिजाइनों की कल्पना कर इस कला को नयापन प्रदान किया है।

कृषि मेले में जब वह मूर्तियाँ बनाने के तरीके का प्रदर्शन करता है तो उसके इर्द-गिर्द अच्छी खासी भीड़ इकट्ठा हो जाती है। मिट्टी का साँचा बना कर वह मधुमक्खी के मोम से बनाए धागे से मूर्ति डिजाइनें उभारता है। फिर इसके ऊपर मिट्टी का दूसरा लेप कर के पीतल के साथ इस साँचे को इस तरह भट्टी में रख दिया जाता है, जिससे पीतल पिघल कर उस जगह को घेर लेता है जो मोम के पिघलने से खाली होती है। यह पूरी प्रक्रिया बहुत ही परिश्रम-साध्य और कला की बारीक अदायगी की कायल है। लेकिन जयदेव बघेल को इस उच्च कोटि की कला के लिए बहुत कम पैसा मिल पाता है। उसने बताया कि एक मूर्ति जिस पर 10 रुपए की पीतल, 3 रुपए का मोम, 1 रुपए की लकड़ी और तीन दिन की मेहनत लगती है, उसे 40-50 रुपए से ज्यादा नहीं मिल पाता। अपनी थोड़ी-सी जमीन पर भी उसका परिवार काम करता है। मूर्तियाँ बनाने से जयदेव को महीने में 250 रुपए से ज्यादा का औसत नहीं बैठ पाता है। कृषि प्रदर्शनी के आयोजकों ने जयदेव तथा उस जैसे ग्राम कलाकारों को आने-जाने का किराया दिया है। उन्हें प्रदर्शनी के दौरान प्रतिदिन 20 रुपए दिया गया है। बघेल की ही तरह और भी कई ग्राम शिल्पियों ने यह कहा कि सरकार की ओर से उन्हें खास मदद नहीं मिल रही है। कच्चा माल दिलाने और तैयार कलाकृतियों को बिकवाने में सरकार ज्यादा सहायता नहीं करती है। राज्य के हस्तशिल्प बोर्ड इन कलाकारों की जितनी मदद करते हैं, उससे ज्यादा उनका शोषण कर रहे हैं।"

कलकत्ता में जुलाई 1979 में आयोजित जयदेव भाई की प्रदर्शनी के विषय में स्थानीय 'अमृत बाजार पत्रिका' ने 04 जुलाई, 1979 को **Metal craft exhibition** शीर्षक से लिखा : "An exhibition of the Gharwa (Dhokra) metal craft of Bastar in Madhya Pradesh by Mr Jaidev Baghel was inaugurated on June 28 at the Calcutta Information Centre. The Gharwa metal craft of Bastar is akin to ‑ but not the same as the Dhokra craft of the Malhar community of Bankura and Burdwan. The Gharwa artisan visualizes and draws his designs more from his immediate tribal roots and the galaxy of local deities. The Gharwa craft, like Dhokra, is based on the lost wax process of casting in which a small core of clay is formed on which, after smoothening the surface wax threads of different sizes are placed. Finely sieved river clay is then patted on to the designs to hold them in place. After drying more clay of heavy texture is put to form a rough and ready mould with the wax designs and the at the centre of it. When the clay mould is heated in the oven, the wax volatilises and the molten brass alloy metal flows in to take the shape of the wax designs on the core. Jaidev Baghel, the craftsman, is himself from the Gharwa tribal community of Bastar. The tradition of metal casting in his family goes back to at least three generations. Jaidev was awarded the national award for art-metal craft in 1977 and was invited to demonstrate the craft at the Indian exhibition in Moscow in 1978; lately he has been given the special State award for the Madhya Pradesh Government. Over sixty specimens of

चेस सेट : 1999

Gharwa craft are on display. Most of them adhere to the traditional forms and some of them like the Danteswari Mata on tiger and Bhimadeo on a bullock and the Telgin mata with a trisul, are fine examples of the highly intricate nature of the lost wax process of casting. What is particularly interesting is the attempt by Jaidev to adapt the 'pata' style to depict some of the local tribal festivals of Madhya Pradesh; the Dhankul plaque and the Devi Puja plates with their bas-relief designs are worth mentioning in this respect."

'टाइम्स ऑफ इंडिया' (नई दिल्ली) ने 12 दिसम्बर, 1979 को **From craft to creativity** शीर्षक से लिखा : "In the Dhokra sculpture in bell metal by Jaidev Baghel, a traditional artisan from Bastar, shown at Rabindra Bhawan, there was a power in some of the icons which showed that tradition fully understood can accommodate deeply personal expression which can often be more genuine than the novelty built out of cliches of modernist fashions abroad."

रायपुर (छत्तीसगढ़) से प्रकाशित दैनिक 'नवभारत' ने 1980 में बस्तर के शिल्पियों की बुरी हालत के विषय में एक विस्तृत लेख प्रकाशित किया। शीर्षक था, **'बस्तर के शिल्पी'**। एम. ए. जोसेफ का यह आलेख इस तरह है : "एक समय था, जब अनगिनत जुबानों में

एक ही आवाज थी, प्रधानमंत्री इंदिरा गांधी के 20 सूत्रीय कार्यक्रम के क्रियान्वयन से ही समाज के गरीब तबके का जीवन-स्तर ऊँचा उठ सकेगा, यह गरीबों का मैग्नाकार्टा है, आदि। और

सांसद केयूर भूषण के हाथों 'स्वर्ण मंजूषा' पुरस्कार (रनिंग शील्ड 1980) प्राप्त करते हुए।

आज भी एक ही अलाप की गूँज है, देश के 80 प्रतिशत लोगों के रहन-सहन के स्तर को ऊँचा उठाने के लिए गाँवों का विकास किया जाएगा, अब तक उपेक्षित कुटीर तथा ग्रामीण उद्योगों को बढ़ावा दिया जाएगा आदि। तब और अब की आवाज में अन्तर इतना है कि आज व्यक्ति पूजा का पुट कुछ कम दिखाई पड़ रहा है, भले ही यह दूसरे की मार की सीख हो अन्यथा गिरे हुए लोगों की भलाई की बात तब भी थी और आज भी है। बस्तर मध्यप्रदेश का आदिवासी प्रधान जिला है। कांस्य शिल्प कला (बेलमेटल वर्क्स) के लिए यह प्रसिद्ध है। हस्तशिल्प कला में रुचि रखने वाले विदेशी सैलानी बस्तर जाने का लोभ संवरण नहीं कर पाते। यहाँ की घड़वा जनजाति का कांस्य मूर्ति निर्माण एक परम्परागत उद्योग है। जिले में 150 परिवार इस उद्योग से जुड़े हुए हैं। आज ये कारीगर, जो इस कला को जीवित बनाए हुए हैं, अपनी जीविका के लिए संघर्ष कर रहे हैं। कोंडागाँव निवासी श्री जयदेव बघेल घड़वा ने, जिन्हें वर्ष 1977 का अखिल भारतीय हस्तशिल्प बोर्ड द्वारा 'सिद्धहस्त शिल्पियों का राष्ट्रीय पुरस्कार' प्रदान किया गया है, एक भेंट में बताया कि कच्चा माल समय से न मिलने तथा काम का उचित मूल्य न मिलने के कारण घड़वा जाति इस स्थिति में पहुँच गई है कि उसके परिवार के सदस्यों को अपने परम्परागत उद्योग को छोड़ कर मजदूरी के लिए मजबूर होना पड़ रहा है। श्री जयदेव बघेल ने बताया कि दस्तकारी में जो कच्चा माल लगता है,

उसमें कांस्य तथा मोम (बी वैक्स) प्रमुख हैं। ये लोग कच्चा माल व्यापारियों से खरीदते हैं, जो गाँवों से कम कीमत पर एकत्र कर अधिक मुनाफे पर बेचते हैं। एकमुश्त पैसा न रहने के कारण वे कच्चा माल इकट्ठा नहीं खरीद सकते। दूसरी ओर बैंक से जो ऋण मिलता है, वह किश्तों में मिलता है। अतः घड़वा परिवार के लोगों को अन्ततः व्यापारियों की शरण में ही जाना पड़ता है। श्री जयदेव, श्री सुखचंद तथा श्री मानिक राम घड़वा का कहना है कि यदि शासन ऐसी व्यवस्था करे कि कांस्य तथा मोम के लिए नकद ऋण के बजाय उन्हें कच्चा माल सीधे मिल जाए, तो उनको मुनाफा-खोर व्यापारियों के शोषण से मुक्ति मिल सकती है। इस सम्बन्ध में जब उद्योग विभाग के अधिकारियों से चर्चा की गई तो उन्होंने बताया कि बैंक द्वारा ऐसी व्यवस्था पूर्व में एक बार की गई थी लेकिन यह सफल नहीं हुई। जिला मुख्या-लय जगदलपुर में अखिल भारतीय हस्त कला बोर्ड का कार्यालय है। यह स्थानीय कारीगरों से सम्पर्क कर प्रदर्शनी आदि का आयोजन करता है और इस प्रकार उनकी कृतियों के विक्रय में सहायता प्रदान करता है। इसके अलावा मध्यप्रदेश हस्तकला बोर्ड का कार्यालय भी जगदलपुर में है, जो शिल्पकारों द्वारा तैयार की गई वस्तुओं को खरीदने की गारंटी देता है। निर्मित कृतियों के खरीदने की गारंटी की व्यवस्था शासन का एक सराहनीय कदम है। दस्तकार इसके लिए शासन के शुक्रगुजार तो हैं, लेकिन इसके साथ उनकी माँग भी है कि कृतियों की वर्तमान क्रय दर कम है। भारत के गैर-कारखाना औद्योगिक संस्थानों में दस्तकारी की महत्त्वपूर्ण भूमिका रही है। असंगठित औद्योगिक क्षेत्रों के माध्यम से राष्ट्रीय आय में जो वृद्धि हुई है उसमें दस्तकारी का 15 प्रतिशत अंशदान है। इस समय 90 से अधिक

हरिहर वैष्णव के साथ, ऑपेरा हाउस, (सिडनी, आस्ट्रेलिया) के बगल में, 1991

देशों में दस्तकारी सामान का निर्यात किया जा रहा है और वर्ष 1971-72 में 90 करोड़ रुपए से अधिक की विदेशी मुद्रा इससे अर्जित की गई। इस प्रकार देश और विदेश में दस्तकारी की सामग्रियों की बढ़ती हुई लोकप्रियता को देखते हुए यह आवश्यक है कि समय के अनुसार कृतियों की डिजाइनों को आधुनिक बनाया जाय। हाँ, इसमें यह ध्यान अवश्य रखना होगा कि उद्योग की पारम्परिक डिजाइनें आधुनिकता के गाल में न समा जाएँ। बस्तर के शिल्पियों का डिजाइन बनाने का चिंतन सीमित है। वे धार्मिक अवसरों से सम्बन्धित कृतियाँ ही बनाते हैं। श्री जयदेव को जो प्रथम पुरस्कार मिला है, वह 'हरियाली' में पूजे जाने वाले 'धनकुल' कृति के लिए दिया गया है। दस्तकारों को प्रशिक्षण देने के लिए बंगलौर, बम्बई, कलकत्ता तथा दिल्ली में क्षेत्रीय डिजाइन केन्द्र स्थापित किए गए हैं लेकिन यह विडम्बना ही है कि इन केन्द्रों की परिधि में बस्तर जिला अब तक नहीं आया। वहाँ कें दस्तकारों द्वारा इसके लिए लिखित माँग भी की गई लेकिन उनके लिए शासन बहरा ही सिद्ध हुआ। यदि बस्तर के इन दस्तकारों को समुचित प्रशिक्षण की व्यवस्था कर दी जा, कच्चे माल के लिए उन्हें व्यापारियों का मोहताज न होना पड़े तथा उनकी कृतियों को उचित मूल्य दिया जाए तो वे इस काम को परिवार के पेट पालन के लिए नहीं बल्कि कला की भावना के लिए करेंगे।"

ललित कला अकादमी, नई दिल्ली द्वारा 1980 में आयोजित एक राष्ट्रीय कला प्रतियोगिता में जयदेव भाई की कृति 'मदर' को सर्वश्रेष्ठ कृति घोषित किया गया। इस पर प्रतिक्रिया व्यक्त करते हुए रायपुर (छ.ग.) के दैनिक अखबार 'देशबन्धु' ने 15 मार्च, 1980 को **'बघेल की सर्वश्रेष्ठ घोषित कृति मदर'** शीर्षक से यह समाचार प्रकाशित किया : "मदर शीर्षक इस कृति को हाल ही में दिल्ली में आयोजित एक प्रतियोगिता में सर्वश्रेष्ठ घोषित किया गया है। प्रतियोगिता का आयोजन ललित कला अकादमी के तत्वाधान में रजत जयंती समारोह के अवसर पर किया गया था। कृति के शिल्पकार श्री जयदेव बघेल हैं, जिन्होंने अपनी इस कला की शिक्षा देने हेतु पूर्व में विदेश-भ्रमण भी किया है। श्री बघेल इन दिनों एक प्रशिक्षण केन्द्र प्रारम्भ करने की तैयारी में जुटे हुए हैं। लोगों का मानना है कि यदि श्री बघेल अपने इस प्रयास में सफल हो जाते हैं तो निश्चिततः इस आदिवासी अंचल में छिपी हुई प्रतिभाओं को उभरने का अवसर मिलेगा।"

टाइम्स ऑफ इंडिया, बम्बई 27 मार्च, 1980 को जयदेव बघेल के विषय में लिखता है, "Jaidev developed his talent under the able guidance of his father who was renowned craftsman of the Ghadawa tribal community famous for this metal craft. He got the national master craftsman award under the national award scheme in 1977 and went to participate in the international exhibition of Indian crafts at Moscow in 1978. Shortly, he will be going on a similar trip to Austria. Dhokra craft is deeply imbued with Bastar tribal culture in its depiction of local gods and goddesses. It is a process of casting with special types of clay, raw wax and brass. The end-product gives an impression of primitive form and motif."

मंजुला पद्मनाभन 'इंडियन एक्सप्रेस', बम्बई, में 29 मार्च, 1980 को लिखती हैं, "Jaidev Baghel is a young artist from Bastar M.P., whose work is currently on exhibition at the Bajaj Art Gallery at Bajaj Bhavan, Nariman Point. Keeping within the framework of traditional Dhokra metalwork, with its intricate whorl patterns and curiously wrought figures, Baghel's effort is still marvelously creative, pouring with energy and life. The technique involves making the basic shape of the figurine out of mud or clay, then coating it with beeswax to produce the myriad designs and decorative shapes which distinguish this particular art form. A second layer of clay is laid over the wax and the whole piece is heated till the wax melts and runs out, leaving behind its mold in the clay. Molten metal is poured in and when it is cooled, the mold is broken away, exposing a complete and unique piece. The subjects of Baghel's work remain largely traditional ones ¯ religious figures, various domestic animals, some deer and tortoises. They are beautifully and delicately wrought, embellished with lacework in metal, dynamic in form and structure. The artist shows his individuality particularly in the larger pieces, several depicting elephants carrying human cargo on their backs, in ornate howrahs. One of the various seated figures is shown atop a bull; he is dressed in leopard skins and emanates grace and power despite the curiously atigular forms used by Dhokra craftsmen. Another figure is shown standing and leaning against his mount, playing thoughtfully on his flute, sweetly contemplative. There is a quality of pure, clean innocence about this work, which is being sold at a painfully low price. It is touched with the radiance of one who works with joy and reverence for the things he creates. As the artist says, simply, in Hindi, 'we do not make these things for City. When we sell them amongst ourselves, we exchange them for other things we need, not for money. These are our gods and goddesses; amongst us everyone knows their names and everyone worships them. In the City they do not know our gods."

महाकोशल कला परिषद् द्वारा आयोजित अखिल भारतीय कला प्रदर्शनी में जयदेव भाई की कलाकृति 'एकता' को प्रथम पुरस्कार प्राप्त होने पर देशबन्धु, रायपुर ने 28 अगस्त, 1980 को लिखा, "इस प्रदर्शनी में महाकोशल कला परिषद् द्वारा 4000 रुपयों के पुरस्कार दिए गए हैं। वर्ष का सर्वश्रेष्ठ पुरस्कार स्वर्ण मंजूषा एवं 1000 रुपए नगद प्राप्त करने का श्रेय कोंडागाँव के श्री जयदेव बघेल को मिला है। यह पुरस्कार आपको 'एकता' नामक कांस्य शिल्प पर प्राप्त हुआ है। इस रचना में प्रभावोत्पादक व आश्चर्यजनक मुख-बिम्ब मिलते हैं, जिसमें एक विशेष प्रकार की स्फूर्ति एवं शक्ति है। उन्होंने ऐसे नये रूप प्रदान किए हैं अपनी कृति में जो अन्तर मानस के द्वारा एक वैचित्र्य ग्रहण कर लेते हैं।

अपनी इस कृति का सृजन उन्होंने धातु के तार को पिरो कर किया है, जो उनके कला-कौशल को सिद्ध करती है।"

29 अक्टूबर, 1980 को 'मिड डे', बम्बई में अमिता कागल **Dhokra art by Jaidev** शीर्षक से लिखती हैं, "That the craft of Dhokra still retains vitality, imaginativeness and superb workmanship is evident from the one-man show being held by Jaidev Baghel at the Jehangir Art Gallery (Oct. 23-30). Jaidev's pieces, all of which are well conceived and beautifully executed, include traditional mythological figures ¯ Danteshwari on her tiger, Krishna-Gai and Mahadeo-Nandi. With the conficence born out of mastery of his art, Jaidev has combined religious symbols with scenes from everyday life in some of his large works. His single animal figures ¯ elephants, bulls, a timorous deer ¯ have elegance, grace and strength. Winner of numerous prizes, Jaidev got the national master craftsman award in 1977 and participated in the 1978 craft exhibition in Moscow."

26 अक्टूबर, 1980 को मंजुला पद्नाभन 'इंडियन एक्सप्रेस', बम्बई में **Jaunty grace** शीर्षक से लिखती हैं, "Once more on view in Bombay, this time at the Jehangir, is the work of Jaidev Baghel, sculptor and master craftsman from Bastar, Madhya Pradesh. He has considerably expanded the range of his work, including in this show several beautifully wrought pieces, such as the series of sum-masks, which are quite extraordinary for their triumph over the traditional barriers between pure handicraft and fine art. Baghel's instruments of expression is the familiar metal work of the Bastar craftspeople ¯ involving the complex and painstaking lost-wax technique of casting ¯ but his work carries an impress of personality not often seen in handicrafts. His little stick-limbed figures sit with jaunty grace, his animals step with a special liveliness. He indulges flights of fancy such as handbag-like shapes, embellished with little bells and graceful hunting horns which will never sound. One particularly beautiful piece is an animal head ¯ a tiger perhaps? ¯ which starts out from the wall, jaws agape, its bell-metal langs glinting. What is striking about Baghel's work is its innocent sophistication. He does not wring mystic insights from his craft yet his pieces are alight with creative energy, with the miracle of dull metal and clay transformed into a myriad little creatures springing with life."

ज्ञानेश्वर नाडकर्णी 'टाइम्स ऑफ इंडिया', बम्बई, में 26 अक्टूबर, 1980 को **Show of Bastar metal crafts** शीर्षक से लिखते हैं, "An exhibition of Dhokra metal crafts from Bastar district of Madhya Pradesh, presided over by that national award-winning master craftsman, Jaidev Baghel, is currently on view at the Jehangir art gallery. The Ghadwa community of Bastar has been practicing certain handicrafts for generations. Of these crafts the Dhokra metal-craft has maintained a distinctive position of its own. This metal ware undergoes a process of nature-oriented casting. Looking at the delicate creations on view, it is difficult to believe that they have emerged out of clay moulds. The themes of the craftsmen have progressed from the mother of the individual artist to the image of the mother goddess. Today tribal imagery of a wide variety stands immortalised in the shapes of aboriginal drummers, sun gods, goddesses in fighting postures and animals which mix fantasy with the natural truth. These metal images can be used as wall hangings, masks or decorative fixtures. There are large-sized caparisoned elephants and intricate arrangements of details. The work follows a linear texture. This surface pieces together of thin tubular lines is a specialty of Baghel's workmanship."

केशव मलिक 'टाइम्स ऑफ इंडिया', नई दिल्ली, में 21 दिसम्बर 1980 को लिखते हैं, "Jaidev Baghel has helped revive the Dhokra technique successfully enough. His work with its rural base may seem foreign in sophisticated surroundings, but it remains vital. Dhokra sculptures are vigorous. Baghel has not only tried the old motifs with the village deities but he has also innovated some compound forms. There certainly are great possibilities in Dhokra, if only contemporary contents were expressed through its age old vocabulary. Baghel could do it. He has an instinctive feel for the medium."

27 मार्च, 1981 को 'इंडियन एक्सप्रेस', मद्रास, **Tribal Craft** शीर्षक से लिखता है, "It is heartening to note that traditional arts and crafts of India are being given due recognition and viewed at from different perspective. From March 24-28 the Max Mueller Bhavan and the Crafts Council of India are sponsoring an exhibition of Dhokra Metal Crafts from Madhya Pradesh at MMB premises. The emergence of this Craft as one of the important folk art treasures of India has been largely brought about by the efforts of master craftsman Jaidev Baghel of Kondagaon. This 32 year old craftsman has won several awards including the National Master Craftsman award in 1977. The art of Dhokra is a medium adopted and worked upon by the Ghadawas of Bastar district in Madhya Pradesh. The history of the craft is associated closely with the lives of the tribesmen of Bastar. Right from childhood, the Ghadawa children start learning the techniques. There are a dozen steps in the making of a Dhokra model. Initially a black clay model is made and sun dried. Silt clay is then applied and once again the model is sun dried. Polishing and treatment with green bean leaves is

followed by waxing and wax designing on the primary or core clay model. Then the waxed models are clay plastered after which molten bell-metal is cast and channelled into the cavities of the plastered clay model to get a finished image."

'अमृत बाजार पत्रिका', कलकत्ता, 04 नवम्बर, 1981 को **Dhokra From Bastar** शीर्षक से लिखता है, "Jaidev Baghel, a Gharwa from Bastar is one of the foremost art metal craftsmen in our country and, fortunately, he h as not succumbed to the lure of commercialism. In his soft voice he says that traditional shapes continue to provide the inspiration for the majority of his dhokra castings, but he also produces objects that have a more modern appeal. Among these are lightly poised deer with graceful antlers. Most of the 'lost-wax' castings at his current exhibition are less heavily shaped than the ones from Bengal and Bihar. The forms are elegant, the ornamentation high. There are virile horsemen, displaying every button on their waistcoats. Nandi bulls exude strength. Tigers wear decorative stipes and delightfully unsophisticated heads. There are hunting horns and tribal gods, and a smaller copy of the Dhankul pata which won the National Award for this craftsman. Colours are not uniform because Baghel melts down whatever bell metal scrap is available at his village, but he gets a lovely soft surface of old gold and silver tints. Technical skill and aesthetic values merge in the exhibits that can be seen."

'बिजिनेस स्टैण्डर्ड', कलकत्ता, 08 नवम्बर, 1981 को लिखता है, "For those who like the virile folk arts and crafts, the demonstration-cum-exhibition by the master craftsman Jaidev Baghel being held at the British Paints Decor Service is a welcome event. Baghel is a member of the Gharwa community, whose forefathers like him-self have been practising the dhokra art (lost-wax process) from time immemorial. Prasenjit Dasgupa, an economist by profession, has been long involved with the tribals of the area. What started as a curiosity for him became a commitment. He has been visiting them every year, learning about their customs and rituals, getting to know their art. And it is his enthusiasm and zeal that has made it possible for us to get a closer acquintance with this lovely crafts. My thanks to Mr. Dasgupa for his interest and preserverance."

'द स्टेट्समैन', कलकत्ता, 08 नवम्बर, 1981 को लिखता है, "The recipient of a national award in 1977 and a state award in 1976 Jaidev has won many laurels. Yet success has not got into his head. There have been generous offers for lucrative export business, but Jaidev has chosen to stay in his remote village and is content with his work which combines the skill of his nimble fingers and rich imagination. He took to his work as early as eight learning from his father and thus grew up to the family tradition of the craft. He is happy that people are increasingly recognising the rich heritage of the 'Dhokra' work."

'शिखर सम्मान अलंकरण' के अवसर पर 'नई दुनिया', भोपाल, 13 फरवरी, 1982 को लिखता है, "भारतीय लोक कला के माध्यम से आधुनिक कला के दायरे में महत्त्वपूर्ण मिसाल का नाम है, जयदेव बघेल। 1950 में कोंडागाँव (बस्तर) में जन्मे और अपने पिता से परम्परागत घड़वा कला (धातु शिल्प) सीखने वाले बघेल की कृतियाँ दुनिया के कई नगरों में शोभायमान हैं। हस्तशिल्प मंडल, फिल्म्स डिविजन और ललित कला अकादमी जयदेव पर फिल्में बना चुकी हैं। 1972 में आपकी एकल प्रदर्शनी कलकत्ता में लगी थी। अगले वर्ष भोपाल में आयोजित एक संयुक्त प्रदर्शनी में आपकी कृतियाँ शरीक हुईं। 1976 में श्री बघेल को मध्य प्रदेश का राज्य पुरस्कार मिला। ललित कला अकादमी की प्रदर्शनी से होते हुए रूस में आयोजित अन्तर्राष्ट्रीय प्रदर्शनी में भारत का प्रतिनिधित्व कर चुके हैं। देश के चारों महानगरों में इनकी कला की धूम मच चुकी है और शीघ्र ही लंदन, जर्मनी और आस्ट्रिया की प्रदर्शनियों में पहुँचने वाले हैं।"

शिल्प-निर्माण की प्रक्रिया

बेलमेटल शिल्प के अन्तर्गत कलाकृतियों के निर्माण की प्रक्रिया बताते हैं जयदेव भाई। वे कहते हैं कि इस शिल्प के अंतर्गत काली मिट्टी, धान का भूसा, रुई (रेतीली) मिट्टी, मोम, डेंगुर (दीमक) मिट्टी तथा पीतल का उपयोग कलाकृतियों के निर्माण में किया जाता है।

कोंडागाँव में अपनी कार्यशाला में सहकर्मियों के साथ काम करते जयदेव बघेल : 2002

निर्माण की प्रक्रिया कुल बारह चरणों में पूरी होती है। 01-मॉडलिंग, 02-रुई मिट्टी चढ़ाना, 03-झाड़ना, 04-गुँडियाना, 05-सिंगारना, 06-लीपना, 07-पाहटा मिट्टी पाहटना, 08-पाहटा छेंडा करना, 09-मूँदना, 10-धुकना एवं पकाना, 11-पाग करना एवं पीतल गलाना तथा 12-फोड़ना।

वे इसे विस्तारपूर्वक बताते हैं। सर्वप्रथम खेत की गीली काली मिट्टी और धान के भूसे को मिला कर मॉडल (डिजाइन) तैयार किया जाता है। आकृति के सूख जाने पर उस

पर रुई मिट्टी यानी रेतीली मिट्टी चढ़ाई जाती है। रुई मिट्टी चढ़ाने के बाद डिजाइन को सुखा कर उसे खपरैल के टुकड़े से घिस कर चिकना बनाया जाता है। फिर सेम की पत्तियों

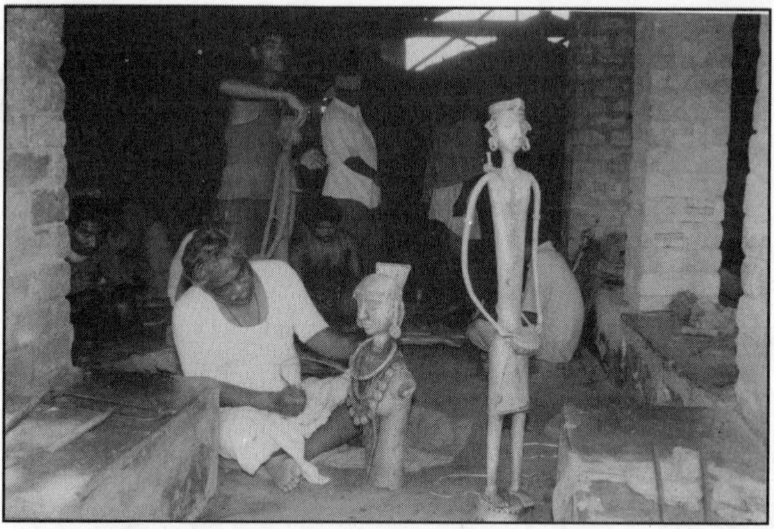

अपनी कार्यशाला में कार्य करते जयदेव बघेल : 2004

को निचोड़ कर डिजाइन के ऊपर घिसा जाता है। जब आकृति सूख जाती है तब मोम के पतले-पतले धागे इस आकृति के ऊपर लपेट दिए जाते हैं। फिर मोम के उन्हीं धागों से उस पर विभिन्न किस्म की आकृतियाँ उभारी जाती हैं। इसके बाद धुनी हुई रुई मिट्टी और गोबर को मिला कर उक्त आकृति के ऊपर हल्के से लीप दिया जाता है। सूखने पर पाहटा मिट्टी (दीमक मिट्टी) और धान के भूसे को मिला कर उसके ऊपर लेप कर दिया जाता है। इस लेपन क्रिया के दौरान डिजाइन के सिरे पर पीतल की ढलाई के लिए छेद छोड़ा जाता है। सूख चुकी आकृति में और दो-तीन प्रक्रियाओं से गुजरने के बाद पिघला हुआ पीतल उस छेद से भीतर डाला जाता है। आकृति जब आग में पक कर तोड़ने लायक हो जाती है, तब धीरे-धीरे ऊपर की मिट्टी अलग कर ली जाती है और पीतल मूर्ति की शक्ल में उभर आता है।

'पारम्परिक बस्तर शिल्पी परिवार' का उदय और अवसान

मुझे याद आ रहा है। 1980-81 के आसपास की बात होगी। भाई जयदेव जी के घर के सामने आम के पेड़ के नीचे हम चार लोग प्रायः बैठा करते थे। जयदेव भाई, पवन सागर, मेरे अनुज खेम वैष्णव और मैं। हम लोगों की चर्चा का विषय होता था बस्तर की लोक कलाएँ और शिल्पी। विचार होता था कि किस तरह कुछ किया जाए कि सारे के सारे शिल्पी एक मंच पर आ सकें! यही वह समय था जब हम लोगों के दिमाग में बस्तर के समस्त शिल्पियों को एकजुट करने और उनके विकास के लिए योजनाएँ बनीं। और वह योजना अन्ततः साकार हुई 'पारम्परिक बस्तर शिल्पी परिवार' नामक एक ऐसी संस्था के रूप में जिसमें बस्तर के तमाम हस्तशिल्पियों के साथ-साथ लोक संगीत और लोक साहित्य से जुड़े कलाकारों को भी सम्मिलित किया गया। इसे सबसे पहले अशासकीय सहयोग मिला, बम्बई स्थित 'रूरल कम्युन्स' नामक एक स्वयंसेवी संस्था से। इसी संस्था के सहयोग से बस्तर के विभिन्न शिल्पों से जुड़े शिल्पियों का एक विस्तृत सर्वेक्षण भी किया गया था। उस सर्वेक्षण से यही बात सामने आई थी कि लोग अपनी परम्परा छोड़ कर दूसरे काम-धन्धों को अपनाते जा रहे हैं। कारण एक ही था, कड़ी मेहनत के बाद भी शिल्प का बिक न पाना और यदि कभी बिक भी गया तो उसकी सही कीमत का

देवी दन्तेश्वरी और माता मावली।

न मिल पाना। इस सर्वेक्षण से वस्तुस्थिति सामने आई और फिर जब 'पारम्परिक बस्तर शिल्पी परिवार' का विधि-विधानपूर्वक गठन और पंजीयन हुआ तब संस्था की योजनाओं को अमली जामा पहनाने के लिए शासकीय सहयोग भी मिलने लगे। यदि यह कहा जाए कि इसी संस्था ने बस्तर के विभिन्न शिल्पों से सरकार का परिचय कराया तो अतिशयोक्ति नहीं होगी। कारण, इससे पहले शासकीय अभिलेख में केवल ढोकरा (घड़वा या गड़वा) शिल्प और काष्ठ शिल्प का ही उल्लेख था। इस संस्था ने विभिन्न शिल्पों की प्रदर्शनियाँ एवं कार्यशालाएँ शासकीय सहयोग से देश के विभिन्न नगरों एवं महानगरों में आयोजित कीं। संस्था के इस कदम को काफी सराहना मिली और यह संस्था बस्तर के तमाम शिल्पियों के एक मजबूत संगठन के रूप में स्थापित हो गई। यह बात अलग है कि आगे चल कर किन्हीं कारणों से इस संस्था की गतिविधियाँ थम-सी गईं। लेकिन जब यह संस्था सक्रिय थी तब निश्चित ही यहाँ के विभिन्न शिल्पों से जुड़े हजारों शिल्पियों को आर्थिक लाभ हुआ था।

पारम्परिक बस्तर शिल्पी परिवार को प्रदर्शनियों एवं कार्यशालाओं के आयोजन के लिए शासकीय सहायता मिलती थी किन्तु संचालन अथवा भवन-निर्माण के लिए नहीं। तो भी जयदेव भाई ने अथक प्रयासों से शासकीय सहायता प्राप्त कर कई भवनों का निर्माण कराया। किन्तु कुछ लोगों के मन में यह बात आ गई कि जो भी निर्माण-कार्य हो रहा है उस राशि में से जयदेव भाई अपना भी काम कर रहे हैं। बस! यहीं से इस संस्था की किस्मत को ग्रहण लग गया और धीरे-धीरे मतभेद उभरते गए। कुछ लोगों ने, जिनमें संस्था से जुड़े लोगों के अलावा बाहर के लोग भी थे, जयदेव भाई का सार्वजनिक विरोध करना शुरू कर दिया। शासन के विभिन्न विभागों को, जहाँ से संस्था को वित्तीय सहायता प्राप्त हुआ करती थी शिकायतें भेजी गईं और वित्तीय सहायता का मिलना बन्द

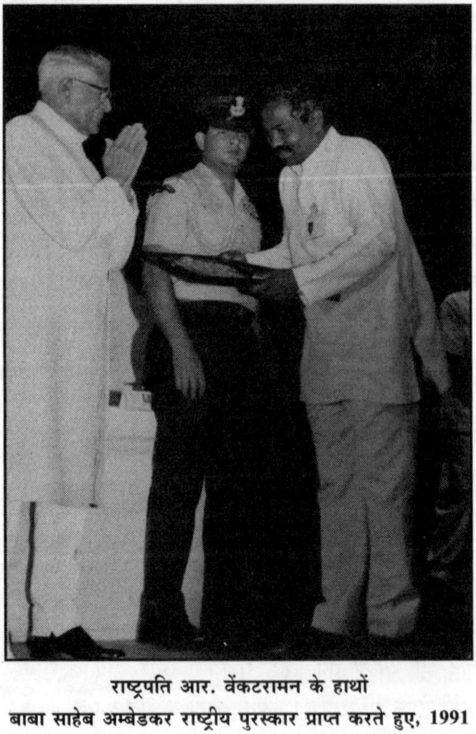

राष्ट्रपति आर. वेंकटरामन के हाथों बाबा साहेब अम्बेडकर राष्ट्रीय पुरस्कार प्राप्त करते हुए, 1991

हो गया। इसके साथ ही जयदेव भाई के विरुद्ध सार्वजनिक रूप से प्रदर्शन भी किए गए। 1992 से 1995 तक किसी तरह संस्था का काम चलता रहा किन्तु अन्ततः एक समय ऐसा भी आया कि संस्था की सारी गतिविधियाँ थम गईं। एक अच्छी शुरुआत का बहुत ही दुःखद अन्त हुआ। जयदेव भाई को इस घटना से बहुत मानसिक तकलीफ हुई थी। इतना ही नहीं अपितु चिन्ता के कारण उनका स्वास्थ्य भी बिगड़ गया।

03 मई, 1992 को शिल्पी ग्राम का उद्घाटन तत्कालीन नागरिक उड्डयन मंत्री ने किया था। उद्घाटन के अवसर पर उन्होंने 10 लाख रुपए अनुदान के रूप में देने की घोषणा की थी किन्तु वे रुपए नहीं मिले। वे आगे कहते हैं कि दस लाख रुपए अनुदान देने की घोषणा तो हो गई किन्तु रुपए आज तक नहीं मिले। किन्तु इस घोषणा ने संस्था के कुछ लोगों के मन में यह शंका उत्पन्न कर दी कि रुपए तो मिले किन्तु उसके सम्बन्ध में संस्था के सदस्यों को बताया नहीं गया। लोगों को यह भी लगा कि अनुदान राशि का उपयोग जयदेव भाई द्वारा स्वयं के हित में किया जा रहा है। बस! यहीं से संस्था में फूट पड़ गई और असंतुष्ट लोगों ने बाहरी लोगों के गलत प्रभाव में आ कर अपना रोष जयदेव भाई के मुखर विरोध के रूप में प्रगट कर दिया।

किन्तु जयदेव भाई ने उस विरोध की प्रतिक्रिया में अपना काम बन्द नहीं किया। कारण, उनका एक बहुत बड़ा सपना था शिल्पी ग्राम के निर्माण का। इसीलिए जब

नेशनल मॉडर्न आर्ट गैलरी, मुम्बई में जयदेव बघेल की एकल प्रदर्शनी : 2004

प्रशिक्षण एवं कच्चे शेड निर्माण के लिए कुछ राशि शासकीय तौर पर मिली तब उसी में थोड़ी-सी राशि और मिला कर किसी तरह अपने ही खेत में ईंटों का निर्माण करवाया। ईंटों

के भट्टे जलाने के लिए लकड़ी की व्यवस्था भी की गई। इस तरह सभी दस शिल्पों के लिए छोटे-छोटे किन्तु पक्के भवनों का निर्माण कराया गया। इस ग्राम में बेल मेटल, लौह

न्यू कैलीफोर्निया म्यूजियम के बाहर जयदेव बघेल : 1985-86

शिल्प, मिट्टी शिल्प, काष्ठ शिल्प, प्रस्तर शिल्प, बाँस शिल्प, कौड़ी शिल्प, भित्ति चित्र आदि विधाओं के प्रशिक्षण के कार्यक्रम चलने लगे। विकास आयुक्त (हस्तशिल्प) तथा कपार्ट संस्था से देश के विभिन्न नगरों एवं महानगरों में कार्यशालाओं और प्रदर्शनियों के लिए आर्थिक अनुदान प्राप्त हुआ। जिसके चलते देश के विभिन्न नगरों एवं महानगरों में बस्तर की इन कला-विधाओं के शिल्पों की प्रदर्शनियाँ लगाई गईं। इससे बस्तर के विभिन्न शिल्पों के विषय में देश के लोगों को जानकारी हुई। बाजार मिलता गया, बिक्री बढ़ती गई। बेलमेटल शिल्प का तो प्रचलन था ही किन्तु शेष शिल्पों के विषय में लोगों को जानकारी नहीं थी। इन प्रदर्शनियों से इनकी जानकारी हुई और लोगों ने काफी रुचि ली। शेष शिल्पों की जानकारी स्थानीय लोगों को थी। कारण, इनकी उपयोगिता थी घरेलू और कृषि उपकरणों के रूप में। किन्तु संस्था के माध्यम से इन शिल्पों को कलात्मक स्पर्श दिया गया और उनकी उपयोगिता घरेलू स्तर से हटा कर उनकी पहचान कलात्मक वस्तुओं के रूप में प्रस्तुत की गई। इस तरह कला का स्पर्श पा कर ये सभी शिल्प अनूठे बन गए। बुनकरों के काम में भी कला का स्पर्श हुआ और उनके द्वारा बनाए गए कपड़े निरे शिल्प न रह कर कला-वस्तु बन गए। लोक चित्रों के साथ भी यही हुआ। जमीन और भित्ति पर किए जाने वाले चित्रांकनों ने कागज और कपड़े पर स्थान बनाया और उनकी भी पर्याप्त माँग होने लगी। शिल्पियों के जीवन में 1980 के बाद पर्याप्त सुधार हुआ। कारण था, इस संस्था के

प्रसेनजित दास गुप्ता।

चलते आर्थिक स्थिति का सुदृढ़ होना। जात-पाँत का भेद प्रायः दूर होने लगा। पहले ये सभी शिल्प जातिगत हुआ करते थे किन्तु जैसे-जैसे इनका प्रचार-प्रसार हुआ, इनकी माँग बढ़ी और इन्हें सम्मान की नजर से देखा जाने लगा वैसे-वैसे ही ये शिल्प जातीय सीमाओं से परे अन्य समुदायों के लोगों द्वारा भी बनाए जाने लगे। गाँवों में पहले यह हुआ करता था कि जब घड़वा या लौह शिल्प आदि से जुड़े शिल्पी किसी के घर जाते थे और वहाँ उन्हें चाय आदि दी जाती थी तो इन शिल्पों से जुड़े लोगों को अपने बर्तन स्वयं धो कर उन बर्तनों को पलट कर रखना पड़ता था। अभी भी सुदूर गाँवों में यह स्थिति बनी हुई है। शहरों की बात अलग है। लोग पढ़े-लिखे हैं, जागरूक हैं इसीलिए शहरों में इस तरह की छुआछूत वाली मानसिकता नहीं रह गई है।

जयदेव भाई कहते हैं कि वे चाहते तो विरोधियों के विरुद्ध मानहानि का मुकद्दमा दायर कर सकते थे किन्तु उन्होंने ऐसा नहीं किया। कारण, वे जानते थे कि कोर्ट-कचहरी के चक्कर में फँसने का अर्थ होता अपने मूल्यवान समय को नष्ट करना। सो उन्होंने चुप्पी साध ली और

सिरमन राम बघेल और उनका परिवार।

यही कहा कि जो सच है वह सामने है। गलत बातें कर सच को•नहीं झुठलाया जा सकता। इस तरह संस्था पूरी तरह बन्द हो गई। संस्था के बन्द होने के साथ ही शिल्पियों के एक बहुत बड़े वर्ग को भारी हानि हुई। वे फिर से वहीं पहुँच गए जहाँ से वे उठे थे। आज जब कभी मेरी चर्चा ऐसे शिल्पियों से होती है तो वे अपनी बुद्धिहीनता और दूसरों की बातों में आ कर अपना

पिता सिरमन राम बघेल, जयदेव बघेल एवं माँ भुकई बाई।

ही नुकसान कर बैठने के लिए पछताते हैं। बहुत से शिल्पियों ने इसके बाद जयदेव भाई से सम्पर्क किया और चाहा कि वे पुनः संस्था को चलाएँ किन्तु कहते हैं न, दूध का जला छाछ भी फूँक-फूँक कर पीता है! जयदेव भाई ने इतना अपमान सहा था कि उनका मन उचट गया और उन्होंने संस्थागत क्रियाकलापों से अपने आप को दूर कर स्वयं के काम में समय लगाना अधिक उपयुक्त समझा। किन्तु यह बिलकुल सही है कि यदि संस्था निर्बाध रूप से काम कर रही होती तो आज की स्थिति कुछ और ही होती। इससे जयदेव भाई का तो कुछ नहीं बिगड़ा किन्तु उन तमाम शिल्पियों का बहुत बड़ा नुकसान हो गया जो धरातल से उठ कर शिखर की ओर जा रहे थे। किन्तु कहते हैं न, अब पछताए होत क्या जब चिड़िया चुग गई खेत! मुझे याद है, उस समय किसी बात को लेकर मेरे और जयदेव भाई के बीच मतभेद था। इस मतभेद की बात सभी को मालूम थी। इसी कारण विरोधियों ने मुझसे भी सम्पर्क किया कि मैं जयदेव भाई के विरोध में उनका साथ दूँ किन्तु मैंने अपना पल्ला झाड़ लिया। कारण, न तो मैं उस संस्था का सदस्य था और न मुझे उसके वित्तीय क्रिया-कलापों की कोई जानकारी थी। मैं केवल एक सलाहकार सदस्य के रूप में संस्था से जुड़ा था, जिसके कोई अधिकार नहीं होते। तब भला मैं किस अधिकार की बिनाह पर कोई भी बात कर पाता!

प्रसंगवश यहाँ उस शिल्पी ग्राम से सम्बन्धित मेरे उस आलेख का जिक्र करना उपयुक्त जान पड़ता है जो रायपुर (छ.ग.) से प्रकाशित दैनिक 'अमृत संदेश' के दिनांक 28 अप्रैल, 1991 के अंक में प्रकाशित हुआ था। शीर्षक था '**शिल्पी ग्राम : अभिनव कला केन्द्र**' :

बस्तर अंचल के हजारों लोक शिल्पियों का सपना साकार होने में अब कुछ ही महीने बाकी रह गए हैं। बस्तर के गाँव-गाँव में बिखरे धातु शिल्प, लौह शिल्प, काष्ठ शिल्प, प्रस्तर शिल्प, बाँस शिल्प, मिट्टी शिल्प, लोक संगीत, लोक नृत्य, लोकगीत और भित्ति चित्र के हजारों शिल्पियों का एक सपना जो उन्होंने लगभग 10 वर्ष पहले देखा था, अब पूरा होने जा रहा है। यह सपना था एक ऐसे गाँव का, जिसमें उपर्युक्त सभी शिल्पों से जुड़े वरिष्ठतम शिल्पी एक जगह रहें और इच्छुक लोगों को अपनी कला-साधना से लाभान्वित करें। उनके इसी सपने को साकार करने जा रहा है कोंडागाँव (बस्तर) के भेलवाँपदर मोहल्ले में पाँच एकड़ भू-खण्ड में निर्माणाधीन परिसर 'शिल्पी ग्राम'। पारम्परिक बस्तर शिल्पी परिवार नामक संस्था, जिसका गठन उपर्युक्त शिल्पियों को मिला कर जनवरी 1981 में किया गया था, के अथक प्रयास से आई.सी.आई.सी.आई. (इण्डस्ट्रीयल क्रेडिट इन्वेस्टमेन्ट कार्पोरेशन ऑफ इंडिया, लिमिटेड, बम्बई) जो भारत सरकार का एक उपक्रम है, के द्वारा इस परिसर के निर्माण के लिए वर्ष 1988-89 में चार लाख रुपए का अनुदान स्वीकृत किया गया। अनुदान की स्वीकृति के लिए बंबई की स्वयंसेवी संस्था 'रूरल कम्युन्स' का सहयोग सराहनीय रहा।

संस्था के सचिव सोनाधर विश्वकर्मा कहते हैं, "आवश्यक तो नहीं कि किसी के भी सभी सपने साकार हो ही जाएँ किन्तु अपनी कोशिश तो आखिर आदमी को करनी ही पड़ती है। हमने भी लगातार प्रयास किए और यह सुखद संयोग ही है कि हमारा यह सपना साकार होने जा रहा है।"

'शिल्पी ग्राम' में ऐसा क्या होगा जो पर्यटकों को आकर्षित करेगा या ऐसा क्या होगा जिससे यह एक अभिनव कला-केन्द्र के रूप में जाना जाएगा? इस प्रश्न का जवाब देते हैं इस संस्था के अध्यक्ष सुप्रसिद्ध धातु शिल्पी जयदेव बघेल। वे कहते हैं, "बस्तर की प्रमुख हस्त कलाओं के एक-एक वरिष्ठतम शिल्पियों के लिए यहाँ सात आवास-सह-प्रशिक्षण गृहों का निर्माण किया जा रहा है। इनमें बेलमेटल, लौह, मिट्टी, बाँस, प्रस्तर, काष्ठ, भित्ति चित्र आदि शिल्पों के एक-एक वरिष्ठतम शिल्पी निवास करेंगे। ये शिल्पी प्रशिक्षण के इच्छुक प्रशिक्षुओं को उनकी कला विधाओं का प्रशिक्षण देंगे। प्रशिक्षण की अवधि छह माह से लेकर एक वर्ष तक की होगी। गुरुकुल पद्धति होगी यह। प्रशिक्षकों को संस्था मानदेय देगी, वहीं प्रशिक्षुओं को भी, उनकी आर्थिक स्थिति के आधार पर शिष्यवृत्ति दी जाएगी। बाहर से आने वाले भी प्रशिक्षण ले सकेंगे। प्रशिक्षुओं एवं पर्यटकों के लिए छात्रावास-सह-विश्रामगृह का भी निर्माण-कार्य जारी है।"

अपने सीमित साधनों के बावजूद इन लोक कलाकारों का यह प्रयास अनुकरणीय है। संस्था का इतिहास संघर्षपूर्ण रहा है। वर्ष 1981 में जब इस संस्था का गठन हुआ तब

इने-गिने लोग ही इसके सदस्य थे। लोगों को यह विश्वास दिला पाना कठिन था कि यह संस्था वाकई शिल्पियों के हित में कुछ ठोस काम कर पाएगी। लोग जुड़े भी और टूटे भी किन्तु संयोजकों सर्वश्री जयदेव बघेल, यशवंत गौतम, पवन सागर, दीनदयाल भट्ट, सोनाधर विश्वकर्मा, जगदेव, सहदेव, खेम वैष्णव, हरिहर वैष्णव आदि की कर्मठता, धैर्य और निष्ठा ने इसे टूटने नहीं दिया। बाद में एम. डी. बैरागी और लखनलाल पटेल भी इससे जुड़े। अंचल के वरिष्ठतम साहित्यकार लाला जगदलपुरी का आशीर्वाद भी इस संस्था को प्राप्त हुआ। 'पारम्परिक बस्तर शिल्पी परिवार' नामकरण लाला जगदलपुरी ने ही किया।

संस्था द्वारा कोंडागाँव तहसील, जगदलपुर व नारायणपुर तहसीलों के कुछ भागों का सर्वेक्षण किया गया। सर्वेक्षण से ज्ञात हुआ कि कोंडागाँव तहसील में सात हजार, जगदलपुर तहसील के कुछ भाग में छह हजार एवं नारायणपुर तहसील के कुछ भाग में तीन हजार शिल्पी परिवार हैं। इनमें से लगभग बारह सौ परिवार आज भी अपने परम्परागत शिल्पों से जुड़े हुए हैं। इन परिवारों में घड़वा, लोहार, कुम्हार, नाहार, गोंड, मुरिया, भतरा व माहरा जाति के लोग शामिल हैं। संस्था ने हस्तशिल्पों के अलावा लोक नर्तकों, गायकों, वादकों को भी अपने भीतर समेटा है।

संस्था का प्रमुख उद्देश्य है बस्तर की सभी कलाओं का संरक्षण और विकास। कलाकारों की आर्थिक-सामाजिक उन्नति। इन्हीं उद्देश्यों की प्राप्ति के लिए संस्था प्रयासरत है। वर्तमान में निर्माणाधीन परिसर 'शिल्पी ग्राम' इसी की एक कड़ी है। आज इस संस्था की सदस्य-संख्या हजार में है। इस संस्था द्वारा विकास आयुक्त (हस्त शिल्प) भारत सरकार के आर्थिक सहयोग से वर्ष 1989-90 में बंगलौर, दिल्ली और बंबई में तथा वर्ष 1990-91 में मद्रास, कलकत्ता और दिल्ली में प्रदर्शनियाँ आयोजित की गईं। इन प्रदर्शनियों में कुल 100 हस्तशिल्पियों ने भाग लिया। इनमें तेरह लाख इकतालीस हजार सात सौ पन्चान्बे रुपए मूल्य के शिल्प प्रदर्शित थे और कुल नौ लाख इक्कीस हजार तीन सौ अठारह रुपए मूल्य की कृतियाँ बिकीं। इनसे सीधे सम्बन्धित कलाकारों को ही लाभ मिला।

वर्ष 1988-89, 89-90 एवं 90-91 में इस संस्था द्वारा बेलमेटल, लौह एवं मिट्टी शिल्प के कुल 6 प्रशिक्षण केन्द्र चलाये गए। प्रशिक्षुओं व प्रशिक्षकों को इस संस्था द्वारा शिष्यवृत्तियाँ एवं मानदेय प्रदान किए गए। इनमें कुल 105 शिल्पी प्रशिक्षित किए गए।

वर्ष 1984 से 1990 तक कुल 7 कार्यशालाएँ आयोजित की गईं जिनमें कुल 4401 शिल्पियों ने भाग लिया। इस अवधि में प्रतिभागी शिल्पियों के भोजन-आवास एवं मार्ग-व्यय की व्यवस्था संस्था द्वारा की गई। वर्ष 1987-88 में बम्हनी और कारसिंग गाँवों में दो प्रौढ़ पाठशालाएँ भी इस संस्था द्वारा संचालित की गईं। इनसे कुल 63 प्रौढ़ लाभान्वित हुए।

संस्था को अब तक विकास आयुक्त (हस्तशिल्प) भारत सरकार, आई.सी.आई.सी.आई. एवं कपार्ट संस्थाओं से कुल मिला कर नौ लाख उन्तीस हजार रुपयों का आर्थिक सहयोग

प्राप्त हुआ है। शिल्पी ग्राम के संचालन के लिए छत्तीस लाख रुपयों की एक महत्वाकांक्षी योजना पर अभी काम जारी है।

जयदेव बघेल कहते हैं, "यहाँ के हस्तशिल्पी आर्थिक-सामाजिक रूप से काफी पिछड़े हुए हैं। इन परिवारों में से जिनकी संख्या हजारों में है, एक भी बच्चा हायर सेकेंडरी तक पास नहीं है। गरीबी के कारण अभिभावक बच्चों की शिक्षा-दीक्षा पर चाह कर भी ध्यान नहीं दे पाते। इसलिए हमने बाल विकास, स्कूली शिक्षा, अनौपचारिक शिक्षा, महिला विकास आदि कार्यक्रम भी हाथ में लिए हैं। 'शिल्पी ग्राम' में भी एक पाठशाला होगी, जिसमें अनिवार्य शिक्षा का प्रावधान होगा। बच्चे अपने परम्परागत कार्य के अलावा शिक्षा भी ग्रहण करेंगे।"

कुल मिला कर 'शिल्पी ग्राम' एक अभिनव कला-केन्द्र होगा। 'पारम्परिक बस्तर शिल्पी परिवार' संस्था जिस निष्ठा और लगन से कार्य कर रही है, उससे इसके सभी सपने साकार होंगे, इसमें दो राय नहीं है।

घोटुल : एक अनुशासित संस्था

'घोटुल' संस्था के विषय में बात करते हुए जयदेव भाई कहते हैं कि इस संस्था के विषय में मध्यप्रदेश आदिवासी लोक कला परिषद् तथा भारत भवन में चर्चा के दौरान उनका इन दोनों संस्थाओं से मतभेद हो गया। वे कहते हैं कि घोटुल के विषय में लोग वही कहते हैं जो वेरियर एल्विन ने लिख रखा है जबकि वस्तुस्थिति इससे अलग है। उन्हें याद आते हैं 1970 के आसपास के वे दिन जब वे अपने परिवार के साथ ईंटें बनाने के काम के सिलसिले में कुछ दिन बड़े डोंगर फिर आलोर और भण्डारवण्डी गाँवों में रहे। इस बीच जब वे आलोर और भण्डारवण्डी गाँवों में रहे तब वे वहाँ के घोटुलों में वहाँ के आदिवासी बच्चों के साथ जाया करते थे और नृत्य-गान में भाग लिया करते थे। वे बताते हैं कि उन्हें अच्छी तरह याद है कि जब वे बड़े डोंगर में थे तब वे बाजार-पसरा में लाड़ी (ऐसी कुटिया जिसकी छत घास-फूस की होती है किन्तु दीवार के नाम पर कुछ भी नहीं होता) बना कर रहा करते थे। घोटुल से सम्बन्धित कुछ यादों में वे खो जाते हैं और बताने लगते हैं कि वे प्रायः गढ़बेंगाल जाया करते थे। वहाँ के लोक नर्तक बेलगुर मण्डावी से उनकी जान-पहचान थी। वे जब वहाँ जाते तो घोटुल के आँगन में ही रात बिताया करते थे। एक समय था जब गढ़बेंगाल के घोटुल का काफी नाम था। इसके साथ ही वे दूसरे गाँवों के घोटुलों में भी जाया करते थे ताकि उन्हें न केवल घोटुलों की भिन्नता की जानकारी हो सके बल्कि इसके साथ-साथ वहाँ के कलाकारों से भी भेंट हो सके और कोई यदि किसी नई किस्म की कला में पारंगत हो तो उसकी वह कला सामने आ सके। वे यह भी जानना चाहते थे कि क्या घोटुल संस्था के गठन के पीछे कोई कारण है, यदि है तो वह क्या है? घोटुल के नियम हैं। जैसे लड़के जब घोटुल जाते हैं तो वे अपने साथ लकड़ी लेकर जाते हैं और वहाँ रख देते हैं। लड़कियों का काम होता है घोटुल की साफ-सफाई और कुछ पत्ते ला कर वहाँ रख देना। लड़के अँगीठी जला देते हैं। घर किस तरह चलाना है, किस तरह घर की साफ-सफाई की जानी है और किस तरह घरेलू और सामाजिक दायित्वों का निर्वहन करना है, यह सब घोटुल में रहते हुए सीखते हैं। कभी घोटुल की मरम्मत का काम होता है तो घोटुल के सदस्य ही करते हैं। दरवाजे-चौखट भी घोटुल के ही सदस्य बनाते हैं। गाँव या समाज

का कोई काम हो तो उसमें भी घोटुल के ही सदस्य सक्रिय सहयोग करते हैं। खेती-किसानी के काम में भी पर्याप्त सहयोग किया जाता है। इससे उन्हें खेती-किसानी के सारे काम सीखने को मिलते हैं। विवाह आदि प्रसंगों में भी घोटुल के सदस्य भाग लेते हैं और इस

घोटुल

तरह वे विभिन्न प्रसंगों के रीति-रिवाजों से परिचित होते हैं। देवी-देवताओं की पूजा-अर्चना से सम्बन्धित कार्यक्रमों में इनकी सक्रिय सहभागिता होती है। जब कभी दो गाँवों के बीच या किन्हीं परिवारों के बीच किसी बात को लेकर तनातनी हो जाती है तब भी घोटुल के ही सदस्य उस झगड़े को सुलझाने का काम करते हैं। किन्तु यदि बात जब अधिक ही बिगड़ जाती है तब घोटुल के सदस्यों द्वारा ही गलती करने वाले व्यक्ति, परिवार अथवा गाँव पर दबाव बनाया जाता है। कुल मिला कर जीवन की सारी शिक्षा उन्हें घोटुल में रहते हुए बहुत ही सहजता से प्राप्त हो जाती है। इस तरह कहा जा सकता है कि 'घोटुल एक प्राचीन सांस्कृतिक-सामाजिक विद्यालय है'। कुछेक घोटुल ऐसे हैं जिनमें युवकों के साथ-साथ युवतियाँ भी रात बिताती हैं किन्तु कुछेक घोटुल ऐसे भी हैं जिनमें केवल युवक ही रात बिताते हैं। युवतियाँ नृत्य-गान के बाद अपने-अपने घर वापस हो जाती हैं। कभी यदि गलती से किसी युवक-युवती के बीच घोटुल में शारीरिक सम्बन्ध स्थापित हो ही गया तो उसका भी निराकरण घोटुल के ही सदस्य अपने अलिखित किन्तु कठोर नियमों के तहत करते हैं।

'घोटुल' को लेकर बस्तर की छवि इतनी खराब की गई कि न केवल बस्तर के लोग बल्कि प्रत्येक संवेदनशील व्यक्ति आहत हो उठा, चाहे वह बस्तर से बाहर का ही क्यों न

हो। बस्तर और घोटुल जैसे एक-दूसरे के पर्याय ही बन गए। चर्चा केवल घोटुल की होती किन्तु बस्तर के दुःख-दर्द की परवाह किसी को भी नहीं थी। आज भी नहीं है। ऐसे में सुप्रसिद्ध साहित्यकार मनीष राय, जो अब हमारे बीच नहीं रहे, ने 1982 में बस्तर पर केन्द्रित-प्रकाशित ग्रन्थ 'इन्द्रावती' की भूमिका में अपने इस दर्द को इस तरह बयान किया है, "विश्व के श्रेष्ठतम वन, लोहा, टिन, कोरेंडम तथा बाक्साइट के भंडारों के रहते प्रगति की रेखा से क्यों यह क्षेत्र जुड़ नहीं पाया? सर्वश्री शानी, मेहरुन्निसा परवेज, राजेंद्र अवस्थी, सुंदरलाल त्रिपाठी, लाला जगदलपुरी, जयदेव बघेल जैसे समय-सापेक्ष साहित्यकारों-कलाकारों की कर्म-स्थली होते इनके द्वारा रेखांकित यहाँ की तस्वीर नजरअंदाज कर स्वनामधन्य पत्रकारों तथा विदेशी प्रसारण संस्थाओं द्वारा उभारी गई मादक तस्वीर ही क्यों सामने आ रही है? क्यों घाट-घाट देवी-देवता, डगर-डगर मांझी-मुखासी के रहते शोषक बाबा और पीर आकर्षण का केन्द्र बन रहे हैं?" ('इन्द्रावती', सम्पादक : मनीष राय-बलराम : 1982 : प्राची प्रकाशन, नई दिल्ली)।

सुप्रसिद्ध समालोचक प्रो. (डॉ.) धनंजय वर्मा 'भारतीय ज्ञानपीठ' से हाल ही में प्रकाशित मेरी कृति 'तीजा जगार' पर अपने विचार इस पुस्तक के प्रथम फ्लैप पर इस तरह रखते हैं, जिसमें घोटुल के प्रति लोगों के रवैये से वे भी आहत और क्षुब्ध दिखते हैं, "वर्षों से पिछड़ा कहे जाने को अभिशप्त बस्तर अंचल के आदिवासियों की नैतिक और सांस्कृतिक समृद्धि का दस्तावेज है, 'तीजा जगार'। आदिवासियों की 'घोटुल' जैसी पवित्र संस्था को विकृत रूप में पेश करने वाले विदेशी ही नहीं देशी नृतत्त्वशास्त्री, साहित्यकार, छायाकार, कलाकार आदि संस्कृति-कर्मियों की दृष्टि से अब तक अछूती 'तीजा जगार' महागाथा के माध्यम से हरिहर वैष्णव ने बस्तर की समृद्ध संस्कृति को समग्रता में प्रस्तुत किया है।"

स्रोत-सन्दर्भ

1. 'भूलन कांदा', 09 : 2012, संजीव बख्शी, अंतिका प्रकाशन, गाजियाबाद।
2. 'बस्तर के जननायक', 100 : 2013, राजीव रंजन प्रसाद, यश पब्लिकेशन्स, दिल्ली।
3. 'अमृत संदेश', रायपुर (छ.ग.), 13 जुलाई, 1989, हरिहर वैष्णव।
4. 'अमृत संदेश', रायपुर (छ.ग.), 28 अप्रैल, 1991, हरिहर वैष्णव।
5. 'शिल्पकार', 42-45 : , बम्बई, जसलीन धमीजा।
6. 'मौहा झाड़ को लाइफ ट्री कहते हैं जयदेव बघेल', (काव्य-संकलन), 09-17 : 2010, संजीव बख्शी, वैभव प्रकाशन, रायपुर।
7. 'इन्द्रावती', 197-198 : 1982, जयदेव बघेल। सम्पादक : मनीष राय-बलराम, प्राची प्रकाशन, नई दिल्ली।
8. 'साहित्य-ऋषि लाला जगदलपुरी : लाला जगदलपुरी समग्र' खण्ड-01, 220 : 2014, हरिहर वैष्णव, यश पब्लिकेशन्स, दिल्ली।
9. 'हिन्दुस्तान टाइम्स', नई दिल्ली, 12 दिसम्बर, 1977।
10. 'अमृत बाजार पत्रिका', कलकत्ता, 04 जुलाई, 1979।
11. 'टाइम्स ऑफ इंडिया', नई दिल्ली, 12 दिसम्बर, 1979।
12. 'नवभारत' दैनिक, रायपुर (छ.ग.), एम.ए. जोसेफ, 1980।
13. 'देशबन्धु' दैनिक, रायपुर (छ.ग.), 15 मार्च, 1980।
14. 'टाइम्स ऑफ इंडिया', नई दिल्ली, 27 मार्च, 1980।
15. 'इंडियन एक्सप्रेस', बम्बई, 27 मार्च, 1980।
16. 'देशबन्धु', रायपुर (छ.ग.), 28 अगस्त, 1980।
17. 'मिड डे', बम्बई, 29 अक्टूबर, 1980।
18. 'इंडियन एक्सप्रेस', बम्बई, 26 अक्टूबर, 1980।
19. 'टाइम्स ऑफ इंडिया', बम्बई, 26 अक्टूबर, 1980।
20. 'टाइम्स ऑफ इंडिया', नई दिल्ली, 21 दिसम्बर, 1980।
21. 'इंडियन एक्सप्रेस', मद्रास, 27 मार्च, 1981।

22. 'अमृत बाजार पत्रिका', कलकत्ता, 04 नवम्बर, 1981।
23. 'बिजिनेस स्टैण्डर्ड', कलकत्ता, 08 नवम्बर, 1981।
24. 'द स्टेट्समैन', कलकत्ता, 08 नवम्बर, 1981।
25. 'नई दुनिया', भोपाल, 13 फरवरी, 1982।
26. 'नवभारत' दैनिक, रायपुर, 1981, हरिहर वैष्णव।
27. 'नवभारत' दैनिक, रायपुर, 1981, हरिहर वैष्णव।
28. 'नवभारत' दैनिक, रायपुर, 1981, हरिहर वैष्णव।
29. 'नवभारत' दैनिक, रायपुर, 1981, हरिहर वैष्णव।
30. 'नवभारत' दैनिक, रायपुर, 1981, हरिहर वैष्णव।
31. 'अमृत संदेश', दैनिक रायपुर, 14 अगस्त, 1987, हरिहर वैष्णव।
32. 'अमृत संदेश', दैनिक रायपुर, 14 अगस्त, 1987, हरिहर वैष्णव।
33. 'अमृत संदेश', दैनिक रायपुर, 1991, हरिहर वैष्णव।
34. 'अमृत संदेश', दैनिक रायपुर, 1991, हरिहर वैष्णव।
35. 'इन्द्रावती', सम्पादक : मनीषराय-बलराम : 1982 : प्राची प्रकाशन, नई दिल्ली।
36. 'तीजा जगार', प्रथम फ्लैप : 2014 : हरिहर वैष्णव, भारतीय ज्ञानपीठ, नई दिल्ली।
37. 'खैरागढ़', संजीव बख्शी, सत्साहित्य प्रकाशन मंदिर, मुम्बई, दिसम्बर 2013।

❑❑❑